高盛创始人马可斯·戈德门

高盛第一任合伙人萨姆·沙切斯

罗伯特·鲁宾（左）
史蒂芬·弗里德曼（右）

高盛之父西德尼·温伯格

20世纪60年代末
高盛首届管理委员会

美国商品期货交易委员会主席
沃尔特·卢肯（前排左一）

史蒂芬·弗里德曼（右）
拉尔夫·劳刃（左）

约翰·温伯格（站）
约翰·怀特黑德（坐）

约翰·温伯格领导下的委员会

汉克·保尔森（左）
乔恩·科尔金（右）

高盛阴谋

GOLDMAN SACHS CONSPIRACY

GOLDMAN SACHS CONSPIRACY

李德林 著

北方联合出版传媒（集团）股份有限公司
万卷出版公司

图书在版编目（CIP）数据

高盛阴谋/李德林著. —沈阳：万卷出版公司，2010. 5
ISBN 978-7-5470-0961-1

Ⅰ.①高… Ⅱ.①李… Ⅲ.①投资银行—企业管理—经验—美国 Ⅳ. ①F837. 123

中国版本图书馆 CIP 数据核字(2010)第 079199 号

出版发行： 北方联合出版传媒(集团)股份有限公司
万卷出版公司
(地址:沈阳市和平区十一纬路 29 号 邮编:110003)
印 刷 者： 三河市汇鑫印务有限公司
经 销 者： 全国新华书店
幅面尺寸： 170mm × 240mm
字　　数： 270 千字
印　　张： 19
出版时间： 2010 年 6 月第 1 版
印刷时间： 2010 年 6 月第 1 次印刷
责任编辑： 王亦言
特约策划： 刘杰辉
装帧设计： 刘弘毅
ISBN 978-7-5470-0961-1
定　　价： 36.00 元

联系电话： 024—23284090
邮购热线： 024—23284050
传　　真： 024—23284448
E-mail： vpc_tougao@163.com
网　　址： http://www.chinavpc.com

高盛阴谋

GOLDMAN SACHS CONSPIRACY

目录

CONTENTS

第一章　终极猎杀局中局

第二章　别了，雷曼兄弟

第三章　谁在操纵美国

第四章　独步金融江湖

第五章　全球隐秘操控

第六章　干掉一切对手

CHAPTER 1

第一章

终极猎杀局中局

2010年2月15日，布鲁塞尔雪花飞舞。

希腊财政部长乔治·帕帕康斯坦丁(George Papaconstantinou)夹着公文包，在礼仪小姐的引领下，坐到了自己的标牌前。整个会场笼罩着死亡的气氛，面色忧郁的乔治·帕帕康斯坦丁推了推滑到鼻尖儿上的金丝眼镜，环视了一下面如死灰的欧盟部长们。他心里有一种不详的预感，那个神秘的女人不断地浮现在他的眼前。

突然，寂静的会场一片骚乱。法国财政部长克里斯汀·拉加德(Chistine Largarde)花容失色，荷兰财政部长维达·博斯（Wouter Bos）也缩紧了眉头……到底出了什么事儿?

原来，就在欧元集团财长们陆续进入会场的时候，一列市郊往返列车和一列“欧洲之星”特快列车迎面相撞，尸体遍布在轨道四周，西欧地区的铁路运输立即陷入瘫痪状态。

“欧洲之星”是欧洲大陆生命线，谁能料到，竟会发生如此惊魂的惨剧！财长们都开始交头接耳，会场乱成了一锅粥。而此时的帕帕康斯坦丁却有点心不在焉，他脑子里想的可不是火车相撞的惨剧，他在向上帝祈祷，希望“欧洲之星”的灾难不会影响到财长们的同情与施舍。那个巴尔干半岛上的明珠——希腊，已经濒临破产，帕帕康斯坦丁的使命相当艰巨。

迪拜危机引爆了希腊危机，一个巨大的阴谋铺天盖地席卷而来，希腊人成了箭靶子，德国人愤怒地要抛弃希腊人，欧元区一片混乱。一个无情的影子帝国，正在疯狂地进行一场完美的狙杀行动。然而，这不过是猎杀行动的一个开始，猎杀局中局的终极目标竟然是中国！

1. “猪瘟”肆意席卷欧盟

2010年2月15日，欧盟27国财政部长齐聚布鲁塞尔。

虽然，一大早“欧洲之星”的噩耗让财长大人们无比震惊，但今天会议的主题，依然是希腊主权债务危机问题。

2009年12月，希腊主权债违约互换利率（CDS）冲破200点，这就是说，希腊政府很有可能还不起债了。慢慢地，可能变成了肯定，事实上希腊政府已经破产了。牵一发而动全身，希腊危机威胁到了整个欧盟集团，就像一颗毒丸，让整个欧洲都陷入了恐慌。

葡萄牙、爱尔兰、西班牙都被卷入了债务的旋涡，跟着希腊走到了生死胡同。死亡气氛四处弥漫，如同可怕的猪瘟，在欧盟区肆意蔓延，形成一个庞大的“猪群”（PIGS）危机。“猪群”（PIGS）是葡萄牙（PORTUGAL）、爱尔兰（IRELAND）、希腊（GREECE）、西班牙（SPAIN）四国英文名称首个字母的缩写。

这个带有侮辱色彩的称号激怒了高傲的欧洲人。现在，所有欧洲人都在怀疑，希腊危机是一个阴谋，是针对欧元区经济的巨大阴谋。爱尔兰、葡萄牙和西班牙的财政赤字远远超过欧盟《稳定与增长公约》规定的3%的指标，就连欧元区经济的四大金刚之一——西班牙也受到了严重的感染。这可要了欧盟经济的命，希腊、爱尔兰、葡萄牙三个国家加起来，也不过只有西班牙一半的财力。而现在的西班牙，岌岌可危。

在2009年年底，标准普尔将西班牙主权信用评级前景下调至“负面”。西班牙财政部2月发布的报告，2010年公共预算赤字占国内生产总值的比例可能高达98%。这个数值已经超过欧盟游戏规则的3倍了，意味着西班牙政府正在高负债经营。

看来，问题不仅仅是猪瘟那么简单了，“西班牙斗牛”垂头丧气，“疯牛病”的恐慌让欧盟经济陷入了前所未有的危机。

救命还是看热闹？

财政部长会议上，帕帕康斯坦丁一把鼻涕一把泪，带着哭腔，不断地向法国、比利时、荷兰、德国等兄弟国家的财长们哀求，希望欧洲的兄弟们帮助希腊一把。

“欧洲之星”引起的骚乱早已过去，整个会场异常安静。

谁都知道，希腊的主权债已经是烫手的山芋，如果不救，那么希腊只有死路一条。如果希腊宣布破产，那么希腊主权债违约互换利率（CDS）将套牢一大批欧洲金融机构，到时候就不是希腊一个国家的生死了，而是大家一起死。

财长大人们看了帕帕康斯坦丁的“表演”后，表情异常的严肃。突然，有人指着帕帕康斯坦丁的鼻子，声嘶力竭地质问：“希腊是不是故意发行主权债务，将大量债权作到财务报表之外？以达到降低希腊政府财政赤字，掩盖政府财政危机的目的，好混到欧盟集团中来的？”

帕帕康斯坦丁鼻子上的金丝眼镜又滑到了鼻尖儿上，这真是一个让希腊政府难以言说的秘密，他无奈地摇了摇头。财长们没有得到想要的答案，有点儿不大高兴。欧盟经济事务长官奥利·雷恩（Olli Rehn）站起来，神色严峻，冷漠地警告帕帕康斯坦丁：“今天再一次强调，在3月中旬之前，希腊必须宣布将追加哪些新的节约措施以降低财政赤字。”

帕帕康斯坦丁对雷恩的冷漠有点儿意外。

早在四天前的2月11日，欧盟召开了一次非正式首脑会议。希腊总理乔治·帕潘德里欧 (George Papandreou) 卑躬屈膝地向参会的首脑们提出，希望这一次首脑会议能够讨论一下希腊债务危机问题。

问题是，欧盟的首脑会议压根儿就没有安排这个议程。

希腊总理声音哽咽，样子跟乞讨没有区别，就差眼泪哗哗地流了。欧洲首脑们惊得目瞪口呆，对帕潘德里欧突如其来的举动很是意外。那一幕带来的震撼，不亚于2008年金融危机期间，美国财政部长保尔森的下跪。

帕潘德里欧的苦苦哀求，终于打动了欧洲首脑们。

会议毫无新意，帕潘德里欧跟祥林嫂一般，唠唠叨叨个没完。向首脑们哭诉希腊的危机，以及希腊危机将对欧洲经济带来的冲击。哭诉总是能够赚取同情的，27个成员国的国家领导人一致同意“采取坚决、协调的行动”帮助希腊。

这口号让乔治·帕潘德里欧当时是心里一阵暖流，如春天般的温暖。

四天后，犹如一夜春梦了无痕，带给希腊人的只有欧洲人的冷漠，还有屈辱性的管制。

法国财政部长克里斯汀·拉加德在走出会场的时候，早已守候在大门外的记者将这位女财长给团团围住了，飘飘洒洒的雪花落在克里斯汀·拉加德的银发上。面对记者们连珠炮一般的发问，克里斯汀·拉加德摇了摇头：“有关希腊问题的讨论，未增加任何实质性内容。”

2010 年 3 月 1 日，雷恩再赴希腊，对希腊政府态度强硬，要求希腊政府强行削减债务和赤字水平。事实上，2 月 15 日的欧盟财长会议上，欧盟强硬派对希腊财政已经关了禁闭，对希腊国家财政进行了强制性管理。督促希腊尽快采取自救措施，在 3 月中旬拿出有说服力的方案，其自救计划还要逐月接受欧盟审核。

明知结局如此糟糕，希腊人还是坚持做了不懈的努力。事实上，帕潘德里欧对日耳曼人早已相当失望。

2 月 14 日，正是大年初一，中国人民笼罩在节日的欢乐之中。然而，就是在这一天，德国人抛弃了自己的希腊兄弟。确切地说，是德国愤怒地抛弃了希腊。这一天，埃姆尼德市场和社会问题研究所公布了一份民意调查，结果显示，53% 的调查对象认为，必要情况下欧洲联盟应该把希腊逐出欧元区；有 67% 的调查对象认为，不希望德国和其他欧盟成员国向希腊提供数十亿欧元的金融援助。

此前，在首脑会议上，德国总理默克尔还信心满满要拯救希腊。回过头来，自由民主党议员、德国预算委员会主席奥托·弗里克就跳了出来，向默克尔发出了德国民众的声音：“解决问题，不应该是向希腊提供金融援助，而应该是令德国纳税人远离所有损害。”

如果说弗里克看在同盟的面子上，批驳的态度还算柔和。那保守派联邦议员米夏埃尔·富克斯可就没那么客气了，这位爷直戳默克尔的脊梁骨：“我没法向领取失业救济的德国民众解释，他们不会多拿一分钱，而希腊人却能在 63 岁时领取养老金。”

2009 年是德国人的伤心年，经济严重衰退，稍有复苏的迹象，立即就陷入了停滞状态。继第二次世界大战之后，这是德国第一次历史性大萧条。默克尔甚至把民众退休年龄从 65 岁提高至 67 岁，以遏制财政赤字加速增加。自己都穷得没饭吃了，默克尔还要拯救希腊，甭说自己的同盟不给面子，就是神仙也要发火了。

德国人的强烈反弹，令欧盟 27 国陷入被动。德国是美国重要的出口国，在美国白宫的黑名单里，德国可是威胁美国国际老大地位的重要隐患。尽管默克尔呼吁德国日耳曼人要视野开阔，要看到希腊的破产将辐射整个欧元区经济。可是执政党以及联盟强烈的反对声音，让默克尔焦头烂额。默克尔是德国人选出的总理，她的未来掌握在德国纳税人手上。

要选票还是救希腊？对于一个政客来说，默克尔毫无疑问会选择选票。

希腊兄弟，对不住了，不要怪我们无情，我们也是无能为力！

德国金融危机顾问、欧洲中央银行前首席经济学家奥特马尔·伊辛站出来批评欧盟："由欧元区国家向希腊提供金融支持不是什么好办法，而是令整栋建筑下沉的主意。"

谁还能站出来拯救希腊？"拯救希腊"真正变成了不负责任的口号，希腊总理 2 月 11 日的哀求只是一幕滑稽剧，让欧盟的首脑们看了个笑话。

2. 绑架德国，先上保险再放火

2010年2月15日，欧盟27国财政部长在布鲁塞尔开会的当天，发现了一个不可思议的问题：华尔街顶级投行高盛集团在管理希腊政府的150亿美元债券销售之前，曾为希腊政府安排一项货币互换（currency swap）形式的外汇掉期交易，帮助希腊政府掩盖其赤字的严重程度。

希腊的财政赤字问题早已被欧盟统计局捅出来了。2010年1月12日，欧盟统计局公开宣称，希腊国家统计局在2009年10月向欧盟统计局提交相关财政数据时受到"政治干涉"，其提供的一系列统计数据中存在有意误报，目的是使政府财政赤字显得少一些。

是谁在"政治干涉"？这一直是一个谜。

情人节那一天，《纽约时报》揭开了谜底。当天的报纸披露，在过去近10年里，希腊政府一直在高盛等华尔街投行的帮助下，通过对赌金融衍生品掩盖财政赤字和政府债务的真实水平。一大早赶到布鲁塞尔会场的欧洲财长们，文件袋里大都揣着这份《纽约时报》。这可是高盛操纵希腊政府，并欺骗欧盟的铁证啊！

不过，货币互换在法理上可是绝对合法的业务。

简单来说，货币互换就是不同货币债务之间的调换。其具体的交易流程如下：首先，采用美元等其他货币发行希腊的政府债务；然后，在未来某一特定时间与欧元债务进行交换；等债务到期后，高盛再将其换回美元。货币互换本身没什么问题，但有空子可钻。为了掩盖希腊债务，高盛给希腊政府支招，兑换汇率不是按照市场汇率，而是大家约定一个汇率。例如，本来1欧元的市场兑换价是1.35美元，高盛设计了一个优惠的汇率，使希腊能够获得更多的欧元约定汇率。希腊人一听就很开心，跟高盛借贷10亿欧元，汇率那么低，而且十年甚至二十年以后才还，还不体现在政府公共负债率的统计数据里。还有这么好的事儿，这可是天上掉馅儿饼啊，希腊人屁颠屁颠地就同意了。

2010年2月15日，欧盟统计局在《纽约时报》等新闻媒体狂轰滥炸的情况下，不得不站出来披露了希腊历年造假的恶疾。

当初希腊加入欧盟一个硬性条件，是加入之前三年的财政赤字占GDP的比值不能超过3%。为了能加入欧元区，希腊提供了虚假的财政数据：1998年财政赤字占GDP为4.1%，而报告仅为2.5%；1999年赤字占比是3.4%，而报告仅为1.8%。

事实上，这份造假报告已经不新鲜了。早在2004年11月15日，布鲁塞尔12国欧盟财长会议上，欧盟统计局统计机构就出具了一份长达65页的希腊预算报告，并将这份报告提交给了所有参会的欧盟财长们。当时公布的报告跟2010年2月15日公布的没有什么区别。希腊这几年日子过得很紧巴，尤其是2004年举办雅典奥运会，亏空了91亿美元，让希腊政府财政状况进一步恶化。

当时欧盟是有规定的，只要政府的财务报表有外币债务，就要根据汇率换成欧元。1999年与2000年之间，美元和日元对欧元的走势强劲，这样一来，希腊账面上的欧元债务就很高，超过欧盟规定的债务标准。

不难看出，就凭希腊的财政状况，加入欧盟简直是痴心妄想。除非希腊化解外币债务，满足欧盟的财务标准，要不做梦都甭想迈进欧盟的大门。

如果有人错过机会，多半不是机会没来，而是因为机会过来时，没有一伸手抓住它。

希腊的债务危机对于高盛来说，就是一桩绝好的买卖。其实这个买卖挺难做的，既要让希腊人成功加入欧盟，还要让欧盟各成员国都满意。换了别人估计是搞不定了，可在高盛眼里，这也就是个小儿科。降低希腊债务办法只有一个，那就是将债务循环到表外。这样一来，就算希腊政府借债上百亿，在财务数据上压根儿就反映不出来，希腊政府还能拿着外债正常运转。

高盛跟希腊政府坐到了谈判桌上，双方签订了一系列将外债兑换成欧元的对冲协议。这个协议中国人很熟悉，那就是对赌协议。

2000年底，高盛持有由希腊发行的对冲美元、日元债务的掉期产品组合。在2000年12月和2001年6月，希腊达成了新的交叉货币掉期协议，并对高盛所持的产品组合进行了重组。2002年，通过货币互换交易，高盛帮助希腊政府筹到了10亿美元的资产负债表外资金。

通过这一系列的运作，高盛从希腊政府手上赚取了3亿美元的佣金。然而，这只不过是蝇头小利，更大的阴谋还在后头。

希腊加入欧盟的时候，欧盟需要对希腊政府的财务报表进行审核，当时希腊提交的财务报表科目上，并没有货币互换这一项，当然，这样的表外业务在高盛的财务报表也没有任何的反应。因为他们只是一张合同。不过就是这一张张神奇的合同，就能将希腊政府的部分债务移至未来才浮现，从而规避了眼前欧盟对赤字的严格规定。

高盛出手，欧盟审计局的人也只有头晕的份儿。2002年，欧盟看到的希腊财务报表显示，希腊的财政赤字占GDP的1.2%，符合欧盟规定的3%，财务报表看上去还非常光鲜。就是这份报表，一直到2004年9月，欧盟统计局才发现有点不对劲。对希腊财务报表进行重新审核后，欧盟统计局将这个数据调整为3.7%。高盛的10亿美元债务还是没有被查出来，事实上，准确的数据应该是5.2%。

一个依靠巨额债务运行的政府，这个政府的财政赤字肯定很厉害。

希腊进入欧元区后，监管更加严格。短时间内希腊可以通过彩票资产证券化融资来维持，可是时间长了问题一定会暴露。一旦希腊政府出现支付危机，那借钱给希腊的高盛可就赔惨了。赔本的生意谁都不愿干啊，高盛可是心知肚明，为了给自己上一道保险，高盛向德国银行购买了20年期的10亿欧元CDS“信用违约互换”保险，将欧元区最大的经济体德国拴在了希腊的债务链条上。

高盛跟希腊的这场对赌游戏，成功把德国拉下水。这一招，让欧洲人想哭都哭不出来。

花了那么多心思布局，高盛一直在等待做空希腊的最佳时机。

2008年爆发了全球金融危机，绝大多数国家的经济遭到了重创，到了2009年也未能缓过劲儿来，“沙漠神话”迪拜世界欠债590亿美元，濒临破产。迪拜危机连累了欧洲，希腊的日子更加不好过了，国内经济十分糟糕，原先一直躲躲藏藏的债务问题也瞒不下去了。希腊总理帕潘德里欧不得不在2009年12月11日站出来跟民众表白，希腊的债务问题是自身原因造成的，与全球金融危机无关。他声称希腊政府不会拖欠债务，并明确承诺削减预算赤字，而且还信誓旦旦地发表一系列言论，表态将“修补希腊经济，打击腐败等顽疾”，“我们准备好做出有力且重大的改变，促进我们国家在新时期取得进步”，“确保我们拥有稳健经济”等。

希腊总理的决心，反而成为了高盛做空希腊的最佳把柄。

首先，南非第一标准银行站了出来，发布了一份耸人听闻的预测报告，声称：希腊和爱尔兰等国的经济状况已经不能容忍，爱尔兰和希腊走出危机的能力值得质疑。利率的下调、货币的贬值以及财政刺激政策的实施都使得这些国家的复苏受限。这或将导致这两个国家在2010年底之前被迫退出欧元区。

非洲最大的银行南非第一标准银行的报告无异相当于给了帕潘德里欧一记耳光。之前在国际上毫无发言权的南非第一标准银行，怎么这个时候突然站出来，叫嚣希腊甚至爱尔兰将被迫退出欧元区？是理性的判断？还是另有阴谋？

南非第一标准银行的报告带给市场的是一个危险的信号，那就是希腊真的要完蛋了。在2004年的时候，欧盟统计局发现希腊财务报表造假，那时有不少欧盟国家希望将希腊踢出去，可是希腊最终留下了。这一次，就连南非第一标准银行也这么说，那希腊的问题看来相当严重。

市场对希腊还债能力越来越担心，希腊主权债务的相应CDS暴涨200%以上。紧接着就是以标准普尔为首的三大国际评级机构，稀里哗啦地下调希腊政府的主权债信用评级，最后下调到垃圾级，CDS上涨幅度超过400%。

欧洲人受不了啦！

欧元集团主席卢森堡的首相让－克洛德·容克（Jean-Claude Juncker）态度非常强硬，扬言要推动新规则的出台，以迫使欧元区国家和银行公布对公共金融产生影响的债券互换信息。

表面上看来，这些事似乎与高盛没有任何关系，实际上，这个南非第一标准银行跟高盛关系隐秘。2007年，中国工商银行宣布收购南非第一标准银行，当时高盛就是工商银行收购行动的首席财务顾问。同时，高盛还持有166亿股工商银行股票，工商银行上市之后，高盛虽然减持过两成，但依然持有130亿股工行股票，是工行最大的战略投资者。

这是一条曲折而又漫长的操纵链条，现在，一切都清晰了，高盛就是真正的幕后操纵者。

欧盟强烈要求高盛跟希腊政府公布更多的交易细节，并对高盛是否帮助希腊掩盖其财政赤字问题，以达到欧元区成员标准做出说明。高盛在欧洲搞得动静太大了，欧盟国家纷纷找上美联储主席伯南克，希望美联储能够管管自己监管的高盛，伯南克不得不象征性地表示要调查高盛跟希腊的交易。

乔治·帕帕康斯坦丁在2010年2月15日的财长会议上颇有些始料未及，哀求之后给各位财政大人解释，辩解希腊使用货币互换的方式处理债务问题“当时是合法的”，现在希腊政府再也没有使用此种方式了。然而欧盟统计局官员态度非常强硬，要求希腊在2月19日之前，提交货币互换交易的信息。此外，欧盟统计局对货币互换交易的调查还涉及其他欧盟国家。

一时间，所有的欧洲人都变得异常愤怒。但愤怒又有什么用呢？

德国人愤怒地拒绝拯救希腊，高盛在背后偷着乐，因为德国的银行不得不掏出大把的银子赔偿给高盛。而德国的银行跟欧洲的很多银行都有CDS的业务往来，那样一来，欧洲的银行集体陷入了高盛的屠杀旋涡。而如果德国人选择了拯救希腊，那么高盛就会抛空低吸的CDS，依然可以大赚一笔。也就是说，无论这笔买卖怎样变化，高盛都能稳赚一笔。

美国《滚石》杂志这样形容高盛：“一只吸血大乌贼，缠绕在人脸部，无情地把吸管插入任何闻起来像钱的东西。”

如果把希腊比作一栋房子，那么高盛就是给这栋房子购买保险同时又导致其起火的邻居。“这正像你为邻居的房子购买火险——这样你就有动机去烧毁那房子。”意大利联合信贷驻慕尼黑的信贷策略部门负责人菲利普·吉斯达奇斯形象地说明该情况。

遭到高盛“绑架”的德国更是满腔怨恨，德国总理默克尔2月22日的发言暗示对高盛等金融机构的强烈不满：“某些国家正处境艰难，然而那些一年半之前我们伸手援助的金融机构，现在却正利用这一点进行投机……我们被迫每隔几天就要出来平抑货币投机。”

无计可施的欧洲人十分痛恨南非第一标准银行，痛恨这个帮助高盛做空希腊主权债的帮凶，当然对控股这家银行的中国人更是恨之入骨。

眼瞅着希腊危机到了生死关头，欧洲人也戴上了危险的枷锁，逐渐陷入绝望。此时，一个神秘的希腊后裔浮出了水面，高盛跟希腊政府之间的秘密交易逐渐清晰……

3. 一个女人帮一个政府作弊

一直以来，高盛集团低调得甚至有些神秘。那栋美国纽约曼哈顿百老汇大街 85 号的褐色大楼，除了门牌号之外再无其他标志，让人很难相信，这里居然是全球 NO.1 投行高盛集团的总部所在地。如今，一场危机让这家奉行低调精神的百年老店曝光在全球金融视野之下，这就是希腊债务危机。同时，这场危机也让一个女人扬名世界，那就是高盛旗下 Rothesay Life 保险公司的首席执行长——安提歌尼·劳迪亚蒂丝 (Antigone Loudiadis)。

安提歌尼·劳迪亚蒂丝，出生在尼日利亚，英国公民，希腊后裔。曾在伦敦城外的高级私立女子学校——切尔滕纳姆女子学院 (Cheltenham Ladies College) 接受教育，后到牛津大学深造。

这个背景复杂的女人极为冷酷，她手底下的很多人都非常怕她。据她的下属披露，即使她只是偶尔从办公桌旁经过，他们也会立即装着打电话，以避免遭到斥责。这个女人还是个不折不扣的工作狂，A 类烟民。她经常同时盯着三四台电脑，手上还夹着烟，时不时放在猩红的嘴唇上吸两口。就是这个疯狂的女人，在十年前，为希腊埋下了祸根。

劳迪亚蒂丝对华尔街的投行情有独钟，牛津大学毕业后就进入了摩根大通 (J·P·Morgan) 工作。不过，她在摩根大通的日子并不开心，对于没有任何阅历的安提歌尼·劳迪亚蒂丝来说，在摩根大通工作就是为了在华尔街留下足迹。

1994 年，曾经的高盛集团董事长、现任总统经济顾问鲁宾，正式荣任美国财政部部长。这个时候，野心勃勃的劳迪亚蒂丝看到了自己的前途。高盛一批又一批地向白宫输送人才，政治势力已经超越了强悍的罗斯柴尔德家族，在白宫跟华尔街开通了一道政商旋转门。在美国的政治体制之下，谁都能看到，这是一道通向未来的辉煌之门。何况聪明如劳迪亚蒂丝？于是，劳迪亚蒂丝立即转投高盛门下，进入了高盛伦敦，开始了自己光芒四射的职业生涯。

不过，高盛的大门虽然向她敞开了，门槛却很高。劳迪亚蒂丝虽然在摩根大通工作了好几年，到了高盛却只是一个衍生品业务销售。心比天高的劳迪亚蒂丝没有气馁，她坦然地接受了自己的位置，心中却在默默地积蓄力量，等待大展宏图的机会。

工夫不负有心人，劳迪亚蒂丝的坚持没有白费，她终于等到了出头之日。

希腊人的血统给劳迪亚蒂丝带来了天然的优势，她跟希腊政府的官员保持着良好的人际关系，能够跟希腊的财政部长们进行紧密的联系。当得知希腊因债务问题加入欧盟受阻，劳迪亚蒂丝立即主动出击，为希腊政府出谋划策。

劳迪亚蒂丝一顿忽悠，“货币互换”的招数让希腊财政部的官员们听得云里雾里。虽然大家还是没搞明白这个金融手法，不过却一致认为这是个好主意。那可不，既能缓解财政赤字的压力，又能让政府的财务报表光鲜，哪个政府官员能不高兴？政客们想的都一样，他们心里美滋滋的，在脑子里盘算着做好财务报表、将希腊送进欧盟的举措，看起来太完美了，选票是不愁了，可以在部长、总理的位置上坐更长的时间，哪管十年二十年后国家的死活。

生意搞定了，劳迪亚蒂丝帮助希腊政府成功“作弊”，瞒过了欧盟统计局，成了大功臣，当时就为高盛赚取了3亿美元。可歌可泣的销售业绩让高盛集团非常的开心，很快劳迪亚蒂丝就被提升为衍生品销售主管。在她36岁那年，在高盛集团奋斗了4年的安提歌尼·劳迪亚蒂丝，荣升为高盛的合伙人，并成为高盛欧洲投资银行团队的联席负责人。

劳迪亚蒂丝在高盛风光无限，羡煞旁人。希腊的生意让她获得了更多的发展机会，很快又被调到高盛旗下的Rothesay Life保险公司开疆辟土。轻车熟路的劳迪亚蒂丝爱上了金融衍生品，推出了更加复杂的“寿命掉期”(longevity swap)衍生品。现在，劳迪亚蒂丝已经坐上了Rothesay Life保险公司首席执行长的宝座。

正当高盛和希腊的秘密交易震惊整个欧洲之时，劳迪亚蒂丝却在她的办公室享受着职场的女王生活。工作之余，还会给秘书打个电话，让秘书订好飞往非洲的机票，去非洲贫困区去看望那里又黑又瘦的孩子。世上没有不透风的墙，劳迪亚蒂丝还是被暴露了。

2010年2月18日，中国农历新年大年初五。这一天，就是中国民俗之中的迎财神的一天，很喜庆，很吉祥，这一天，家家户户都在家包饺子、迎财神。

这一天，资深商业银行家佩特罗斯·克里斯特多罗（Petros Christodoulou）被任命为希腊国家银行全球国债市场总经理，成为新的救火队长。他的出现，搅乱了劳迪亚蒂丝的平静生活。

克里斯特多罗曾经在高盛的投资银行部门工作，具体负责欧洲高盛的投行业务。这位爷加入高盛的时间很早，跟劳迪亚蒂丝共事了4年。在劳迪亚蒂丝向希腊政府兜售货币互换交易中，佩特罗斯·克里斯特多罗功不可没。

这个时候，居然让佩特罗斯·克里斯特多罗出任债务管理官，愤怒的欧洲人难免对这位有高盛工作经历的官员心生反感。很自然，当时销售货币互换的劳迪亚蒂丝也被人挖了出来。

欧洲人民义愤填膺地把气全都撒到劳迪亚蒂丝身上，劳迪亚蒂丝一不小心出了个大名，成了欧洲人民的公敌，愤怒的指责声不绝于耳。事实上，无论是劳迪亚蒂丝还是克里斯特多罗，都不过是高盛的马前卒而已。真正操控高盛跟希腊政府交易的幕后高手难道另有其人？

这个异常敏感的人物，就是于2005年12月底接受任命，担任意大利央行行长的马里奥·德拉基(Mario Draghi)。德拉基的身份非常微妙，跟高盛有着百转千回，柔肠寸断，却又缠绵依旧的暧昧。

1992年高盛做空意大利里拉的时候，德拉基还是意大利财政部总干事。德拉基一边骂大卫·莫里逊抨击里拉的文章为狗屎，一边将宣布里拉贬值。然而，不久德拉基就将意大利最大也最有希望成为全球石油老大的埃尼集团，交给高盛私有化了。德拉基在埃尼集团私有化完成后，放着意大利的高官厚禄不要了，跳槽到高盛欧洲总部，担任副总裁，成为劳迪亚蒂丝跟克里斯特多罗的上司。而在2005年，德拉基又回到了意大利人的怀抱，当上了意大利央行行长。

德拉基在高盛任职期间，正好是高盛跟希腊对赌货币互换的时候，希腊只是高盛盯上的傻冒儿之一，欧洲中央银行曾多次为希腊担保，葡萄牙、西班牙等欧洲国家的银行也购买希腊国债、保险公司进行担保。不仅如此，德拉基还跟意大利政府也签订了同样的交易，一项自杀式的对赌交易……

欧洲国家可是没少上当，话说回来了，就算德拉基关系再怎么牛，他杀熟杀得也太轻松了吧？难道欧盟那些财政部的官员都是“高分低能”的产物？这样的理由估计没人能信。所以，德拉基少不了会有个帮手，这个帮手又是谁呢？

英国《每日电讯报》揪出了一个大人物，罗马诺·普罗迪(Romano Prodi)。

普罗迪一直以经济学家自居，在德拉基大刀阔斧推进意大利国有企业私有化时，普罗迪正是亏损相当严重的意大利最大的国有企业伊利集团的董事长。后来，这位爷曾两度成为意大利总理，也曾担任欧洲委员会主席（1999—2004 年）。

据《每日电讯报》报道，普罗迪也曾在高盛打过工。而且根据普罗迪的履历表看，他在美国滞留了很长时间，完全有可能成为德拉基的同门师兄弟。德拉基在高盛打工期间，普罗迪正好担任意大利总理；更为巧合的是，在 1999 年至 2003 年期间，普罗迪担任欧盟主席期间，正是德拉基跟希腊政府，以及其他欧盟成员国政府做对赌生意的时候。

从希腊侥幸进入欧盟的一系列时间表看来，疑问颇多，希腊能够蒙混过关，到底是普罗迪这位号称经济学家的主席发现不了，还是有意为老哥们儿打掩护呢？答案不得而知，不过有一件事情可以确定，恰好在普罗迪卸任欧盟主席后的那一年，也就是 2004 年，希腊财务造假就被欧盟统计局发现了。

神秘的女人曝光了，意大利人原来也是高盛人的棋子，就连什么财政部总干事、央行行长、政府总理、债务管理官，统统都是都是高盛的门徒！真相让人震撼，高盛控制着欧盟绝对的要害，在一个微妙的时刻，将对赌交易植入希腊！

这一次希腊豪赌，高盛设计的极为巧妙，连环局的布置让希腊无处可逃。就连那场引爆希腊危机的迪拜危机也不是个意外，那不过是高盛小试牛刀，用中东人的血祭刀而已！

4. 不要迷恋神话，迪拜只是个传说

迪拜酋长谢赫穆罕默德·本·拉希德·阿勒马克图姆万万没有想到，他六十岁的万圣节竟过得如此伤悲，他无法在2009年的万圣节，手挽他年轻而又漂亮的哈雅公主一同夜游沙漠中的迪拜明珠了。

老酋长谢赫穆罕默德精力充沛，从小就野心十足。当他还是王储的时候，就执掌阿拉伯联合酋长国的兵权，成为至高无上的国防部长。而且，他还迎娶了约旦美丽的哈雅公主。谢赫穆罕默德总喜欢用一句箴言告诫自己："梦想没有极限，唯有不断向前。"是的，谢赫穆罕默德的梦想没有极限，他熬过他的哥哥，最终坐上了酋长的宝座。

"瞪羚必须比狮子跑得还快，否则就会被吃掉。狮子也必须比瞪羚跑得要快，否则就会被饿死。不管你是狮子还是羚羊，每当晨光降临，你就要比别人跑得快，才能获得成功。"谢赫穆罕默德这头狮子坐上酋长宝座后，一系列的疯狂奇迹在迪拜实现了。世界第一家七星级酒店、世界最大人造海岛、世界第一高楼……疯狂的迪拜被誉为"沙漠神话"。

谢赫穆罕默德的理想就是要做一个将沙漠港口城市建设成全世界最热门度假胜地之一的阿拉伯领导人。他总是对身边磨磨叽叽的人说："没有风险的事不值得做，勇敢的人才能创造奇迹。"谢赫穆罕默德设想通过举债800亿~900亿美元，将迪拜打造成世界上最夺目的沙漠明珠。他的计划正一步步迈向现实，以足球明星贝克汉姆为首的欧洲富人，都纷纷蜂拥迪拜置业。这正是谢赫穆罕默德想要的结果。

想象有多大，欲望就有多大，再大的欲望需要金钱来实现。对于拥有迪拜至高无上权力的谢赫穆罕默德，他要想实现一个又一个世界第一，要想举债800多亿美元，仅仅凭借一个酋长手上的权力是不够的。金钱总是能够准确地嗅到权力的味道，在迪拜通往疯狂的路上，有一位财神爷出现了，那就是汇丰

银行董事局主席大卫·埃尔顿（David·Eldon）。

大卫·埃尔顿拥有纯正的苏格兰血统，出道很早。早在20世纪60年代就在伦敦的国际银行混江湖，1968年加入汇丰银行，后来又在中东地区、中国香港、马来西亚等地银行界混经验，到了1992年又重新回到汇丰银行。1996年出任汇丰银行首席执行官，1999年荣升汇丰银行主席兼汇丰控股董事。2004年，大卫·埃尔顿被中国香港特区政府授予金紫荆星章。

谢赫穆罕默德有一个重要的资金运作平台，那就是迪拜国际金融中心管理局(DIFC)，大卫·埃尔顿在中东混江湖的时候，就跟谢赫穆罕默德有着密切的往来。当大卫·埃尔顿坐上汇丰银行主席宝座之后，需要金融机构支持谢赫穆罕默德邀请他成为DIFC的董事。很快，大卫·埃尔顿就彻底被谢赫穆罕默德给俘获了，成为DIFC的主席。

大卫·埃尔顿的加盟，为谢赫穆罕默德的欲望插上了天使一般的翅膀，汇丰银行开始疯狂豪赌转型期的迪拜。到底汇丰银行豪赌了多少钱到迪拜，一直是一个秘密。2009年11月25日，谢赫穆罕默德突然感觉到整个迪拜都被掏空了一般，房价下跌，贝克汉姆的豪宅疯狂贬值，迪拜已经没法按期支付银行债务了，不得不宣布延后六个月。

消息一出，汇丰银行、渣打银行、花旗银行、巴克莱银行等国际大银行股价纷纷跳水，渣打银行的股价一日蒸发了160亿港元，创下了香港股票2009年单日市值贬损之最。人们依旧是雾里看花的恐慌，到底欧美的银行们在迪拜有多少债权？谢赫穆罕默德向阿联酋最大酋长国阿布扎比求救的同时，高盛出手了。

万圣节期间，高盛发了一份风险报告。

高盛的报告很简单，只是预计，汇丰银行在迪拜的潜在信贷亏损额为6.11亿美元，渣打银行为1.77亿美元。随后，一份又一份的风险报告出台了，迪拜总债务超过800亿美元，汇丰银行在迪拜的债权被曝光，汇丰银行在迪拜的风险敞口高达170.03亿美元，高居迪拜债权人榜首。这一切的一切都拜大卫·埃尔顿这个花旗的老掌柜所赐。

在迪拜危机爆发后，银行们还有大量的CDS交易，汇丰银行的财务报表显示，衍生品数额高达4949亿美元。可想而知，别的银行陷入迪拜的数额一定惊人。不少金融机构纷纷向迪拜酋长谢赫穆罕默德逼债。在迪拜的债权人名单中，有高盛的名字，只是高盛的债权没有到期，并且数额非常的少。在迪拜未来五年到期的债务名单中，还有日本三井住友银行，这家银行在迪拜有2.25亿美元的债权。三井住友银行的大股东就是高盛，高盛持有三井住友银行12.5%的股权。

正当大伙儿都在挤兑迪拜的时候，三井住友银行却跳出来，声称同意延缓债务，宽限迪拜半年后还债。焦头烂额的谢赫穆罕默德立刻对日本人感激涕零，怎么看都觉得日本人是大好人，真是大慈大悲的菩萨啊！

其实，这只不过是高盛惯用的伎俩罢了，这种伎俩在高盛跟中国交锋的时候，用了一次又一次。但奇怪的是，不知道是高盛真的那么高明呢，还是世上的傻子太多，才能让高盛屡次都能得手！

一出绝好的双簧戏是能够杀人于无形的。

高盛最初发表的报告无疑是在委婉地告诉全世界，汇丰银行这一次又跑不掉了，现在看到的只是直接损失而已，只要迪拜危机无法得到有效控制，汇丰银行风险还会进一步扩大。日本人的伪善，事实上是在告诉大家，这可是迪拜最后的期限了。连日本这么小的债权人都蹦出来下了最后通牒了，那迪拜最大债权人汇丰银行，还有渣打银行还不胆战心惊赶紧要债？这样一来，迪拜陷入逼债旋涡已经无可避免。

可怜的谢赫穆罕默德，这头困境中的狮子还被蒙在鼓里，居然还对勒自己脖子的人感激不尽！更加倒霉的是汇丰银行，这可是高盛多年死盯的目标，多少次金融危机都挺过去了，却在迪拜这个弹丸之地栽了跟头！

华尔街是一个弥漫着铜臭、充斥着肮脏阴谋的地方，无数道貌岸然的家伙破口大骂的同时，还在一个劲儿涌向华尔街的某一间办公室。这个地方有金钱诱惑，也有名利的魔力。早在2003年，汇丰跟高盛就结下了梁子。当时，汇丰银行意气风发，一举收购美国次贷贷款机构Household International Inc，成为美国次贷市场上与雷曼兄弟一较高下的欧洲银行。汇丰银行进军美国房贷市场的野心，直接威胁到高盛在华尔街的龙头地位。汇丰都骑到高盛的脖子上撒尿了，高盛还能坐得住么？

2007年11月24日，高盛的Roy Ramos以华尔街明星分析师的身份站出来发布报告，将汇丰亚洲挂牌股票评级由“中立”调降至“卖出”。Roy Ramos可真是汇丰银行的“克星”，他是高盛的合伙人、亚洲区董事总经理、亚太地区金融研究主管，从事银行业研究近20年的历史，对汇丰银行、渣打银行以及日本除外的亚洲地区的其他一些上市银行跟踪研究的时间相当长。2001年，他还被

《财富》杂志评为华尔街明星分析师，在金融研究领域一言九鼎。Roy Ramos 一发话，汇丰的股价顿时暴跌，吃尽了苦头，元气大伤。

这一次，在高盛的刺激下，汇丰的股价再次猛烈暴跌。

高盛发布的报告就是在做空汇丰银行，进一步做空迪拜。衡量做空的一个标准，那就是看 CDS 合约是否在飙升。在高盛做空希腊的过程中，希腊主权债相关 CDS 不断翻倍。迪拜危机发生之后，高盛的利空报告带给市场的是信心的泯灭，明确地透露出一个重要的信号，精力充沛，超级有抱负的老酋长谢赫穆罕默德无法还钱了。现实很残酷，CDS 合约价格飙升至 1143 个基点，迪拜已经被做空了。

做空迪拜，高盛的目的何在？第一个目的就是在中东的能源布局。

2008 年 8 月 11 日，迪拜商业交易所发布了一份声明，该交易所通过发行新股向六家投资者共计出售了 20% 的股权。六家投资者中包括两家美国投行、三家能源交易公司和石油巨头壳牌旗下一家公司。迪拜商业交易所羞答答的，没有公布具体的交易细节。

成立于 2007 年迪拜商业交易所，目前已经是中东地区最大的能源交易所。迪拜商业交易多的原始股东分别为纽约商业交易所、迪拜酋长国和阿曼政府。三家原始股东在创立之初约定，三家股东各持有该交易所 25% 的股权，剩余的 25%通过增发新股的方式，向该交易所的会员出售。

事实上，迪拜商业交易所声明中的美国投行，就是全球两家最大的商品交易机构高盛和摩根斯丹利。高盛对石油的痴迷绝不亚于对 CDS 的痴迷，甚至通过石油操纵者政治，改写了惊人的历史。这就是石油市场庄家的无形力量，高盛入主迪拜商业交易所的目标非常明确，那就是将石油的钉子直接插到了中东的心脏。

高盛做空迪拜，让整个中东 1 万亿美元的 CDS 陷入疯狂，尽管中东王子、疯狂酋长们家有亿金，尽管他们拥有世界上最优质的石油天然气，尽管他们的国家陷入了经济破产的烂泥潭之中，他们依然可以通过挖掘石油来填补财政亏空，可是，在迪拜商业交易所，高盛不仅仅是运动员，还是家长，中东石油的价格，有高盛的重要一票，有了这一票，中东的石油再无商业机密。

能源只是高盛用中东人的血祭刀的第一步，下一步就是干掉欧洲人。

在迪拜的债权人名单上，有一长串的欧洲银行名字：汇丰银行、渣打银行、巴克莱、德意志银行、苏格兰皇家银行、巴黎银行、荷兰国际集团、劳埃德银行集团。这些银行在欧洲都是数一数二的大型银行，他们在迪拜经常充当债券和贷款交易账簿管理银行，他们还经常参与债券的交易。

高盛做空迪拜后，欧洲的银行家们胆战心惊。股票市场不断跳水，如果银行挤兑风潮一起，烂账越来越多，那么银行的资本金就会出现问题。接下来，陷入困境的银行就失去了资本市场融资的机会，欧洲的银行就会集体沦陷。破产倒闭可不是开玩笑，这些银行们就会采取一个常用的做法，紧缩银根，停止放贷，甚至加紧催收贷款。

希腊政府可是个穷政府，一直靠出售主权债务过日子，如果欧洲的那些个银行资金一旦出现问题，抛售希腊政府的主权债是不可避免的。希腊政府就会立即陷入偿付危机的困境，那些为了加入欧盟所捏造的谎言也就暴露出来了。这样一来，整个欧元区也就都陷入了恐慌。

毒丸让希腊难以自拔，CDS 成为高盛做空希腊、做空欧洲的绝妙工具。这一切的一切，依然只是高盛做空游戏的一个开始。高盛早已打好了如意算盘，希腊是一枚棋子，他们的终极目标是中国。

5. 火烧欧盟大本营

一个普通的老百姓愚蠢，可能只会危害自己；一个国家的领导人愚蠢，那倒霉的是这个国家的老百姓。

2009 年 12 月 11 日，希腊总理帕潘德里欧不得不站出来向国人谢罪。信誓旦旦地表示，希腊的债务问题是自身原因造成的。到底是什么原因？这位爷没有说。好听的话谁不会说，关键是看怎么做。帕潘德里欧在万般无奈的状况之下，不惜自揭老底，通过打击腐败的方式来转移国人对政府的愤怒，转移欧洲人对希腊人的厌恶。尽管希腊的总理大人言辞恳切，尽管他一再宣称希腊政府不会拖欠债务，并明确承诺削减预算赤字。CDS 还是不断上涨，希腊主权信用越来越烂。

帕潘德里欧的愚蠢，不仅让希腊人倒霉，跟着倒霉还有欧盟各成员国。帕潘德里欧话刚一落音，南非标准银行就发布研究报告预测。南非标准银行的报告非常的诡异，报告中强调，爱尔兰和希腊此类国家走出危机的能力已经遭到外界的质疑，利率的下调、货币的贬值以及财政刺激政策的实施都使得这些国家的复苏受限。

南非标准银行的报告之前在业界没有什么影响，尽管隔一段时间会发布那么一两份儿报告，金融业的同仁们都一笑而过，甚至当成来至非洲的杂音。在犹太人掌控的全球金融领域，他们对黑皮肤的非洲人一贯歧视。南非标准银行发布的报告，就像一个骂大街的女人一样乱嚷嚷，大喊希腊和爱尔兰等国的经济状况糟透了，忍不了了，这俩国家甚至可能在 2010 年底前被迫退出欧元区。

这是一记响亮的耳光。乔治·帕潘德里欧除了难过，还能干什么呢？

同时，南非标准银行给了一个女人一记耳光，那就是德国总理默克尔。

默克尔是一个奇怪的女人，出生在西德，很小就跟随做牧师的父亲到了东德。在东德共产党青年组织中，默克尔是一位积极的进步青年。德国统一后，默克尔跟提携她的老上级彻底划清了界限。这位曾经是东德共产党培养出来的革命接班人，视共产党领导下的中国为最强大的竞争对手。瑞士新闻曾将默克尔描写成东德特工，这个女人永远是一副女强人的面孔。

南非标准银行的报告让默克尔很难堪。因为就在一周前，默克尔面对新闻记者侃侃而谈："在希腊应对债务危机之际，欧洲最关注的问题是维持欧元汇率的稳定，将与那些面临极大困难的国家讨论如何保持欧元稳定。"默克尔对于危机之中的希腊，也表现出一副圣母救子的姿态："目前希腊深陷财政危机，并令整个欧元区为之不安，欧盟负有对希腊的共同责任。"

希腊也好，爱尔兰也罢，尽管两个国家占欧盟 GDP 的比例很小，但是德国作为欧盟集团的老大，不能眼睁睁看着小弟弟家里着火，自己在一旁无动于衷。更何况小弟弟的病毒，还裹挟着德国人自己的银行。默克尔对外宣称，欧元集团内部已达成一致，需要在预算问题上尊重欧洲稳定的标准。默克尔希望欧盟能够拯救希腊这样的小弟弟。

南非标准银行的报告无疑是在告诫世人，欧元区的问题不是小毛病，而是要割毒瘤！与希腊主权债相关的 CDS 一个劲儿地飙升，原本想拯救希腊的默克尔也改换姿态，再也不说什么拯救希腊小弟弟的话了。

希腊、爱尔兰、西班牙、德国……"猪瘟"肆意蔓延，危险一步步逼近欧盟的第二大经济体英国。英国政府跟希腊政府不一样，希腊的总理可以站出来说希腊危机跟全球的经济危机没有关系，政府要打击腐败。英国政府不那么玩儿，而是继续发行国债支撑经济。结果是可想而知的，政府负债累累，除了加税别无他法。英国政府从 2010 年元旦起，把增值税税率从目前 15% 恢复到 17.5%。这是一招饮鸩止渴的举措，提高税率让英国复苏的步伐放缓。希腊已经倒下，债务缠身的英国只有两个选择：一个就是跟冰岛一样，选择国家破产；还有一个选择，就是继续跟在美国人的屁股后面混，苟且地活着。

无论是希腊、爱尔兰，抑或是英国破产，遭受最大打击的是欧元！这个一直企图跟美元对抗的草台班子。高盛点燃了迪拜危机的第一把火，再接再厉，将火直接烧到了欧盟的大本营！

南非标准银行的报告让欧洲人倒霉了，以默克尔为首的欧盟各国异常愤怒，连带着也恨上了中国。谁让南非标准银行的大老板是中国人呢？

2007 年 10 月 25 日，中国工商银行宣布收购南非标准银行 20% 的股权。工商银行掏了 54.6 亿美元完成了这笔交易，一举成为南非标准银行的第一大股东。这一场交易引起了欧美人的恐慌，工商银行是中国最大的国有商业银行，南非标准银行是非洲最大的商业银行，这次并购是当时中国商业银行对外收购最大的一笔，也是南非自 1994 年结束白人统治以来收到的最大一笔外国直接投资。南非标准银行首席执行官杰克·马理 (Jacko Maree) 当时非常自豪地宣称，该笔交易将把南非标准银行置于中国与非洲大陆经济交往的活动中心，是对两地未来关系的强大信心投票。工商银行董事长姜建清表示："此次收购将为工行成为一家全球性银行奠定基础。"

中国一直致力于跟发展中地区的贸易合作，非洲是很好的合作伙伴。欧美人一开始嘲笑中国人只会通过廉价的贷款，甚至是提供大规模基础设施项目，跟非洲人换取矿产资源。工商银行坐上南非标准银行大股东宝座后，欧美开始嘀咕了：他们将工商银行的并购行为升级为国家行为，认为这是中非关系日益深化和成熟的一个信号，认为中国打算进一步拓展非洲战略。

2010 年 3 月 7 日，尽管中国外交部长杨洁篪在两会新闻发布会上强调：中国跟非洲的合作是平等互利的，中国从非洲进口的石油只占非洲出口总量的 13%，而欧洲和美国都占 30% 以上；中国在非洲石油领域的投资只占世界在非洲此类投资总额的 1/16，美国和欧洲都比我们多得多。欧美人依然不依不饶，认定中国在非洲的雄心正在升级。

这一下，中国人也倒霉了，欧洲人恨死了中国人。本来默克尔就对中国有偏见，经常用人权、西藏问题向中国施压，甚至在 2007 年不顾中国政府的反对，执意跟一心图谋分裂中国西藏的达赖会见，并且非常开心地将达赖赠送的哈达戴在脖子上招摇。中国外交部再三抗议，默克尔却甩出一句："我自己能决定该见谁。"

这是一根漫长的链条，迪拜危机将欧洲的金融机构拖入泥潭，希腊成了高盛操纵欧洲的棋子。通过持有工商银行 130 亿股的通道，借助中国人的手，南非标准银行成了高盛打击欧元区经济的一把尖刀。这一切的一切，依然只是高盛阴谋的一步棋，背后站着一个庞大的美国，好戏才刚刚开始。

6. 终极目标：猎杀中国

迪拜危机说到底还是利益之争，是以高盛为首的美国利益集团瓦解中东利益集团的开始。中东的王子酋长们手握石油天然气，太有钱了，这太叫美国人嫉妒了。光靠发动战争已经不够了，唯有切断经济之手，才能于无形中取胜。而且在中东利益集团的链条上，还拴有一个庞大的欧洲利益集团。希腊人拉肚子，欧洲人就打喷嚏。让迪拜陷入危机，可谓一箭双雕，既瓦解了中东利益集团，又狠狠地打击了以汇丰集团为首的欧洲利益集团。

希腊在危机中无法自拔，欧洲人在愤怒中迷失自我。得胜的高盛并没有停下脚步，它不停地追逐着新的猎物，贪婪的目光早已盯上了中国。

现在的世界是什么样？中东不行了，欧洲也危机了，美国先是失业率居高不下，又是阿富汗战争的，自身难保。放眼全球，貌似只有亚洲人活的比较自在。

高盛集团全球首席经济学家吉姆·奥尼尔摆出一副指点江山的架势："希腊、葡萄牙、西班牙在欧盟经济中所占比重不高，即使发生主权债务问题，也不至于影响整个欧元区的稳定性。更进一步看，英美两国虽然也面临财政赤字激增问题，然而由于美元及英镑均为世界储备货币，货币流动性较大，两国应付债务问题能力较强，相信不会出现主权评级危机。更重要的是亚洲受到的影响不大。"

这番话听上去不痛不痒，实际上，高盛已经将拯救希腊的重担抛向了亚洲。

亚洲在金融危机后快速恢复，美国人最大的债权人就是中国跟日本。日本人在第二次世界大战后被美国人接管，尽管他们表面上装孙子，购买了大量的美国债权，但是骨子里还做着亚洲老大甚至是世界老大的美梦。小岛国扩张之心不死，美国人还想要日本人掏更多的钱购买国债，不大可能。美国这几年战争狂热，不断地折腾让这个国家的负债越来越多。而从交易记录看，日本人正在在减持美国的国债。这个微妙的时刻，日本人还会出手吗？日本人都不买美国人的国债，韩国人就更不会了。大家连美国国债都不会买，购买希腊国债就更不可能了，也就是说，日本和韩国都不可能救希腊。

很明显，高盛这一招是要逼中国出手拯救希腊，把中国也拖进主权债务危机的大泥潭。

高盛不断给希腊人出招，不断宣扬，中国人多么有钱，中国人多么富有，外汇储备高达 2.4 万亿美元，还有一个资产规模超过 2000 亿美元的主权投资公司。本来希腊危机就让欧洲人恨上了中国人，现在又知道中国人那么有钱，当然就认为，让中国人掏点儿小钱出来救救希腊是应该的。

坏招儿早就想好了，剩下的就是鼓动希腊人赶紧行动了。

高盛首席运营官盖瑞 · 柯恩 (Gary Cohn) 在 2009 年 11 月与 2010 年 1 月两度飞往希腊，目的就是要为希腊推销国债。第一次交锋，盖瑞 · 柯恩的生意没有做成。没谈成不要紧，高盛自有妙计。盖瑞 · 柯恩离开希腊后，南非标准银行的报告就出来了，这是多么完美的配合，地球人都对希腊失去了信心。高盛这样的举动就是要告诉外界，希腊人没救了，他们的主权信用完蛋了。希腊总理欧经不住高盛的折腾。2010 年 1 月份，当盖瑞 · 柯恩第二次飞抵雅典的时候，帕潘德里欧就迫不及待地跟柯恩商谈用新债还旧债的解决办法。柯恩给希腊做了一个方案，向中国发行 250 亿欧元主权债券。

这可真是个两全其美的方案，高盛在赚取希腊佣金的同时，将一颗的债务炸弹抛向向中国，让中国的金融机构继续玩儿击鼓传花的游戏，高盛还真将中投公司当成了二百五。

为了兜售希腊毒丸给中国，高盛还来了个组团忽悠。高盛在澳洲的长期合作伙伴澳新银行也跑出来帮腔，忽悠中国，说希腊危机是一个“一石二鸟”机会。澳新银行的理由冠冕堂皇，说中国作为世界上第三大经济大国，如能购入更多的欧元资产，不仅能够帮助希腊避免其出现主权违约风险，也能够为全球金融市场提供信心，强化自身在国际金融体系中的地位。同时，中国的出手，也能为其他“猪群”国家提供喘息的机会，避免危机的进一步蔓延，从而为危机的化解取得更多的时间。

而且，欧元资产特别是“猪群”国家的债券价格处于相对便宜的地位。欧元区偿债危机爆发后，美元兑欧元的升幅大约为 10%，对于任何一项投资来说，资产价格打上9折，已是颇具吸引力。对于中国来说，希腊危机爆发后，欧元债券的收益率比投资美国国债要高得多，每年能够得到的利息收入也要高很多。尽管看起来似乎风险很大，中国的外汇储备超过2万亿美元，即使全部买入希腊国债，也不过其总资产的2%-3%，这样的风险配比其实仍然远低于需要担忧的水平。

经济账算完了，描绘的前景非常美好。不过，250亿欧元终归也是老百姓的钱，不是随便给的。尤其是长期以来，中国购买的美国国债不停缩水，国内的舆论谴责怎么能说风险不大呢？澳新银行好话说了一箩筐，貌似作用不怎么大，就又开始恐吓中国：如果希腊出现违约，市场将很快将矛头对准PIGS等国，并且对于主权违约的担忧也将很快蔓延到欧元区各国。从中国的角度来说，撇去政治因素，从经济上来说，欧元区是超过美国的第一大贸易伙伴，欧元区出现问题，中国的出口也会受到严重影响，对中国来说，坐视不理，也并不是最好的办法。

威逼加利诱，好高明的手段！

现在的一切都是那样地明了。高盛通过迪拜危机，引发希腊危机，沉重地打击欧元区经济；利用一个非常小的卒子南非标准银行，陷中国于不义；又给希腊政府出歪点子，将中国卷入欧洲主权债务危机的泥潭，忽悠中国人吞下毒丸。

像狐狸一样狡猾的高盛，通晓世界各地的规则，它知道什么时候掐你的脖子，在哪里掐……这个有着以色列沙皮狗智商和东北虎残忍性格的集团在世界各地到处横行，像一个老练的猎人时时刻刻在寻找猎物，一旦闻到血腥味，就会像猎豹一样，猛扑上去！

CHAPTER 2

第二章

别了，雷曼兄弟

“是谁说出去的？”雷曼兄弟CEO理查德·福尔德（Richard Fuld）气急败坏地敲打着会议室的桌子，声嘶力竭地质问参会的雷曼兄弟执行委员会成员。“太可怕了，连我们的飞行记录都被人掌握得一清二楚。”福尔德啪的一下将《华尔街日报》扔到桌子上，使劲拽了拽脖子上的领带。

再没有了往日的绅士风度，他心中的火苗噌噌地往上蹿。韩国之行让福尔德已经非常恼火，流言犹如病毒一般迅速地渗透进了雷曼兄弟的血液。

5000多亿美元的负债，82亿美元的亏损，就像是一把刀子，狠狠地扎在福尔德的心坎儿上。原以为能够拯救雷曼兄弟的东方骑士，却无情地击碎了他的美梦，宛若晨曦处子，飘逸得让人心碎。

这背后一定有阴谋！到底是谁要搞死素有“19条命的猫”之称的雷曼兄弟？

一阵阵阴森的恐惧让铁腕福尔德脊背发凉，他搞不懂，这究竟是怎么回儿事？

“美国牛滚开！”韩国人愤怒的吼声仍然回响在福尔德的耳边，一遍一遍地刺痛他的中枢神经。他浑然不觉，那张漂亮的绝命之网已经悄然张开，一把隐秘的长剑正在等待着他的到来，曾经的那位犹太兄弟出招了，真正的较量才刚刚开始。

1. 韩国，最后的救命稻草

2008 年 6 月 1 日，全球的孩子们正在兴高采烈地欢度国际儿童节。

这一天一大早，新泽西州的一架商务包机直飞韩国首尔，机舱里是死一般的沉寂。此时，理查德·福尔德的脑子里，满是那个摇头晃脑，在 CNBC 电视画面中大放厥词的绿光资本（Greenlight Capital）对冲基金掌门人大卫·埃霍恩（David Einhorn）的影子。这个人，简直就是恶魔一般的奸商，居然跑到电视上，发动华尔街，不，应该是发动全球的投机商人做空雷曼兄弟股票！他这明摆着是要发动群众干革命，把雷曼兄弟往死里整！

福尔德在心里不停地诅咒埃霍恩，希望他连同他的绿光资本，在这一次全球金融海啸之中灰飞烟灭，彻彻底底地从这个地球上消失，最好永远都不要再听到一点儿关于他的消息。然而，奇迹就是奇迹，并不是说你想让它发生就会发生的。福尔德的诅咒似乎并没起到什么作用，他万万没有想到，韩国之行，已经犯下了一个大错。

在机场出口，福尔德看到了一个熟悉的身影。

这个人，就是韩国产业银行第一天上任的 CEO 闵裕圣。他经常一副笑眯眯的样子，是典型的高丽人种。这位爷，最初是雷曼兄弟驻首尔的副代表，后来到摩根士丹利镀金，担任驻首尔首席代表后，身价一路看涨，不仅当上了韩国证券交易所的委员，还坐上了友利银行副董事长的宝座。福尔德很欣赏闵裕圣的果敢，好说歹说将其再次挖到雷曼兄弟，将雷曼兄弟驻首尔首席代表的宝座交给这位爷。但没想到韩国产业银行 CEO 的诱惑，让这位爷在雷曼兄弟死亡前夕动心了。

不过，闵裕圣很够意思。

雷曼兄弟的财务越来越烂，亏损相当的严重，老本儿都快亏光了，生命垂危。刚到产业银行的闵裕圣没有忘记垂死挣扎中的老东家，决定在雷曼兄弟最危急的时候，拉一把。他打着自己的小算盘，想来个一箭双雕，一来拯救了自己的老东家，显得自己特别仗义；二来给产业银行带来绝佳的扩张机会，也好奠定自己第一 CEO 的黄金地位。

福尔德在看见闵裕圣的一瞬间，就变得无比激动。那心情，就像沙漠里一个历经长途跋涉、极度饥渴的旅人，突然看到了一片绿洲。就算那是幻影，也会激起无限渴望。福尔德紧紧地搂住闵裕圣的肩膀，差点儿就是鼻涕一把泪一把："兄弟，你简直就是雷曼的救星。"

韩国，是雷曼兄弟寻觅东方骑士的战略要地。

2007 年美国房地产泡沫破灭后，大量高价买房的人不愿意再还购房贷款，致使发放贷款的机构烂账越来越多，金融机构的可流动现金越来越少。在这场可怕的金融风暴中，雷曼兄弟算是惨到家了。雷曼发行了大量的房贷金融衍生品，现在是焦头烂额，急需一大笔钱让公司运转起来。福尔德太清楚了，要指望美国的金融机构躲过这场灾难简直是妄想，现在大家都是自身难保，都在想着自己怎么活命。

福尔德迫不得已，只好将目光投向了东方的中国、韩国、日本。

韩国产业银行是政府全资控股的国有商业银行，目前能跟产业银行抗衡的只有 1999 年亚洲金融危机之后，在高盛出手拯救下起死回生的韩国国民银行。

金融圈子实在是太小了，无论闵裕圣是担任摩根士丹利的首席代表，还是雷曼兄弟的首席代表，他在韩国都跟高盛首席代表死磕过数次。就连现在到了产业银行，还要跟高盛曾经控制的国民银行展开厮杀。

现在闵裕圣心里也是忐忑不安，他知道老东家的期望，但他做不了主。这一次的交易可能会让福尔德更为愤怒，他说不出口，每一次话到嘴边又咽了回去。他指着一路的风光向福尔德介绍，挤都难以挤出一点儿笑容的福尔德只有不断尴尬地点头附和着，偶尔冒出一两句 Very beautiful。

雷曼兄弟高管的车刚驶入首尔大街，一行人就全都傻眼了。

大路已经被拥堵了，满大街都是愤怒的人在吼叫，手持着蜡烛，打着横幅。福尔德满脸惊讶地望着窗外，虽然他听不懂韩国人在吼什么，但身上总有一种发毛的感觉，直觉告诉他，韩国人很生气。

看到福尔德惊讶的表情，闵裕圣搓了搓手，很不好意思地向他解释着。

“美国牛滚开！”闵裕圣的秘书在一旁冷冷地冒出一句话，车里的气氛顿时变得尴尬起来。

福尔德的心底是无比的愤怒，真够背的！雷曼兄弟这一头华尔街的公牛已经一泄如注，跟拉肚子一般，失去了往日的高傲。现在自己刚到首尔，这些韩国人怎么可以这么没有教养，没有礼貌呢？真操蛋的晦气！

克制，一定要克制。

福尔德摇了摇头，只发出了一声叹息。闵裕圣虽然曾经是自己的部下，但他现在是雷曼兄弟的东方骑士、拯救者，自己带着一帮雷曼兄弟高管，一大早不远万里飞到这个癫狂的地方，最重要的使命是来请韩国人救命的。要是搁在平时，依照他的火暴脾气，那还不叽里哇啦一通，好好教育一下闵裕圣的秘书。

闵裕圣瞪了秘书一眼。太不懂事的家伙，福尔德就是美国佬，怎么能这样直白地说呢？在次贷危机爆发之前，福尔德可是雷曼兄弟的铁腕拯救者。他不仅把雷曼兄弟从美国运通银行独立出来，而且在“9·11”总部大楼灰飞烟灭之后,让这家号称有“19条命老猫”的机构重新焕发了生机。在华尔街,理查德·福尔德绝对是个人物。他以自信、高傲、凶狠、果断著称，被人称为“华尔街最凶狠的斗牛犬”。

闵裕圣不想让老东家太尴尬，他苦口婆心地给福尔德解释韩国人为什么要嚷嚷。原因是韩国政府恢复进口美国牛肉，吃惯了高丽泡菜的韩国人，担心具有疯牛病隐患的美国牛肉搞疯韩国人。可万万没有想到的是，这一次竟然有四万多韩国人拥到首尔街头。示威的韩国人拥向孝子路、景福宫、三清洞街，直奔总统府青瓦台，逼得警方排成人墙控制局势，示威者便开始用鸡蛋加青菜招呼这些手持灭火器、消防水泡的警察，警民混战一团。

福尔德有点儿搞不懂韩国人了，美国出口到韩国的牛肉是要进行严格食品安全检查的，他们还瞎闹啥？简直就是无组织无纪律。

但他哪儿知道，事实上，美国的牛肉只是导火索……

这一场牛肉引发的韩国骚乱的背后，那根脆弱的神经已经牢牢地被雷曼的敌人抓住了。

在闵裕圣的努力下，雷曼兄弟一行终于到了约定的酒店。

福尔德刚一落座，就收到了一个让他震惊的消息！据称，高盛的操盘手正在四处散布雷曼兄弟的谣言，甚至一个又一个地给对冲基金打电话，要求一起卖空雷曼兄弟。其实就在上飞机前，他已经听到了一个非常可怕的消息：华尔街的大腕高盛，正在有预谋地做空雷曼兄弟。但他那时还不相信，这位曾经亲密的合作伙伴、现在的竞争对手，一个同样具有犹太血统的全球大行竟会如此卑鄙。但现在，他真的有点儿怀疑了。

闵裕圣能够从福尔德焦灼的神情中感觉到，铁腕老东家现在一定是如坐针毡。闵裕圣凑到福尔德耳边咕哝了一会儿，马上就让福尔德笑开了花。这个异想天开的想法就是，产业银行已经秘密跟韩国的金融集团进行过接触，希望组建一个韩国金融团来拯救雷曼兄弟。

然而福尔德还没有高兴两分钟，产业银行的具体方案马上就让他的脸变色了。原来，产业银行的第一目标是购买雷曼兄弟的资产，而不是福尔德所期望的那样，购买雷曼兄弟的股票。

雷曼兄弟太需要钱了，钱就是命，但这钱绝不能用雷曼兄弟的资产来换，福尔德坚决不同意。

闵裕圣心里那个艰难，福尔德现在这个样子哪里能够体会到？他到产业银行虽然当上了一把手，但毕竟立足未稳。购买雷曼兄弟这样的庞然大物，不是他自己一个人说了就算的。更何况产业银行是国有商业银行，海外并购是需要韩国金融服务委员会通过的。

老东家身陷绝境，到底是购买资产还是购买股票？闵裕圣也无法决定，他只能替福尔德愤怒那个该死的对冲基金老板埃霍恩。现在美国做空雷曼兄弟股票的人比银行门口一大早排队的都多，一旦产业银行购买了雷曼兄弟的股票，可能就真的是肉包子打狗——有去无回了，到时候习惯在国会现场上演武斗的议员们还不把自己给撕成八瓣儿？

福尔德急切的眼神中，是多么期待自己的老部下、现在的救星能够发发慈悲呀。那一刻，华尔街大腕的傲慢扫地，尊严全无。闵裕圣如芒在背，不知该如何应对，只能保持沉默。

“美国牛滚回去！”韩国人叽里哇啦的吼声让福尔德越来越不自在。

僵持在无声的沉默之中，理查德·福尔德终于失望了。

2. 大难不死的“老猫”

理查德·福尔德愤怒地站起来，咬着牙帮子，大吼：“他妈的，活见鬼了？”

整个华尔街、全美国人，不，地球人都知道，雷曼兄弟那位铁腕的爷，带着一帮老少爷儿们，坐着商务包机去了一趟首尔，一到首尔的大街，就遭遇愤怒的韩国人的辱骂，最后在近乎哀求之中，灰头土脸地于2008年6月5日飞回新泽西州。韩国之行没有找到雷曼兄弟的拯救者，带回来的只有伤心欲绝。

福尔德此刻备感羞辱，但他不知道，华尔街的大腕们没有心情，也没有资格嘲笑雷曼兄弟丢人的东方之旅，他们惴惴不安，很清楚地知道，也许明天倒下的就是自己。这并不是杞人忧天，不要小瞧了雷曼兄弟，那可是有着长达158年的生命，在19次危机之中躲过生死劫难的华尔街老猫，血管里流淌着的是犹太人顽强坚忍的血液。

会议室出奇的安静。

福尔德突然感到一阵寂寞，可怕的寂寞，那是自己从未有过的孤独感，如同寒冰一样包裹着自己。自己的一举一动怎么都在记者的眼皮底下呢？福尔德感到一阵阵的后怕，这背后一定有人要置雷曼兄弟于死地。40年了，从青春少年到两鬓白发，在雷曼兄弟，在华尔街，福尔德阅尽千帆，看遍世态炎凉。

1969年，年仅23岁的科罗拉多大学生理查德·福尔德，以实习生的身份走进雷曼兄弟的大门，成为一名债券交易员。没过几天，雷曼兄弟第三代掌门人罗伯特·雷曼就去世了。让这个实习生奇怪的是，三个犹太兄弟创办的雷曼兄弟居然没有一个接班人。雷曼兄弟陷入了无人掌控的权力真空状态。

此时，到处都是游行示威的抗战者。华盛顿大街上，上万名示威者高举着“尼克松是头号战犯”、“尼克松是亿万富翁的工具”等标语牌，新上任的总统不得不整天穿着防弹背心上班。尼克松仅仅上台4个月，越南战场又死掉了4000多美国士兵。整个美国陷入了厌战的低落情绪之中。

为了尽快缓和国内的金融危机，1969 年 6 月 8 日，尼克松总统在中途岛宣布：在当年 8 月底以前，从越南撤军 2.5 万人。这是尼克松政府从越南的第一次撤军。

但撤军并没有立即提振美国的经济，持续的不景气让群龙无首的雷曼兄弟陷入一片混乱之中，甚至出现利率失误，整个公司当年亏损 670 万美元。福尔德怎么也没有想到，自己刚刚进入雷曼兄弟，这家华尔街大腕就面临要关门的命运，真是倒霉得要命。留守高管宣布了“勒紧裤腰带计划”，曾经声名显赫的雷曼兄弟不得不艰难度日。

勉强维持到 1973 年，挖来了贝尔豪威尔公司的 CEO 兼主席皮特·彼得森后，雷曼的情况才得以好转。彼得森接管公司后，完成了一些并购，使公司摆脱了亏损，并连续 5 年保持赢利。1977 年，雷曼兄弟合并了库恩—洛布公司。这曾是华尔街最有名的犹太投行，20 世纪初排名仅次于 J · P · 摩根公司。第二次世界大战后，库恩 – 洛布公司日渐没落，遭遇资本危机后，遂被雷曼兄弟公司收入囊下。合并后，公司更名为 Lehman Brothers, Kuhn, Loeb Inc.。在所罗门兄弟、高盛、第一波士顿信贷等豪强分食美国投行市场的情况下，雷曼兄弟重返华尔街大佬行列，排座第四把交椅。

库恩 – 洛布公司在国外的名气比雷曼兄弟大很多，就连当年在中国东北发生的日俄战争都有份儿掺和。当初，这家公司的创始人雅各布 · 希夫，为了报复基什尼奥夫大屠杀、反犹太主义行动真凶沙皇尼古拉二世，在日本人没有任何优势战胜沙俄的情况下，向日本提供了两亿美元的战争风险贷款，支持日本人在中国东北跟沙俄开战。最终，雅各布·希夫获得了明治天皇授予的勋章。后来，希夫还策动美国总统伍德罗 · 威尔逊参战，同时跟英国王室、日本政府保持亲密关系，为这些政府提供贷款支持。在国际上，库恩 – 洛布公司的知名度超越雷曼兄弟，甚至超越高盛，所以雷曼兄弟曾以 Kuhn, Loeb, Lehman Brothers Inc. 出现。

就在彼得森接管雷曼兄弟之后，福尔德所在的交易部来了一位脾气暴躁的交易员尼维斯 · 格鲁克斯曼。这位爷怎么看福尔德都觉得是块可以调教的料，很快福尔德就转运了，由实习生升任操盘手。10 年之后，格鲁克斯曼执掌雷曼兄弟，福尔德升任雷曼兄弟固定收益部门主管，他带领团队创造了当时部门利润的最高历史纪录。一年后，福尔德开始兼管股票部门。他负责的那两个部门，贡献了雷曼当年 2/3 的利润。

然而，命运仿佛总是在戏虐福尔德。

1984年，福尔德怎么也没有想到，自己的伯乐兼恩师格鲁克斯曼会将雷曼兄弟卖给美国运通。虽然雷曼兄弟的规模扩大了10亿美元，但是雷曼兄弟再也不是驰骋资本市场的自由人了，从此以后只能过着寄人篱下的生活。一旦陷入困境，就再也不会出现1969年那种生死关头勒紧裤腰带渡过危机的局面了，而是随时可能被美国运通给阉割掉。雷曼兄弟的精英们一拨一拨地跳槽了。

福尔德隐忍偷生。

1994年，在雷曼兄弟高管差不多走光的情况下，坚守了25年的福尔德被任命为雷曼兄弟负责人。望着台下雷曼兄弟坚守的员工，福尔德激情澎湃，几乎是疯狂地吼叫道："我身上流淌着绿色的血，因为那是雷曼标志的颜色。"

话音一落，台下的员工们顿时热血沸腾。这句话是颇有含义的，想一想，美钞不就是绿色的吗？福尔德的用意不言而明。

"9·11"事件爆发后，雷曼兄弟的总部毁于一旦。华尔街的大佬们都抱着双手，冷眼旁观，准备看雷曼兄弟如何在世贸废墟下流尽最后一滴血。

但福尔德没有给那些冷漠的大佬们看笑话的机会。到了2007年，福尔德将雷曼兄弟的资产规模扩大了6倍，手上掌握了7380亿美元的金融衍生工具合约。100多年后，这家寄人篱下的孤儿在福尔德的掌控下完全独立，并成功上市，重回华尔街大腕级投行行列。再次与同样具有犹太人血统的高盛平起平坐，成为华尔街次级债的绝对大佬。

3. 别小瞧了“华尔街小丑”

如果你曾经把失败当成清醒剂，就千万别让成功变成迷魂汤。

看似一帆风顺、前途无量的福尔德，万万没想到，他豪赌金融衍生工具的大手笔被埃霍恩给瞄上了。

CNBC 的电视画面让福尔德头大。该死的埃霍恩摇头晃脑地在主持人面前炫耀他是如何做空贝尔斯登的，现在又将怎样做空雷曼兄弟，甚至还满怀信心，预言雷曼兄弟一定会重蹈贝尔斯登的覆辙。在做空贝尔斯登一夜成名之后，无论是美国的民众，还是华尔街那些喜欢看热闹的大佬们，都愿意相信埃霍恩这一次是锦上添花。

埃霍恩绝对是走了狗屎运。

2007 年 7 月底，法国巴黎银行（BNP Paribas）冻结了管辖的 3 只次级债基金，这是一个危险的信号。埃霍恩看到这个新闻之后反复地确认与分析巴黎银行的举动，判定是次级债基金投资出现了问题，否则巴黎银行不会壮士断腕。在华尔街，几乎每家大行都握有次级债，在全球前 5 大投行之中，贝尔斯登跟雷曼兄弟可是这项业务的大佬。

实际上，埃霍恩并不知道，高盛神秘的铁三角早已开始做空贝尔斯登跟雷曼兄弟了。蒙在鼓里的埃霍恩，最大的优点就是勤奋，这位爷自己一个人在家分析了一晚上后，第二天一大早就召集绿光资本的团队，大胆提出“次贷危机影响的地域和程度可能远远超出预期。”3 天后，绿光资本的“信用篮子（credit basket）”诞生了——囊括高盛（Goldman Sachs）、大摩（Morgan Stanley）、美林（Merrill Lynch）、贝尔斯登（Bear Stearns）、雷曼以及花旗（Citigroup）等 25 支跨国银行和投行股票的投资组合。

埃霍恩完全就是瞎猫蒙死耗子，并没有一个准确的做空方向，而是对信用篮子里面的每只股票，分别以基金资产的 1% 进行做空。当三季度的财报纷纷出台之后，埃霍恩这才有了一定的方向，将 25 家迅速压缩到 6 家。

2007 年 9 月，埃霍恩出现在雷曼兄弟的投资者见面会上。

那个时候，福尔德对于埃霍恩没有什么好印象，也没有太在意。想不到，这小子会让福尔德那么难堪，他咄咄逼人地站起来质问雷曼兄弟首席财务官埃林·卡兰，雷曼兄弟是否完全曝光了次贷相关的损失？埃林·卡兰轻描淡写地告诉埃霍恩，雷曼兄弟的情况很复杂，不是外面一般的人能搞懂的。

埃霍恩判断埃林·卡兰在撒谎，他很愤怒地朝着记者的录音笔狂吼："这不是简单的直觉，而是一种经验。人们明确提出问题且都是合情合理的问题，他们却报以虚伪的回答。"这一瞬间，埃霍恩坚定了做空雷曼兄弟的信心。

埃林·卡兰跟理查德·福尔德没有理会埃霍恩的胡搅蛮缠，甚至把埃霍恩当成是要宝的小丑。

2008 年 3 月 18 日，雷曼兄弟 2008 年一季度财报以优于普遍预期的姿态亮相，每股收益 0.81 美元，及时挽救了已经连续呈现大幅下跌的股价，当天雷曼股票上涨 46%，完全驱散了此前连续两天累计跌幅 30% 的阴霾。

福尔德不想给埃霍恩任何机会，他借着靓丽的财报，向投资者发表了激情洋溢的讲话，并不断强调，雷曼兄弟在 2006 年就做空次级债获利颇丰。

这下，华尔街的投资者全都将埃霍恩当成了小丑。

埃霍恩气急败坏，再也按捺不住，不顾对冲基金神秘投资的惯例，毅然选择公开其做空行动。2008 年 4 月初他第一次"空头"现身，雷曼兄弟股价从 57 美元开始连续小幅下调，一周后，埃霍恩露面抨击雷曼，随后，雷曼兄弟的股价降至 50 美元以下。

咄咄逼人的埃霍恩让雷曼兄弟的管理层陷入尴尬的境地，可是福尔德却没有办法让埃霍恩闭嘴。

2008 年 5 月 21 日，埃霍恩对着一屋子的高端投资者发表演说，对雷曼兄弟的收益提出了批评，坚信雷曼兄弟的次贷风险没有完全释放。他对很多其他金融资产的估值提出了质疑，特别是雷曼兄弟没有对其所持 65 亿美元的 CDO（债权抵押证券）作足够的冲减，这些头寸只是在一季度的财报中才被披露出来。而其他银行和华尔街公司，几个月前就公布了类似的头寸并进行了大规模冲减。福尔德所谓的雷曼兄弟 2006 年就开始做空次级债是谎言，首席财务官埃林·卡兰无法说清楚的财务问题证明雷曼兄弟的利润存在很大的问题，甚至可能造假。

雷曼兄弟这一次真是小看了他们眼中的小丑——大卫·埃霍恩。

“宜将剩勇追穷寇，不可沽名学霸王”。埃霍恩乘胜追击，利用2008年4月份的一份文件猛批雷曼兄弟。雷曼兄弟公布的其所持CDO中大约有25%的评级是BB+或更低（均为垃圾级），在持有包括16亿美元投资级以下头寸、规模为65亿美元的CDO的情况下，如何才能证明仅仅冲减2亿美元是合理的？让埃霍恩更加恼火的是，作为雷曼兄弟的首席财务官，埃林·卡兰拒绝对冲减规模进行解释，只是轻描淡写地表示雷曼兄弟预计会在第二季度计入更多损失。

愤怒的埃霍恩再次发表演讲，迅速在华尔街蹿红，雷曼兄弟的股票又开始下跌。

2.7%，这个跌幅不是埃霍恩理想中的下跌幅度。搞垮雷曼兄弟，自己的做空才是最后的胜利，埃霍恩已经开始变得疯狂。

事情越闹越大，埃林·卡兰不得不与埃霍恩进行沟通，但她并没有给埃霍恩什么新的解释，而是严厉地斥责埃霍恩出于一己私利，将给雷曼兄弟股东、员工甚至整个脆弱的美国金融系统带来致命的威胁。

埃林·卡兰的斥责让埃霍恩更加恼怒，他疯狂地加快了做空雷曼兄弟的步伐。

谁将笑到最后？

雷曼兄弟这只活了158年的19条命老猫，在打嘴仗上已经无法干掉埃霍恩，不得不向美国证券交易委员会提出请求，希望埃霍恩以及传播谣言影响股价的小丑们闭嘴。

美国证券交易委员会也不想看到埃霍恩在媒体上的过度张扬，这会将美国金融完全拖入危机的泥潭，对谁都不是好事，当然除了埃霍恩这类做空对冲基金的人。没想到埃霍恩理直气壮地回应监管部门：“旨在引导雷曼兄弟改善资本结构以及正视亏损。”

埃霍恩只是拿雷曼兄弟演习而已，在2010年2月，这位疯狂的对冲小丑，在曼哈顿的一个俱乐部，与索罗斯等对冲玩儿家，一边大嚼烤鸡跟牛排，一边密谋借助高盛的局中局，做空欧元，彻底将欧元联盟击垮。

不要命的人一旦疯狂起来，他们将失去自我，在资本市场就变得冷血，毫无人性。埃霍恩的步步紧逼，福尔德再也坐不住了，埃霍恩好像阴魂附体了，再这样折腾下去，雷曼兄弟就要玩儿完了。更可怕的是，高盛做空雷曼兄弟的传闻愈演愈烈。

婊子有意，商场无情。回到华尔街的雷曼终于相信，高盛真的在兄弟背后捅刀子。

福尔德不明白，高盛到底想怎么样？做空？收购？垄断华尔街？

干死雷曼兄弟，高盛最直接的好处就是少了一个竞争对手，在反垄断尺度很宽的布什政府，借助对冲基金之手吞并雷曼兄弟，一举成为华尔街绝对大佬，借刀杀人，何乐而不为呢？

阴损，真够阴损，见过无耻的，没见过这么无耻的。

其实，福尔德压根儿就没有看明白高盛的圈套，这就是一盘没有退路的死棋，华尔街是屠宰场，韩国更是一个看不见的深涧，等待雷曼兄弟的只有血淋淋的刀，看不见的刀。

4. 兄弟反目，你死我活

是时候了，百年的恩怨是该做个了结了。

曾经人人羡慕的犹太密友，曾经的兄弟，如今成了竞争对手。蜜月在岁月的长河之中成为回忆，慢慢地消失了。高盛现在是阴招频出，飞刀曼舞，刀刀捅向雷曼兄弟的后背，刀刀见血。

话说在1902年那一年，高盛年轻的掌门人亨利·戈德门看好了铁路融资业务，企图分一杯羹。当时，摩根、斯佩尔、库恩三大家族垄断着铁路融资业务，一看到有人想抢食，三大家族分别向高盛施加压力。在这个时候，就连亨利的郎舅，也是他的合伙人也站出来反对他。郁闷至极的亨利·戈德门寻思了半天，认准了需要融资的企业越来越多，这一大好机会可不能就这么丢了。于是他决定联手密友、雷曼兄弟的掌门人菲利普·雷曼，雷曼兄弟当时算是有钱人家，两人一拍即合。

此后，亨利·戈德门每天中午12点都会给菲利普·雷曼挂个电话："嘿，亲爱的菲利普，该吃午饭了。"挂完电话，亨利就会在公司门口张望菲利普，两人见面总是会乐呵呵地分享自己听闻的笑话段子什么的。德尔莫尼克市中心饭店大堂的伙计看见两人勾肩搭背地走近饭店，就远远地迎上去，将两人带到二楼的一个小包房里面。饭店伙计上完菜后就退出来，两人开始在房间里开怀畅饮。

有一天，两杯烈酒下肚，亨利突然啪的一下拍在桌子上，很是感慨地说："摩根、斯佩尔以及库恩他们财大气粗，我们两家是不是考虑深入合作，联手跟他们好好地干一场？"菲利普心里早就有这个打算，亨利恰好道出了他的心声。于是戈德门—雷曼公司诞生了，专门做股票销售业务。

俗话说，亲兄弟，明算账。友谊是建立在合理的利益分配上的，高盛跟雷曼的合作马上就面临一个关键的问题，谁才是真正的老板？高盛有客户资源却没有多少现金，雷曼兄弟在南北战争之后承担了战后重建的财务工作，这兄弟有的是钱。哥俩儿好啊，在饭馆里一合计，什么也别说了，利润二一添作五，平分的方式省事多了。高盛主要负责开发客户资源，雷曼兄弟的钱多用于包销的支付。

亲上加亲，亨利甚至将自己的妹妹嫁给了雷曼家族，股权业务合作加上婚姻嫁娶，算得上是双保险了。亨利·戈德门这样的和亲政策多少有点故意示弱的意思。没有雷曼兄弟大把大把的现金支持，高盛就算有再多的潜在客户也无法实现真正的融资。亨利·戈德门在自己最困难的时候选择了联姻，个中屈辱对高盛成长为最强大的投行公司这个梦想来说，那简直就太渺小了，完全可以忍受。一切都会好起来，这是犹太人骨子里的信念。

用雷曼兄弟的钞票赚取自己的客户，高盛的客户名单越来越长，两家合作了 30 年，65 家公司发行了 114 次证券。

遗憾的是，这段百年好合并没有太长久。亨利·戈德门将公司的控制权让给了自己的妹夫萨姆·沙切斯，这位爷一直很不满意亨利·戈德门跟菲利普·雷曼协定的利益分配方式。他觉得，合作期间客户的开发都是高盛跑前跑后，雷曼兄弟的人简直就跟地主一样，仗着有几个钱就当甩手掌柜。不过，刚刚接手高盛大权的萨姆·沙切斯，具有犹太人独具的容忍智慧，继承了亨利·戈德门的一贯传统，每天中午一到 12 点就要给菲利普·雷曼电话，相约在中心饭店二楼共进午餐。

激情过后，恋人的一切慢慢失去了神秘，接踵而至的就是平淡跟无休止的猜忌。

高盛跟雷曼兄弟曾经无间的亲密，慢慢地消失在中心饭店二楼的包房里。翅膀越来越硬的萨姆·沙切斯对雷曼兄弟越来越不满意，甚至经常在心底埋怨雷曼兄弟的不求进步。他觉得没有高盛的努力，雷曼兄弟根本做不了什么包销业务，也许早就完蛋了。萨姆·沙切斯一直在午餐的时候试探菲利普·雷曼的态度，希望高盛能够分得更多的合作利益。

菲利普·雷曼一般都不跟萨姆·沙切斯正面商讨利益重新分配的问题，而是时常给萨姆·沙切斯讲一些花边新闻。1936 年的某天中午，菲利普·雷曼刚刚落座，萨姆·沙切斯就给菲利普·雷曼来了一个难堪，转身准备下楼，菲利普·雷曼当时有点懵了。萨姆·沙切斯装出一副很焦急的样子说："走的时候保险柜没有锁好，我得回去锁一下。"菲利普·雷曼乐呵呵地搂住萨姆·沙切斯的肩膀说："萨姆，我俩都在这里，担心什么？"

午餐完毕，萨姆·沙切斯正用大拇指抠牙缝里的残渣，菲利普·雷曼依然满脸微笑，但他其实早已心力交瘁。明摆着，萨姆·沙切斯今天这是在跟自己摊牌，高盛已经变得越来越自私贪婪了。如果自己继续装聋作哑下去，两家的关系会越来越紧张，这样下去对谁都没有好处，最后开心的是摩根他们，他们巴不得高盛跟雷曼兄弟分家甚至争得头破血流。到了友好分手的时候了，菲利普·雷曼拍了拍萨姆·沙切斯的肩膀："兄弟，我们分家吧，不过说好了，以后两家无论遇到什么问题，都要和平解决，不能吞掉对方。"

萨姆·沙切斯有点惊讶，这可是菲利普·雷曼自己提出来的，和平还不简单？雷曼兄弟没有什么值得高盛去吞掉的地方。萨姆·沙切斯为了将雷曼兄弟踢出局，满口答应了雷曼兄弟的条件。分家的时候，61 个客户高盛揽走了 47 个，留给雷曼兄弟 14 个。高盛对年轻的合伙人进行灌输式的教育，雷曼和高盛走向分裂的根源是雷曼兄弟根本不会做什么业务，他们是附在高盛身上的寄生虫。

分手后的高盛跟雷曼兄弟看上去依然相敬如宾，歧视却在高盛的合伙人之中一代又一代地延续下去。雷曼兄弟好歹也曾经是大腕，怎么可能容忍高盛的长期歧视？库恩—洛布公司的并购就是雷曼兄弟要在投行领域跟高盛一拼的赌注。在没有高盛的日子里，雷曼兄弟一路生死挣扎，在次债危机到来之前，跟高盛一样，挤进了华尔街前 5 强，成为全球顶级大腕。

想不到，百年前的两家姻亲，如今，却反目成仇。曾经亲密无间的高盛居然在兄弟背后散布谣言。

无耻的谣言、隐秘的操纵。

已经成为华尔街数一数二的大腕的高盛，在整个华尔街，不，在全球资本市场，都是一言九鼎，哪怕是谣言，听者都宁可信其有。现在，高盛的一句话，也足以让雷曼兄弟在华尔街死得很难看，这就是掌握华尔街话语权的神奇力量。

从首尔回来，福尔德一直在克制，但他没想到自己的行动会全部暴露，成为笑料。谣言还在像病毒一样疯狂地传播，高盛，曾经的兄弟怎么能这样呢？

那个冷漠的华尔街，那些冷酷的家伙，左手可能刚刚放下高盛交易员传播谣言的电话，右手就快如闪电一般，在电脑的键盘上敲出了卖空雷曼兄弟股票的指令。

福尔德越想越觉得可怕，越想越生气。两家分手的时候是有过约定的，高盛绝不能在背后下黑手。福尔德抓起电话，就打给了高盛首席执行官劳埃德·布兰克费恩（Lloyd Blankfein）。福尔德尽力克制自己满肚子的火气，没想到脱口而出的第一句话就让劳埃德·布兰克费恩很是不爽："你不会喜欢这样的对话。"

劳埃德·布兰克费恩出身卑微，是一个邮政工人的儿子，在纽约布鲁克林区的廉租房长大，就读于一所条件艰苦的地方学校，靠奖学金读完了哈佛大学及哈佛大学法学院。毕业后，他做了一段时间的税务律师。后来，他应聘高盛，最初时惨遭失败。通过其他途径，他成功进入了高盛。从此，一路平步青云，特别是在保尔森接掌布什政府财政部长权柄之后，布兰克费恩成了高盛的掌门人。

在成为合伙人之前，劳埃德就听到高盛的老板们在私下歧视雷曼兄弟的言论，没想到福尔德现在这么大火气。劳埃德能理解福尔德现在的心情，整个华尔街，不，整个美国都在看福尔德的笑话。跟一个快要完蛋的家伙生气完全没有必要，劳埃德没有争论。

"我最近听到很多杂音，一些高盛的交易员在散布关于雷曼兄弟的谣言。"福尔德压了压自己的愤怒，语气还算平和地继续说，"这不仅仅是听说而已，做空雷曼兄弟的对冲基金都跟这个谣言有关，我最近专门接触了不少散布谣言的交易员。"

福尔德如此振振有词，按照他的话，高盛就是雷曼兄弟股价下跌的罪魁祸首。

布兰克费恩面无表情地握着电话，现在的福尔德简直疯掉了，他说高盛交易员散布谣言，甚至给对冲基金经理打电话，这都是违法的操纵，难道这个家伙死前要拉高盛垫背不成？布兰克费恩嗓子眼儿里的火气都快爆炸了，但是他忍住了，现在可不是时候跟福尔德撕破脸皮，完全没有必要，否则就形同鞭尸，实在有损高盛的声誉。况且他现在还不敢肯定高盛的交易员到底散布雷曼兄弟的什么谣言没有，更不能确认高盛的交易员是否给对冲基金打过做空的电话。

这一次是谣言，上一次是致命邮件。早在贝尔斯登死亡前的3月11日，高盛的信贷衍生产品业务部向客户发了一份致命的邮件，声称将不再为贝尔斯登的衍生品交易提供担保。这无疑是告诉华尔街，高盛跟贝尔斯登的关系完蛋了。尽管高盛在邮件发出之后还假模假样地跟贝尔斯登继续进行合作，但是交易员的行为已经让贝尔斯登无路可走，最后的交易只是生命终结的垂死挣扎而已。贝尔斯登被高盛的邮件推向了死亡深渊，很多贝尔斯登的客户将交易合约转给了高盛。

虽然，现在福尔德没有掌握到高盛交易员的致命邮件，但是交易员私底下散布谣言完全有可能。面对愤怒的福尔德，劳埃德只是语气上感到很震惊："我并未发现高盛有什么操纵行为，但高盛交易员倘若真有你说的这类情况发生，必将严惩不贷，高盛不会对违法行为坐视不管。”

福尔德依然在电话里唠唠叨叨，说什么雷曼兄弟跟高盛都有犹太血统，在危机面前要发扬犹太人团结合作的精神。更何况在一百多年前，雷曼兄弟跟高盛亲如兄弟，两家为了表示合作诚意，还相互联姻，当年的合作那是相当的愉快，后来两家还约定和平相处。在贝尔斯登倒闭之后，人人自危，随便一句谣言可以击垮任何一家百年老店的。

布兰克费恩在电话一端静静地听福尔德磨磨叽叽，福尔德说得没错，高盛跟雷曼兄弟确实在百年前是非常亲密的合作伙伴，他们亲密无间，每一个项目都有合作，甚至离开了高盛，雷曼兄弟的业务就做不下去了。但是后来分家了，高盛希望独立去一展身手。况且，雷曼兄弟并购了那个如狼似虎的库恩—洛布公司，让整个华尔街都陷入了恐慌。现在的雷曼兄弟，骨子里完全渗透了库恩—洛布公司老板雅各布·希夫的基因，犹如他的反犹太复仇一般，疯狂的让所有对手失望。

一个无助的人在绝望的时刻，就有说不完的废话，总希望能抓住一根稻草活下去。是的，福尔德现在就是这样婆婆妈妈的一个失去了灵魂的失败者。劳埃德压了压噌噌上蹿的火苗，忍住了没出声。相互对骂那是市井无赖，出手无形才是干掉对手的最高境界。

5. 救救我吧，SEC

办公室里，员工们的眼神游移不定。

楼下守候着各路记者，一见雷曼兄弟的员工出去，就跟苍蝇一样扑上来。主题只有一个，雷曼兄弟什么时候完蛋？雷曼兄弟的员工都快疯掉了，尤其怕下楼，他们不想像贝尔斯登倒闭那样，大批的员工抱着纸箱回家，然后抱着自己的老婆或者老公狂抹眼泪，第二天又开始疯狂地四处投递简历找工作。

从首尔回到美国的第四天，雷曼兄弟于 6 月 9 日提前公布了第二财季的收益状况，并表示已筹集到 60 亿美元的新资本。所谓的新资本，实际上就是跟产业银行商讨过的出售股票问题，这个问题八字还没有一撇呢，福尔德已经急不可耐了。刺激，只有强力刺激，市场信心才能重振。

大卫·埃霍恩依然四处招摇，看样子不将雷曼兄弟搞死，这位爷是不会甘心的。当然，大卫·埃霍恩已经从福尔德的暴躁之中看出了端倪，尤其是福尔德气极败坏地给高盛总裁布兰克费恩打电话一事，整个华尔街传得是满城风雨，无人不晓，现在福尔德在华尔街已经成了没有穿裤子的小孩儿一样。

望着飞流直下的股票 K 线图，福尔德愤怒到了极点，仅凭大卫·埃霍恩那张没有积德的嘴，雷曼兄弟的股价不会像拉肚子一样止不住地往下跌。对，肯定是高盛的人在捣乱。现在华尔街的人都相信雷曼兄弟的财务有问题，仿佛雷曼兄弟一死，华尔街的风险就彻底释放完了。福尔德很想给劳埃德再打一个电话，询问一下高盛内部是否调查了交易员在造谣的事。

不可能，布兰克费恩怎么可能在这个时候清查内部人呢？那样岂不是搬起石头砸自己的脚吗？布兰克费恩不会那么愚蠢。不行，福尔德咬牙切齿，等布兰克费恩自己查那些该死的散布谣言的操盘手，那基本是痴人说梦。跟自己说什么调查，一旦发现问题严惩不贷，布兰克费恩完全就是面子上给自己一点好脸色而已。还是亲自动手，才能丰衣足食。

布兰克费恩这个时候正坐在办公室里翻看雷曼兄弟的报告，他的嘴角露出一丝微笑，这个冒失的闵裕圣，刚到产业银行，就敢拿国有银行的钱来救这个烂账一大堆的雷曼兄弟，不是明摆着给李明博政府出难题吗？

可悲呀，福尔德已经铸成大错。

不过，还是要小心行事，布兰克费恩在心里反复琢磨，听说福尔德这几天跟疯了一样，到处搜集高盛散布谣言的证据。华尔街上的谣言是无风不起浪，地球人都知道高盛在次级债这个业务上面运作的颇为神秘，几乎可以忽略不计，所以大部分人都会相信高盛正在做空雷曼兄弟，手下的交易员散布谣言也完全有可能。万一雷曼兄弟将高盛告到美国证券交易委员会，或者美联储，那高盛损失就大了。散布谣言、操纵股价面临的处罚可不仅仅是罚款，如果罪名成立，那么高盛在危机中辛辛苦苦建立起来的信誉可就全完了。

福尔德思前想后，看来要堵住大卫·埃霍恩的嘴，就要杀一儆百。对，这个时候只有将华尔街最大的龙头高盛，那个散布雷曼兄弟谣言的曾经的兄弟举报了，才能平息事端。只要 SEC（美国证券交易委员会）介入调查，到时候无论是舆论还是机构，都会相信 SEC 不会无中生有，那么肯定会怀疑高盛有问题，一旦高盛背上了这个黑锅，就证明雷曼兄弟没有大卫·埃霍恩宣扬的那么糟糕，也进一步证明了高盛交易员散布谣言是落井下石的小人行径，雷曼也就得救了。

是高盛不讲兄弟情面要将雷曼兄弟置于死地的，雷曼兄弟 158 年没死，这一次自己不能让老猫丢了性命，谁向雷曼兄弟捅刀子，这刀子就要让美国证券交易委员会给捅回去。

想到这儿，福尔德心头不禁乐了一下。不过如果单枪匹马跟高盛掰手腕，福尔德还不是十分有把握。听说贝尔斯登的垮台也跟高盛有关，贝尔斯登的老板也对高盛恨之入骨，如果联合起来捅高盛一刀子，也许死掉的就是高盛。对，就这么办。

说干就干，福尔德考虑周全之后，向美国证券交易委员会举报了高盛，理由很简单：高盛交易员在恶意散布对雷曼兄弟不利的谣言，导致雷曼兄弟股价暴跌。

终于有人站出来举报高盛了，国会的议员们早就嚷嚷有人操纵股价。金融危机让 SEC 很是恼火，眼看股票指数一个劲儿地下跌，市场一旦进入熊市，美国的股市就会元气大伤，那就要等几年才能恢复，SEC 现在宁可信其有，就是要拿高盛来杀一儆百。

岂有此理，SEC 立即开始行动，像撒纸钱一样，广发传票，收到传票的不仅仅有举报高盛的雷曼兄弟、贝尔斯登，重要的还有高盛。SEC 甚至要求德意志银行和美林银行等第三方投行提供相关信息。为了查实雷曼兄弟跟贝尔斯登的举报，SEC 扩大了收集证据的范围，不仅仅要求各大机构提交交易记录，还要调取相关部门以及工作人员的邮件。

除了高盛，SEC 还决定抓住机会撒大网，打击以绿光资本为首的对冲基金的嚣张气焰，50 多家对冲基金公司统统都得到了美国证券交易委员会的传讯，要求提供关于贝尔斯登或雷曼兄弟股票卖空或期权交易的相关通信和数据。

狗急了也会跳墙，布兰克费恩没想到他的担心变成了现实，福尔德这一次是下狠手了，这是要整死高盛。

早在 2008 年年初，国会的议员们就强烈要求 SEC 彻查股市是否存在操纵行为。SEC 主席考克斯在 2008 年 4 月 3 日到国会山，向参议院银行委员会进行情况说明，非常忧虑地告诉议员们，美国股市存在着“非常严重”的操纵股价行为，美国证券交易委员会将对操纵行为进行严厉打击。

在贝尔斯登倒闭之后，考克斯就曾秘密地调查过其中是否存在股价操纵问题。这一次 SEC 更是抽调了旗下的金融业管理局和纽约证券交易所监管部门，进行大规模联合调查。考克斯还向国会议员们拍胸脯，保证一定要找出那些恶意散布虚假信息、非法牟利的交易商。考克斯这次是坚定不移地相信，某些交易商通过散布虚假信息，引发投资者对一些上市公司稳定性的恐慌，恶意制造信用危机。

消息一出来，布兰克费恩就出了一身冷汗，现在不是操纵股价那么简单了。

雷曼太他妈的不厚道了，操纵股价就已经很严重了，居然还要被扣上“恶意制造信用危机”的帽子！这个考克斯也太小题大做了，就为了应付国会山的叫嚷，居然将金融危机的罪责推到股价操纵的中间商身上！这不是要将高盛推向火坑吗？

你不仁我不义，当年两大家族分手的时候可是承诺过永不竞争的，现在是你鲁莽暴躁，率先违背诺言，彻底撕破了脸面，那就别怪我不客气了。

去死吧！劳埃德愤怒地握紧了拳头。

2008 年 6 月 10 日一大早，福尔德就将管理团队召集到了会议室。

大家早已到齐了，只见福尔德喘着粗气，夹着文件夹快步走了进来。

会议室的肃静让福尔德觉得有点尴尬，从韩国回到美国，自己在执委会上发火，可能把大家吓坏了。不，这不是我的错。福尔德还是那么倔犟，现在整个华尔街的人都在等着雷曼兄弟死掉，自己在这个时候绝不能有一丝的软弱。

福尔德清了清嗓子，宣布会议正式开始。

“今天召集大家来，就是希望能够听听大家的意见，看看有没有什么好的办法能够帮助雷曼兄弟渡过难关。”福尔德直奔主题。

雷曼兄弟投行业务全球负责人休·麦基（Hugh McGee III）第一个开口了：“我觉得有些人应该辞职。”

一道寒光立即射向了休·麦基，福尔德希望他能够说得更明了一点。

“长期担任公司总裁的乔·格里高里（Joe Gregory）应该下台，他所作的一些运营决策很值得质疑。”休·麦基对乔·格里高里非常不满，“尤其是在财务问题上，是乔·格里高里让雷曼兄弟陷入被动的。还有首席财务长埃林·卡兰，她太无能了，跟一个小丑都纠缠不清，搞得雷曼兄弟一点儿面子都没有。”

乔·格里高里跟埃林·卡兰在旁边如坐针毡。

休·麦基可能还不知道，就在福尔德给布兰克费恩打电话之前，乔·格里高里已经给布兰克费恩打过电话，那语气几乎就是哀求。在雷曼兄弟，乔·格里高里真的很无奈，福尔德是绝对的权威，雷曼兄弟走到现在这一步，自己无力改变。

休·麦基的不爽很快得到了同僚们的支持，普受欢迎的股票业务负责人赫伯特·迈克戴德（Herbert McDade III）毫不留情地提出雷曼兄弟需要大换血。

福尔德知道这两个家伙一唱一和的潜台词，可是乔·格里高里跟埃林·卡兰是自己的左膀右臂，福尔德不想在这个时候拿掉两人。全世界的记者都在盯着自己，每天都在报道雷曼兄弟要裁员，这个时候连总裁都拿掉，那肯定会弄得人心惶惶。

会议在尴尬的气氛之中结束，福尔德征集方案的如意算盘完全落了空。

第二天，老朋友乔·格里高里敲开了福尔德办公室的门，还没等福尔德开口，乔·格里高里就将一份辞呈递到福尔德的面前。这是福尔德最不想看到的结果。乔·格里高里僵硬的面部肌肉抽搐了一下：“听说昨天会议上的另一个批评对象、首席财务长艾林·卡兰也写好了辞职报告，我们真的无能为力了。”

乔·格里高里伤心地离开了福尔德的办公室。

福尔德黑着脸，望着乔·格里高里慢慢消失的背影，那叫一个痛苦，这一刻，他真想再回到妈妈的子宫里躺一躺。就在乔·格里高里进办公室的前两分钟，福尔德得到一个消息，韩国国民银行可能会向媒体宣布，不会参与由闵裕圣提出的，韩国金融机构组团收购雷曼兄弟的计划。

雪上加霜，雷曼兄弟这下真的人心涣散了。

就在福尔德急火攻心的时候，在首尔办公室的产业银行掌门人闵裕圣更是坐立不安。国民银行站出来向媒体说话，简直就是莫名其妙，雷曼兄弟现在压根儿就没有跟国民银行以及外换银行进行过接触，他们现在站出来说话到底是什么意思？给产业银行施压？

闵裕圣很想跟福尔德好好地再谈一次，国民银行还没有发出来的杂音一旦爆发，可能会影响到韩国金融委员会将来对收购雷曼兄弟的审批，尤其是产业银行作为国有银行，孤身一人站出来去拯救老东家，肯定会遭到韩国金融委员会的反对。

组团，不能再等了，要赶快组建一个韩国金融团。

这是闵裕圣最终琢磨出的法子，方案看起来是两全其美。多拉几家韩国金融公司，韩国金融委员会在审批的时候就要考虑大家整体并购华尔街大腕的想法，如果说产业银行一家错了，那么几家一起去收购，那就肯定错不了。况且，自己刚到产业银行，根基还没有稳定，组团可以分散收购雷曼兄弟的风险。想到这儿，闵裕圣立即给福尔德打了一个电话。

闵裕圣要来美国再次商谈，看来这事儿有戏。福尔德终于稍稍松了一口气，他站起来，走向咖啡吧，这几天的愤怒、压抑、痛苦已经让他变得有点神经质了，是该好好地喝一杯咖啡，清醒清醒了。

6. 大兵勾结了太君

肯尼迪国际机场的出口人头攒动。

福尔德带领着赫伯特·迈克戴德站在机场的出口，这是他最信任的总裁了。两人翘首以盼，等待着那位东方骑士，雷曼兄弟的救星。福尔德要让华尔街那些看笑话、把自己当小丑一样的家伙们好好瞧瞧，闵裕圣来了，雷曼兄弟有救了。

赫伯特·迈克戴德的右眼忽然突突跳了两下，该死的，活见鬼，赫伯特在心里诅咒道。这是一种不祥的预感，赫伯特没有当面说出来，现在的福尔德正处在兴奋之中，怎么能在这个时候扫他的兴呢。但赫伯特自己心里没底，在6月10日的会议上他也支持休·麦基搞掉总裁乔·格里高里，后来总裁的位子就轮到他坐了，但雷曼兄弟人心已散了，他不知道这个位子是否还能够坐热。现在谣言一天比一天厉害，但愿闵裕圣这一次来不是旅游。

闵裕圣出来了，福尔德像遇到了救世主一样，紧紧地搂住了他的肩膀。

真是悲喜两重天。闵裕圣这一次来谈的是股权交易，产业银行正在联系韩国的友利银行、韩亚银行，组建一个韩国金融团，集体重组雷曼兄弟。让福尔德开心的是，以产业银行为首的韩国金融团将向雷曼兄弟注资60亿美元以上的资金，或者持有50%以上的股权。

闵裕圣满脸的笑容让福尔德看到了生的希望。

多少钱一股?

一说到钱就是一个尴尬的问题。拯救雷曼兄弟没问题，那是我老东家嘛，闵裕圣呵呵一笑，出钱总得说个清楚吧？产业银行是国有银行，稀里糊涂地掏钱怎么可能，生意场上，一分一毫都要讲清楚的，否则自己一回到韩国，口水都能把自己淹死。在韩国，一年20万吨牛肉都能搞垮内阁总理甚至整个班子。现在，可是60亿美元的买卖，韩国议会还不成演武场?

闵裕圣在CNBC的电视上看到了那个大卫·埃霍恩的表演，雷曼兄弟的股价现在是一天不如一天。虽然雷曼兄弟向美国证券交易委员会告状，要让那个大卫·埃霍恩闭嘴，甚至连高盛都告了，但美国证券交易委员会还在着手调查，并将雷曼兄弟纳入了限制卖空交易的行列，但是限制卖空的保护性措施只有一个月的时效。

亲兄弟也得明算账，曾经的老伙计去拯救老东家，总不能坑了现在的东家吧？

只要买，那就只是一个多少钱的问题，福尔德开口就要每股17.6美元。

闵裕圣摇了摇头："老东家，现在时局未稳，雷曼兄弟到底还有多少问题没有暴露，你，我，谁都没有把握，我们拿出大笔的现金注入，一旦雷曼兄弟是个无底洞，我们可就是血本无归啊。"

福尔德知道这是闵裕圣在压价，这个时候的老伙计可不不比以前了，需要耐心地商讨。

"总的注入资金量我们商定，具体的价格要看问题最后暴露的程度。"闵裕圣的话听上去很有道理，福尔德还没有来得及高兴，闵裕圣话锋一转，"我希望老板你给我半年的时间，半年的时间雷曼兄弟的问题应该可以显现出来了。"

闵裕圣喜欢叫福尔德老板，这称呼让福尔德心里那个温暖就别提了。可是雷曼兄弟已经没有半年时间等待韩国人的钱了，8月底的限制卖空令一到期，美国证券交易委员会如果没有查出什么证据，雷曼兄弟就再也得不到限制卖空的保护，到那个时候如果还没有重组的买家敲定，雷曼兄弟的股价肯定像拉肚子一样，稀里哗啦地下跌，就更卖不上价钱了。

谈判陷入了僵持。

闵裕圣飞回了首尔，福尔德在焦灼地等待回信。

这个时候福尔德并没有闲下来，他跟中信集团、日本三井住友银行，以及美国的黑石集团都进行了接触，希望能找到别的突破口。

中信集团旗下的中信证券曾经是贝尔斯登的签约盟友，在中国市场，中信证券的崛起对于高盛一类的外资投行带来了很大的威胁。借助贝尔斯登，中信证券一只脚伸进了华尔街。后来高盛做空贝尔斯登，断了中信证券进军华尔街的梦想，同时搞死了竞争者贝尔斯登，一箭双雕。贝尔斯登死掉以后，中信证券一直旁观华尔街的动静，这个时候怎么可能出手拯救雷曼兄弟呢？福尔德太一相情愿了。

日本三井住友银行那就更干脆直接了，他们回应福尔德的只有一句话：我们没有兴趣。

高盛看到福尔德病急乱投医，一定在背后笑了，福尔德在华尔街混了几十年，看来是白混了，日本三井住友银行跟高盛那一段秘密的恋情，福尔德居然一点都没有想起来。

美国大兵勾结日本太君，那是一段神秘而又传奇的交易。

话说1986年一个阳光灿烂的上午，高盛集团总裁约翰·温伯格（John Weinberg）的秘书安妮·艾瑞克森正在办公室打印一份文件，突然电话响起，安妮接起电话，非常礼貌地问对方有什么需要帮忙的。没想到对方很没礼貌，居然连姓名都不通报一下，就直接询问，约翰·温伯格三周后的星期二是否在办公室。安妮对这个神秘人很不感冒，但她又确实无法知道三周后的星期二约翰·温伯格的活动安排，于是依然很克制地告诉对方说不知道。没想到那个神秘人还很执著，说自己会再打电话来。

莫名其妙的电话让安妮·艾瑞克森的心情不太爽，她也就没有将这个不礼貌的神秘人的事情放在心上。两周过后，神秘人又打来了电话，安妮·艾瑞克森都忘记了那个没礼貌的家伙，想都没想就告诉对方，约翰·温伯格星期二会在办公室。

星期二一大早，约翰·温伯格刚一到办公室，两个矮个子黄皮肤的亚洲人就站在了办公室门口，其中一个叽里哇啦地一通自我介绍，约翰·温伯格一个字都没有听明白，旁边的一个赶紧翻译，说刚才那个叽里哇啦的家伙是日本住友银行的董事长矶田一郎。他从东京飞往西雅图，然后转机飞抵华盛顿，再从华盛顿登上开往纽约的区间列车，转了一大圈，终于来到约翰·温伯格的办公室。约翰·温伯格很好奇，想弄明白日本人神神秘秘地到底要干什么。

矶田一郎是有备而来的，他激情四溢地给约翰·温伯格介绍，说住友银行是日本最赚钱的银行，是世界上第三大银行，一直想进入美国市场，关注高盛很久了，想投资高盛。日本人做事很仔细，选定高盛这个投资目标，还专门聘请了名气很大的咨询公司麦肯锡作为投资顾问。麦肯锡也认为，住友银行投资高盛是全球化最理想的第一目标。

约翰·温伯格对激情四溢的矶田一郎微微一笑，这一笑意味深长。

1944年日本人在东南亚的战线拉长的情况下，还密谋向美国人开火，结果经济上出现严重问题。日本政府后来指定住友银行为军需融资金融机构，82家军需公司一窝蜂地拥向住友银行，住友银行成为日本第二次世界大战后期的金库。如果没有住友银行的金融支持，日本人还不会嚣张到向美国开火。矶田一郎哪知道，1945年约翰·温伯格参加了对日作战，就在美国向长崎广岛扔下“胖子”跟“小男孩儿”后，约翰就跟随大部队踏上了日本的领土，参加了解放战俘营行动。你想，约翰·温伯格对这个住友银行能有什么好印象？

约翰·温伯格不想跟美国曾经的敌人真正合作。

但矶田一郎很是执著，希望用现金注入的方式获得高盛公司的股权。约翰·温伯格担心自己的情绪会影响合作谈判的公正性，他虽然是高盛的合伙人老板之一，但是面对日本最大的金融财团，在大佬J·P·摩根已经发行股票融资壮大的情况下，一旦高盛拒绝了，可能就失去了获得快速发展的一个机会。约翰·温伯格让其他的合伙人跟矶田一郎谈判。

最后日本太君搞定了美国大兵，注入5亿美元，取得了高盛12.5%的股权。

约翰·温伯格坐在办公室一个人偷着乐，J·P·摩根公开发行股票的价格高于公司账面价值3倍，现在日本太君哭爹喊娘地硬是要高出高盛账面价值的4倍入股。高盛赚翻了。

到了2001年，住友银行合并樱花银行，更名三井住友银行。2002年，三井住友银行的烂账暴露，数额高的吓人，达到480亿美元，为解冲销坏账之急，三井住友银行将手上的高盛股票抛售。结果，高盛看准了机会，反过来购买三井住友银行的股票，向三井住友银行投了12.5亿美元。老哥们儿分手几个月又走到了一起。

福尔德居然向三井住友银行求救，布兰克费恩真不知道是该同情愚蠢的福尔德还是该嘲笑他异想天开。劳埃德也许在心底狠狠地说：兄弟，你都把高盛给告了，是要置我于死地，我还能让我忠诚的日本太君朋友去拯救你吗？

救命是不可能的，日本太君落井下石趁火打劫那是手到擒来。三井住友银行在媒体上高调拒绝了雷曼兄弟的救命请求。另外一位日本太君野村证券可是一直盯着雷曼兄弟，可不是救命，是在等雷曼兄弟快点死啦死啦的，野村太君好收编死掉的雷曼兄弟。野村太君后来也是贪婪无比，生怕雷曼兄弟的尸体抢不到，巴克莱在华尔街抢总部，野村太君直接摸到了巴克莱的老巢伦敦，拿下整个欧洲业务。亏钱算什么？太君不死已经是大幸了。

很明显，高盛已经掐掉了雷曼兄弟寻找救星的两大阵地：中国跟日本。

雷曼兄弟只得将希望寄托在了一位曾经的老兄弟身上，黑石集团的董事长兼 CEO 史蒂夫·施瓦茨曼（Stephen A. Schwarzman）。这位仁兄在福尔德回到华尔街遭遇嘲笑的时候就站出来了，非常仗义的老头儿放言，要在二级市场买入雷曼兄弟，真够意思，比闵裕圣来得痛快。

那么黑石集团的这位爷到底是何方神圣？他跟雷曼兄弟又是什么交情？

回到 1973 年，皮特·彼得森接掌雷曼兄弟的时候。那个时候的雷曼，日子还不怎么好过，皮特·彼得森将哈佛商学院的高才生史蒂夫·施瓦茨曼挖到了雷曼兄弟，那是相当的器重。史蒂夫 31 岁的时候，就成为了雷曼兄弟最年轻的合伙人。当福尔德还在羡慕史蒂夫·施瓦茨曼年轻有为的时候，皮特·彼得森突然离开雷曼兄弟，随后，史蒂夫·施瓦茨曼也辞职了，后来两人就合伙成立了黑石集团。

现在老兄弟雷曼有难了，史蒂夫·施瓦茨曼出来拉一把，简直就是胜造七级浮屠。

不过，不要忘了，史蒂夫·施瓦茨曼更是一个生意人，他有一句名言：什么叫生意？生意就是金钱游戏；什么叫大生意？大生意就是和大人物玩的金钱游戏。

现在整个华尔街都说雷曼兄弟必死无疑，自己能在这笔生意之中赚钱吗？赔钱的游戏可没有意思，更何况雷曼兄弟是华尔街的大腕，这是大生意，绝不能感情用事。尤其是现在，富豪们一个个倒下，大环境一天比一天糟糕，明天到底是个什么样子，自己都很难预料，万一救人不成先搭上自己的小命可就惨了。不好意思了，雷曼兄弟，兄弟也帮不上什么忙了。

这下，福尔德的期盼彻底落空了，看来只能靠韩国了。

韩国又会怎么样呢？致命之网早已设下，可怜福尔德还蒙在鼓里。

跟高盛为敌，后果只有一个，那就是死。

7. 高盛成了“提款机”

要说跟政府合作，在雷曼兄弟面前，高盛算是小弟了。早在南北战争的时候，雷曼就跟政府合作了，雷曼兄弟曾经还豪赌过南北战争的时局，那个雅各布·希夫不还参与了日俄战争、第一次世界大战吗？这些高盛后来是有样儿学样儿。韩国政局，仅仅是高盛牛刀小试一把而已。

高盛在韩国无处不在。

说来话长，韩国政权一直由开放国民党与大国家党轮流坐庄，为了争夺青瓦台的主人位置，两大政党大打出手，除了在国会会场咬耳朵挥拳头扇耳光外，在争夺竞选席位的时候，更是用大把的钞票开路。韩国的财阀们成为政客们争夺总统宝座的提款机，现代集团、SK集团、三星集团、LG集团前仆后继，纷纷献金。

在风云变幻的政局中，华尔街大行高盛也卷入其中，成为韩国政坛你死我活较量的隐秘操控者。

早在2002年6月中旬，高盛就以每股26.14~26.97美元的价格收购了韩国集团LG电子6.62%的股份。就在高盛进入LG后，曾用63只箱子，装载了150亿韩元的现金，秘密地交给了大国家党，可惜非常遗憾，大国家党在竞选中失败。到了2003年12月9日，韩国大国家党从LG处非法受贿就被披露了，涉案的还有三星集团，也向大国家党提供了100亿韩元。

此外，高盛不仅仅跟LG有股权上的关系，同时也是SK集团的座上宾，关系太铁了。当然，作为外来的和尚，要想跟大财阀保持长久的关系，做大生意，就要跟大人物一起玩金钱游戏。

高盛跟国民银行的关系更是渊源深远。在亚洲金融危机的时候，高盛花了5亿美元拯救了国民银行，控股国民银行。国民银行是外换银行的大股东，也就是说高盛通过掌控国民银行成为外换银行的大股东。后来，高盛退出的时候又赚了10亿美元。

话说农民出身的韩国总统卢武铉，也就是在2009年写好遗书跳崖的那位，坐上总统宝座之后，就迅速退出了新千年民主党，加盟了控制国会的开放国民党。贫苦出身的卢武铉，对花大把钱搞竞选的在野党大国家党很不满意，决定从大国家党背后的财团下手。

韩国现代集团、三星集团、LG集团、SK集团、大宇集团等都是卢武铉打击的重点。现代集团向大国家党的政治献金动辄就是几百亿韩元，上亿美元。更为夸张的是这些企业本身的负债率一般都在300%以上，可以说是早就应该关门的企业，可是这样该死的企业却活得很滋润。本身就是穷人的财团还要大把大把地将现金献给政客们，原因很简单，拿到好处上台的政客们是不会眼睁睁地看着这些穷得叮当响，外表光鲜的财阀们死的。

卢武铉想改变这个局面。

现代集团是个重灾区，几乎每一届总统选举都有参与。1999年，现代集团的债务高达660亿美元，这是个什么概念？每个韩国人口袋里一年应该收入100元钱的话，事实上只有80元的现金，还有20元的欠条在现代集团手上。可是现代集团居然每年都有100多亿韩元献给政客。

那还有什么说的，现代集团必须重组。牵一发而动全身，卢武铉一出手，现代集团就出人命了，董事长郑梦宪跳楼自杀。现代集团大量的债务集中在高盛间接控股的外换银行身上，现代集团的重组让外换银行走到了山穷水尽的地步，也快破产了。

这简直就是踢翻了大国家党的钱袋子。

伺机报复的大国家党，很快就抓住了卢武铉的把柄。

卢武铉的高级助手、青瓦台前总务秘书官崔道述，在总统选举前后，从韩国SK集团收取了高达11亿韩元的秘密资金。崔道述跟随卢武铉20多年，素有青瓦台大总管的名望，大国家党逮住这么好的机会，怎么会轻易放过卢武铉呢？一帮兴奋的大国家党议员乘胜追击，弹劾卢武铉。大国家党主席崔秉烈强烈要求检察机关调查卢武铉，并在调查结果出来之后，对卢武铉的总统资格进行全民公决。

一切的一切都在朝着大国家党的预期方向走，卢武铉的支持率一路下降。上台的时候一百个韩国人，有九十个人拥护这个贫苦出身的总统；在追查现代集团行贿案件，郑梦宪自杀的时候，卢武铉甚至成为韩国人民心目中反腐败治贪官的英雄；再瞅瞅现在，英雄自己都一身的狐狸臊。

韩国人民的心一下子变得瓦凉瓦凉的，100 个韩国人有 70 个对卢武铉失去了信任。就在调查进行的如火如荼的紧要关头，身为暴力犯罪部检察官的大国家党战略企划委员长、议员洪准杓，突然公布了一张 1300 亿韩元存单，硬说这张存单是卢武铉隐瞒的存单，要求卢武铉说清资金来源。

烈火烹油，一瞬间，地球人都指着卢武铉的鼻子大骂卢武铉贪得无厌。

不过，崔秉烈一看到洪准杓公布的存单证据也吓了一跳，这个洪准杓也太夸张了，原来这张存单早已被警方认定是虚假的了，他这个时候跳出来，不是搬起石头砸自己的脚吗?

蒙羞啊!

洪准杓的虚假存单顿时让大国家党陷入无法收场的地步，卢武铉绝处逢生。

可惜，他的好日子并没有太长。

2006 年 6 月 29 日，韩国检察机关一行人突击搜查了韩国外换银行总部，调查这一韩国第五大银行在 2003 年被龙星投资基金，即美国得克萨斯州私人股权投资基金 NO.1 收购时，是否存在贱卖行为。这一次貌似突然的行动其实早有预谋，就在财政部金融政策局局长卞洋浩因收受韩国现代汽车贿赂被抓后，财经委员会的大国家党议员趁机痛打落水狗，凡是卞洋浩审批过的文件，都翻出来找把柄。

很快新的漏洞就找到了。大国家党的议员们一口咬定当初的收购有问题：首先，卞洋浩作为财政部官员，跟龙星基金的收购律师韩佴孙是高中同学、大学校友；其次，经韩佴孙转手，卞洋浩收受龙星投资基金 20 亿韩元的贿赂。

大国家党抓住了卞洋浩的受贿把柄之后，就开始鼓动国会财经委员会的议员们投票，要求韩国监查院调查外换银行当年的收购案。14 人的国会财经委员会有 10 人投下了赞成票，监查院不得不开展独立调查。很快监查院发布了调查报告，报告称，在 2003 年的交易中，韩国外换银行前高管有意夸大银行坏账规模，人为降低标志银行运营状况的自有资本比率，钻了政策空子，使龙星基金得以低价收购银行股权。

监查院的审计人员认为财经部在审核这笔交易时，过于草率。在审批的过程中放水的卞洋浩，为了帮助老同学搞定外换银行的大股东国民银行，出面要求国民银行出售当时持有的外换银行股权，并且转让给美国龙星投资基金。国民银行当初并不愿意出售这部分股权，卞洋浩是威逼利诱，硬是让韩国国民银行接受了这笔交易。

卞洋浩简直就是昏了头，他居然忘记了国民银行的大老板，是龙星投资基金在亚洲金融并购的老对手。亚洲金融危机的时候，高盛成了国民银行的大老板，国民银行又是外换银行的大股东，这样一来，高盛通过国民银行间接掌控了外换银行，可以说掌控了韩国金融的半壁江山。让国民银行将持有的外换银行股权转让给龙星基金，那简直就是在高盛身上割肉放血。

愚蠢不可怕，可怕的是同样愚蠢的事情犯了2次。

2006年，也就是3年之后，龙星投资基金企图再将外换银行卖回给国民银行。如果这次的目的达成，龙星基金将获利46亿美元。短短3年时间，老对手居然想通过强买强卖，获利达400%！这简直就是侮辱高盛的智商，纯粹把高盛当成了不折不扣的冤大头。如果交易真的达成了，那么在龙星投资基金这个老对手面前，高盛还有什么颜面？太丢脸了。

结果，龙星投资基金的交易在大国民党的出面干预下，黄了。

大国家党依旧不依不饶，誓要搞垮财政部。这一局面，高盛是看在眼里，乐在心里。

2006年6月30日，开放国民党的哈佛高才生韩德洙向卢武铉提出了辞职，原因是卞洋浩的行动背后是他在指挥，财政部立即陷入瘫痪。

紧接着，副总理兼教育人力资源部长官金振杓、企划预算处长官卞良，均在韩德洙递交辞呈的当天，也递交了辞职报告。

卢武铉彻底陷入了被动的局面。

大国家党一举扭转了2004年因为洪准杓的鲁莽而搞出来的被动局面。

芝麻开花节节高，尤其是在2006年5月地方政府选举之后，开放国民党大败，大国家党赢得压倒性的胜利，开放国民党前主席郑东泳不得不引咎辞职。民调显示，卢武铉的支持率更是一泄如注地下滑。

掌控了地方政府大权的大国家党，立即着手将卢武铉领衔的开放国民党赶出青瓦台。在卢武铉剩下的任期内，无论是在推动国内经济改革，还是在加强和朝鲜的关系方面，大国家党都从中施压、遏制。开放国民党最终失去了青瓦台的控制权，卢武铉下野，李明博进驻青瓦台，大国家党如愿掌权。

在外换银行并购案中得到大国家党鸣冤的国民银行，迅速站到了执政党一边。事实上，李明博出身于现代集团的核心领导层，而外换银行一直向现代集团提供贷款，成为现代集团最大的债权银行。同时，国民银行的老板高盛，又是现代集团的合作伙伴。

哥儿俩好。

李明博一上台，高盛立即调高了对韩国的评级。

在全球金融海啸席卷，前途迷茫的时候，高盛上调了对韩国 2008 年经济增长率的预期。见过肉麻的，没有见过拍马屁如此露骨的。高盛非常坚定地鼓吹："走亲商路线的李明博赢得总统大选后，韩国政局的发展将有助于韩国经受住外部风险的考验。"

要知道，投行拍马屁可不是信口胡来的瞎侃。在华尔街，数字才是真理。甭管多牛的大腕，想要让别人信服，也必须用数字说话。在这方面，高盛那是相当有水准的。高盛将韩国 2008 年国民生产总值（GDP）增长预期由 4.8% 调高至 5.1%，理由包括投资可望回温、出口表现稳定及消费强劲，尤其是韩国政局的正向发展，加上企业界的强烈反应，可为经济带来迫切需要的动力。

福尔德看过高盛的这份报告，当时他没整明白高盛为何愚蠢至此。那天看到满大街愤怒的韩国人，激动地叫嚷着让美国牛滚回去，他还暗自想，李明博政府根本不可能做到高盛报告预期的那样，这一次华尔街那些阴险的小人，肯定要嘲笑高盛的无知。

民怨四起，这一次，开放国民党就是要用美国的牛肉来打垮李明博政府。

福尔德怎么也没有想到，自己在首尔看到愤怒的韩国人背后，一场开放国民党跟大国家党你死我活的复仇阴谋早已开始了。大国家党借助外换银行股权重组问题，搞掉了卢武铉政府的财政部，将卢武铉的经济改革搞得瘫痪，尤其是卢武铉干掉财阀们的计划终结了。这一次开放国民党将在韩国人的怒吼中不仅仅让美国牛滚回美国，还要以牙还牙。

就在福尔德飞离首尔的第二天，也就是 2008 年 6 月 6 日，韩国总统室室长柳佑益和青瓦台全体首席秘书官 7 人向总统李明博集体递交了辞呈。总统室秘书的集体辞职早在开放国民党的预料之中，但这不是他们要的最终结果，开放国民党要的是完胜，彻底搞垮李明博的青瓦台政府。

卢武铉政府的悲剧在李明博身上重演了。

美国牛终于滚回了美国。

2008 年 6 月 10 日，韩国总理韩升洙向总统李明博提出内阁成员集体辞职。韩升洙率领内阁成员集体向游行示威的愤怒韩国人弯腰致歉，希望通过集体辞职来承担因向美国开放牛肉市场而在国内引发政治危机的责任。

这一次开放国民党赢了，大国家党灰头土脸。

福尔德万万没有想到，2008 年 6 月 10 日，当他坐在沉闷的会议室听休·麦基炮轰雷曼兄弟总裁乔·格里高里与首席财务长埃林·卡兰的时候，他还不是这个世界上最郁闷的人。就在那一天，商人总统李明博比他更灰头土脸，他所看到的韩国人的吼叫，已经完完全全演变成了一场玩儿命的政治斗争。

可惜福尔德当时并不晓得，雷曼兄弟也会毁在韩国的政治旋涡之中。

8. 雷曼兵败韩国战场

福尔德不是不明白，自从自己告了高盛那一状，就注定雷曼兄弟以后跟高盛是死对头了，但他没想到高盛的手居然伸到了韩国。

高盛终于下狠手了。

闵裕圣犯了一个低级愚蠢的错误。

韩国产业银行组团收购雷曼兄弟没错，闵裕圣选错了对象，给了高盛出手的机会。闵裕圣希望联手韩亚银行、友利银行一起收购雷曼兄弟。韩亚银行的最大股东外资股东持有 9.4%股权，这个外资股东正是雷曼兄弟举报的高盛。

高盛非常具有策略，没有让韩亚银行率先跳出来打击雷曼兄弟，第一个跳出来的是曾经控股的国民银行,老伙计急了,国民银行再也不是在背地里发杂音，而是直接站出来高调宣称不会参与雷曼兄弟的重组，主要是因为现在次债危机还没有彻底结束，次债危机的风险无法评估，潜在性风险很大。

国民银行一站出来讲话，韩国金融服务委员会就坐不住了，刚刚因为美国牛肉问题，开放国民党将总统李明博的政府都给搞垮了，产业银行是国有银行，一旦国有银行出事，李明博还不第一个拿韩国金融服务委员会开刀问罪？

韩国金融服务委员会主席全光宇站出来了：韩国的国有银行在实施并购时应该更为保守，因为政府仍在按部就班地出售在这些银行中的政府持股。在金融危机期间，包括韩国产业银行在内的国有银行应该评估在金融风险和企业架构方面是否可控，收购全球性的投资银行可以成为韩国产业银行提升业务能力的契机，但考虑到巨大的风险，该行应对这种投资采取谨慎态度。

全光宇的话基本给产业银行下了一个死结论。

收购雷曼兄弟是闵裕圣到产业银行的第一笔决策投资，就这么被国民银行的杂音给干掉了，在老东家福尔德那里说不过去，自己在韩国的金融界还有什么地位？人活的就是个面子问题。

闵裕圣找到全光宇，希望能够得到韩国金融服务委员会的支持，在福尔德第一次飞到首尔的时候，闵裕圣其实已经跟全光宇沟通过，那个时候韩国金融服务委员会是支持的，现在国民银行跳出来，肯定是背后有人捣鬼。

闵裕圣一边试图说服全光宇，一边对外宣称正在获得金融服务委员会的支持，闵裕圣希望通过向舆论释放信号，将金融服务委员会逼到自己这一边，一旦媒体公布了金融服务委员会在考虑支持产业银行的组团并购雷曼兄弟，将来金融服务委员会不批准的话，那可就是金融服务委员会失信。

高盛的步伐是越来越快。

韩亚银行跳出来说话了：无意参与雷曼兄弟的竞购。

组团收购雷曼兄弟，韩亚银行可以间接成为雷曼兄弟的老板，高盛本没有理由拒绝这么好的机会，但是韩国金融团的老大是闵裕圣掌门的韩国产业银行，雷曼兄弟将来的真正主人是产业银行，不是韩亚银行，也不是高盛。这是陪太子读书，高盛可不想这个时候掏大把的银子救一个自己控制不了的竞争对手，这样的买卖史蒂夫·施瓦茨曼都不干，高盛会干吗？

这简直就是对闵裕圣当头一棒，这意味着产业银行挑头的韩国金融团拯救雷曼兄弟的可能性没有了，唯一留给雷曼兄弟的念想就是产业银行冒天下之大不韪，独自一人，上演单骑救主的独角戏。

福尔德气得直翻白眼儿，高盛指使韩亚银行跳出来跟产业银行划清界限，就是要阻挠产业银行组成的金融团拯救雷曼兄弟，这是致命的报复行为。福尔德现在真有点儿后悔给布兰克费恩打那个电话了，更后悔将高盛给告了，现在美国证券交易委员会真不是一般的无能，竟没有一点儿的调查进展。福尔德肠子都悔青了，有什么用呢？

菲利普·雷曼跟姻亲亨利·戈德门分道扬镳的时候约定，两家永不发生商业冲突。遗憾这是80年前的约定，雷曼家族早已不是雷曼兄弟的主人，戈德门家族也早已不是高盛的主人，两家企业唯一相同的是带有犹太基因。这一次是雷曼兄弟率先撕破脸皮将高盛给告了的，高盛是要干掉雷曼兄弟了。

福尔德哪里知道，在2008年5月18日，一直跟产业银行合作的高盛，因为转让韩国大宇造船与海运工程公司（Daewoo Shipbuilding and Marine Engineering Co Ltd）DSMC股权的一项合作让双方撕破了脸皮，两家的恩怨才刚刚开始，搞黄产业银行的生意来发泄一下DSMC项目失意的不满情绪，高盛需要这样的发泄，谁让产业银行救的是刚刚状告自己的雷曼兄弟呢？

闵裕圣刚刚接手产业银行，对 DSMC 项目也只是听闻，详细的情况还不是太了解。产业银行作为 DSMC 主要的股东，拟与其他部分银行出售其持有的 50.4% 的股份。这宗企业并购交易涉及的资金可能达 40 亿美元。产业银行从 4 月份开始就在挑选华尔街的银行来处理这一交易，最后首选了 2007 年名列韩国企业并购协商榜单首位的高盛，作为产业银行的谈判者，由高盛来负责这桩交易。由于高盛已经向中国造船厂投资，产业银行要求高盛优先解决潜在的利益冲突，高盛表示无法接受我们的要求，所以谈判破裂。韩国 2008 年最大宗的并购交易就这样无疾而终了。

国民银行、韩亚银行、友利银行纷纷站出来要跟产业银行划清界限，韩国金融服务委员会压力空前。闵裕圣不想放弃，雷曼兄弟作为华尔街的大腕，不是垃圾股，也没有一开始就是垃圾股的股票，雷曼兄弟深陷次贷危机之中，困难只是暂时的。闵裕圣再次飞抵美国。

福尔德没有想这一次闵裕圣顶着压力，只身飞往美国。兄弟够哥们儿。闵裕圣这一次是来做生意，做大生意的，要是将这一笔生意做漂亮了，保准高盛肠子都会悔青了。闵裕圣要求雷曼兄弟去除空壳资产，让空壳资产涌向特定不良债权，只收购资产负债及营业。

这是一个合理的买卖。

福尔德非常高兴在黑石集团、中信集团、三井住友银行渐渐远去旁观的时候，闵裕圣在高盛的围追堵截之下依然能够拯救老东家。

闵裕圣一本正经："老东家，接管资金不是现在，而是 2009 年 2 月末交付，这个问题上次我已经说过我的担心，你知道我现在做人很难的，牛肉已经将韩升洙内阁给搞下课了，产业银行是完全的国有银行，当年卢武铉政府因为国民银行持有的外换银行股权问题，财政部长韩德洙引咎辞职，这一次我的买卖可能会让执政党跟在野党引发新一轮的风波。"

闵裕圣说得没错，他的背后有新结怨的高盛盯着，高盛可是大国家党的隐秘供应者，当年韩国现代集团的最大债权人，现任韩国总统李明博的利益同盟。牛肉已经搞垮了政府，现在大国家党的议员们不可能容忍国有的产业银行在投资上有任何差池，尤其是在收购美国企业上。

太敏感的一个国度：美国。

太敏感的收购对象：状告高盛的雷曼老猫。

福尔德权衡利弊，答应了闵裕圣的条件。闵裕圣越来越老练了，去空洞化这一举措，是为了防止那些现在看起来无关痛痒的东西以后渐渐变成大麻烦。现在谁都不相信雷曼兄弟的财务是最干净的，的确连福尔德自己都不能保证，无法预测这一场金融危机到底何时结束，如果继续，雷曼兄弟的状况只会越来越糟糕。

又到了关键的价格环节。

这一次双方都很直接，福尔德知道，一旦限制卖空令解除，雷曼兄弟的股价不会站在 20 美元，甚至 10 美元的关头，一定会下跌，会跌到多少他心里也没底。

老狐狸就是老狐狸，福尔德装出一副镇静的样子说："闵行长，我看每股就定 17.5 美元吧，这个价格已经远远低于雷曼兄弟的品牌价值了。"

闵裕圣有点不太习惯福尔德这么称呼，现在的福尔德是在跟自己谈生意，闵裕圣微微一笑，摇了摇头："老板，雷曼兄弟的亏损没有人能够预测，6 个月之后我想一切都会明了。现在的产业银行可是顶着巨大的压力，我也是冒着引咎辞职的风险来的。我们合约谈成，雷曼兄弟的股价才能稳住，现在黑石集团他们都离开了，雷曼兄弟的股价能不能保证在 5 美元价位都是个未知数。"

闵裕圣开出了一个让福尔德大跌眼镜的价格：每股 6.4 美元。

福尔德站起来了，闵裕圣知道这笔买卖的分歧很大。致命的价格。

闵裕圣回到了首尔，议员们吵得天翻地覆，暴风骤雨一般，该死的大国家党国会代表。

洪准杓，对，就是那位为了干掉执政总统卢武铉，不惜捏造虚假存单的那位爷，这一次又开始激动了："试图接管雷曼公司简直是一种不可理喻的构想。"

这一次洪准杓没有拿出什么存单，却将产业银行架到整个韩国的国家利益之上，炮轰闵裕圣："产业银行的 CEO 接手一家即将倒闭的企业，差一点儿使韩国的经济雪上加霜。"

是的，大国家党不能再有任何闪失了，美国牛肉已经搞垮了一届内阁，总统的支持率一路下滑，这一次如果再因为一家美国快要死掉的金融公司而激起民怨，那执政党的地位可就保不住了。这完全有可能，想想看，哪个国家的人民能忍受自己的政府在短短几个月内就作出几次愚蠢的决策？到时候开放国民党来一招狠的，全民公决李明博的信任度，那执政党还能不中途下课？

抓住辫子就往死里整，这是韩国人的风格。闵裕圣有辫子留在大国家党议员的手上，不惨才怪。洪准杓炮轰闵裕圣还没有完，同一党派的高承德议员又急不可耐地跳出来，指责闵裕圣之所以冒天下之大不韪要拯救雷曼兄弟，主要是因为闵裕圣在担任雷曼兄弟韩国代表时，从雷曼兄弟本公司那里获得的股票期权。高承德继续猛烈轰击，责怪闵裕圣6月上任的第一天就跟雷曼兄弟的管理层洽谈股权收购事宜，很显然他到韩国产业银行的第一任务是拯救雷曼兄弟而不是为了韩国人民的利益。这是可耻的私利。

高承德是韩国著名的经济法律专家，这位爷在韩国国会说话很有分量。在2008年7月25日调阅企划财政部关于公共机关职员年薪的时候，高承德就对闵裕圣执掌的产业银行员工工资高居同行业之首感到不满。

别了，闵裕圣！

别了，我的雷曼兄弟！

福尔德咬了咬牙：狗娘养的，高盛赢了。

9. 永别了，我的高丽兄弟

韩国政局背后，高盛成了隐形杀手，义愤填膺的大国家党议员就是高盛手上锋利的刀。

雷曼兄弟到死的那一刻依然在埋怨财政部的混账跟美联储的无能，他万万没有想到真正将自己推向死亡深渊的就是自己曾经亲密无间的兄弟高盛，高盛灭掉了雷曼兄弟一切复活的希望，就连最有希望的东方骑士——韩国产业银行也在高盛长期的干涉下，彻底黄了。

产业银行的掌门人闵裕圣曾经是雷曼兄弟的首尔首席代表，也算是一方诸侯，老东家落魄，闵裕圣出手相救很够江湖义气了，但闵裕圣看错了时局。就在福尔德飞抵首尔的那一天，愤怒的韩国人已经被在野党开放国民党所操纵。美国牛肉搞垮了大国家党领衔的内阁，李明博的民众支持率是一降再降，一旦国有的产业银行为了救雷曼兄弟陷入亏损旋涡，开放国民党还不抓住这个把柄将李明博政府往死里整？

可怜的闵裕圣，他是不会得到支持的。

高盛曾经是大国家党竞选资金的提供者，产业银行的实际控制人，跟韩国现代集团关系密切。在龙星投资基金强制购买产业银行之后，是大国家党站出来搞垮开放国民党财政部，为高盛强出头。李明博上台的时候，全球经济面临危机，高盛调高了韩国的评级，真正的目的是要为韩国人以及更多的投资者鼓劲，支持李明博政府。在韩国的大国家党背后，高盛一直犹如影子一样，通过金钱、报告影响着大国家党的命运。

雷曼兄弟因为不可查实的谣言，鲁莽地将高盛告到了美国证券交易委员会，两家一直表面和善的兄弟彻底结下了梁子。而美国证券交易委员会主席考克斯为了向国会交差，拿高盛开刀，进行大面积的调查，让高盛陷入了被动局面。雷曼兄弟好不容易才歇了一口气，却棋差一着，失去了凭借外部机会翻身的希望。谁让雷曼兄弟最有可能成功的拯救者——产业银行，就在闵裕圣掌舵前一个月，跟高盛闹僵了呢？

这一切的矛盾都集中到了一起，雷曼兄弟彻底陷入了高盛布置的圈套。

牛肉事件让韩国大国家党已经非常脆弱了，李明博政府不能再有任何闪失，高盛伸出小手指那么轻轻一挑，那根最脆弱的神经就绷紧了，成为高盛最有力的杀手锏。

首先，高盛曾经的控股企业，现在亲密的盟友，国民银行站出来，让韩国金融服务委员会紧张起来；接着再让韩亚银行以无法判断次债危机的风险还有多大为借口，高调宣布不会拯救雷曼兄弟。这样一来，韩国金融服务委员会就会高度紧张，不得不勒令产业银行谨慎行事。有了韩国金融服务委员会的警告，大国家党议员就有了炮轰闵裕圣的机会。结果，一直坚守、孤军奋战的产业银行也败下阵来。

这一切的一切都是高盛乐于看到的结果，大国家党的议员们实在是太可爱了，太及时了。

雷曼兄弟只好垂头丧气地离开了韩国，寻找东方骑士的希望彻底灰飞烟灭了。傻傻的福尔德还在愤怒地质问美国财政部，高盛已经开始收网了，雷曼兄弟离死期不远了。

CHAPTER 3

第三章

谁在操纵美国

高丽半岛一场你死我活的较量，断绝了百年兄弟的最后希望，雷曼兄弟生命垂危，决定作最后的反戈一击。

碌碌无为的美国证监会主席高调出场，要在最后的岁月重塑辉煌，一场秘密的交易却在检察官的牵线搭桥下悄悄地进行着。

美国总统大选正进行的如火如荼，希拉里突然扔出一份国会密件，立刻引起了轩然大波。

被雷曼兄弟逼到死角的国会议员们，立即掉转枪口，紧紧地抓住高盛跟财政部长保尔森的尾巴，抨击、恐吓、威胁，一个更大的阴谋在你死我活的博弈中泄露了出来。

一份长达2200页的报告震惊了美国司法部，“读起来就像一本畅销书，”法官詹姆斯·佩克捧着雷曼兄弟的报告，激动的语无伦次，蒂莫西·盖特纳、伯南克、克里斯托弗·考克斯、亨利·保尔森一个个亮相。

阴谋？陷阱？趁火打劫？还是借刀杀人？

一场你死我活的较量在黑夜的呼啸声中展开，高盛被推到了风口浪尖。

兄弟，是该到了结的时候了。

奥巴马，该你上台了！

1. 考克斯，你就装吧

2008年7月16日，华尔街的投行们静静地坐在电视机前，将频道调到CNBC。

这一天，美国证券交易委员会主席克里斯托夫·考克斯（Christopher Cox）将在电视上公开讲话。

高盛集团的掌门人布兰克费恩早已得到这个消息，他现在真有点儿不想看到这个家伙。考克斯就是一个软蛋，软弱无能不思进取，经常遭遇国会议员的抨击。这一次，雷曼兄弟满嘴胡说告刁状，考克斯不过就是想借此机会重塑自己的形象。

这是一个纷乱的岁月，哭天喊地救命的、争夺总统宝座的、服兴奋剂想拿奥运金牌的、躲在深山朝美国大兵打黑枪的，五花八门的新闻充斥着报纸版面，占据着电视黄金播出时段。布兰克费恩刚刚放下报纸，这不，今天各大报纸除了金融危机，美国总统候选人打嘴仗的新闻也整天占据着大量版面。布什政府将经济搞得是一团糟，共和党的江山也就几个月时间了，考克斯这家伙的主席位子坐不了多久了。

美国证券交易委员会这一次看来是要来真的，国会议员们再次向考克斯发飙，考克斯拿不出一个调查结果来，肯定是无法交差。布兰克费恩私底下已经向财政部，以及美国证券交易委员会的哥们儿打听了一下考克斯要谈论的观点。了解到考克斯一旦在电视上放出话来，就一定要想办法实现，否则就是给执政的共和党脸上抹黑。民主党跟共和党的总统竞选正在紧张地进行着，共和党需要考克斯在这个时候有所建树，杀杀华尔街做空者的霸气，为候选人增加筹码。

还有一个更可怕的信息，据说考克斯为了查出个结果来，已经秘密会晤过部分国会议员，以及纽约州总检察长安德鲁·库莫（Andrew Cuomo）。这个库莫跟他的前任斯皮策一样，看华尔街好像戴着有色眼镜，不过那个该死的斯皮策因为嫖妓已经引咎辞职。从一坐上总检察长的宝座起，这个库莫就没有停止过对华尔街的调查，库莫跟高盛更是早就结下了梁子。

2008年2月，高盛撤走资金，不再为拍卖利率证券市场提供流动性支持。一瞬间，10万投资人持有的拍卖利率证券，由于无法流通买卖交易，成为废纸一张，3300亿美元的市场就在高盛作出决定的那一刹那灰飞烟灭。次级债市场的崩盘已经让布什政府非常的恼火，高盛撤离拍卖利率证券市场无疑等于在美国的资本市场伤口上撒盐，给布什政府来了一个釜底抽薪。高盛万万没有想到的是，投资者把控告状递到了库莫那里，认定以高盛为首的华尔街投行在拍卖、推销拍卖利率证券的过程之中存在做假欺诈行为。此后，库莫一直在调查高盛，梁子就是这么结下的。不过奇怪的是，这个家伙居然希望高盛能够跟投资者和解，重新向这个市场提供流动性支持。

现在拍卖利率证券的调查还没有一个结果，考克斯又秘密跟库莫接触，布兰克费恩的心里是七上八下。这是一次致命的秘密接触，库莫已经向瑞士银行、摩根士丹利、美林等华尔街大腕们发出了通牒，必须回购拍卖利率证券，否则将面临上亿美元的巨额罚款，就连远在加拿大的皇家银行也接到了库莫发出的调查函。如果这个时候考克斯将雷曼兄弟跟贝尔斯登散步谣言、操纵股价的举报信息跟库莫共享，那么库莫又多了一个压制高盛的筹码。因为在拍卖利率证券欺诈案中，高盛至今没有答应库莫提出的回购办法，双方还在僵持。

布兰克费恩正在沉思的时候，突然接到一个神秘电话，挂断后他相当激动："他妈的，无耻！"

"王八蛋！这一切都是雷曼兄弟那个蠢货干的好事！"布兰克费恩恨得咬牙切齿。考克斯今天上CNBC电视，不就是要借助理查德·福尔德的举报来打击裸露卖空吗？不就是要打击做空次级债的高盛，起到杀一儆百的作用吗？不就是要警告做空次级债的对冲基金们，尤其是整天到处嚷嚷的绿光资本，让大卫·埃霍恩这一类的做空积极分子闭嘴吗？

目前的华尔街，能够做空次级债躲过灾难的，为数不多，高盛就是仅存的胜利者之一。也就是说，高盛是考克斯最好的下手对象。打击最大的做空者高盛，国会那一帮整天指着考克斯的鼻子，大骂他无能的家伙们也就会闭嘴了。考克斯需要支持者，库莫需要更大的打压筹码，考克斯的调查正是库莫想要得到的，两人一拍即合。

刚才那个电话是检察机关的，他们态度强硬，必须要高盛接受和解，否则就一查到底。

这简直就是赤裸裸的要挟，他们到底想干什么？考克斯手里到底掌握了怎样的证据？

布兰克费恩坐立不安，焦急地等待着考克斯的出场。布兰克费恩这个时候是多么希望考克斯在半路塞车，或者出点儿什么别的意外。不，也许那个家伙什么都没有掌握，今天完全有可能只是在电视上说一通大话吓唬人。布兰克费恩平和的表情难掩内心的焦灼，他的心里也许已经假设了上千遍，反复问自己，考克斯到底要说什么？

考克斯终于来了。

在CNBC主持人面前，一反往日的拘谨，他表现得颇为自信，坐下后稍稍整理了一下衣服。

你就装吧，考克斯。布兰克费恩在心底暗暗期待，他多么希望考克斯的自信背后是一无所得的空虚啊。这也许只是考克斯故作镇静而已，他心里想着。

裸露卖空（Naked Shorting Selling），考克斯一开口就让布兰克费恩一愣。

考克斯像一个唠叨的老和尚一样给主持人解释什么是裸露卖空：裸露卖空就是恶意操纵信息，不合法的卖空，是在没有借入股票的情况下进行的卖空。裸露卖空带来的虚拟股票交易行为，也就是交易员捏造出实际上不存在的股份进行交易的行为。

听起来好像玄道道的，实际上裸露卖空不还是卖空吗？其实就是抛售不看好的某只股票。在美国这样能做空的市场，假使自己手上没有这只股票，可以借用别人持有的这只股票进行抛售，等低价位买回来再还给股票持有人。

布兰克费恩靠在高靠背的大班椅上，思索着这个考克斯葫芦里到底卖的什么药。

CNBC的主持人跟布兰克费恩一个思维，这也是华尔街的正常思维。考克斯摇晃了一下食指，略带嘲讽地纠正道："不，不，不，记住，我们这里谈的不是卖空，而是令流言满天飞的裸露卖空，主要是一些著名银行和主要券商卷入其中。简单地说，就是所有的机构都笼罩在流言之中，这将进一步导致以美联储为中心的金融市场的完全崩溃。这就是现在我们所处的位置，因此大家无法不抱怨这个事情。"

布兰克费恩松了一口气，还好考克斯没有说出券商机构的具体名字。

看来雷曼兄弟的举报在考克斯那里发挥了威力。布兰克费恩很清楚考克斯对非法裸露卖空行为的定义，如果高盛被判定在进行裸露卖空，那可就被扣上了三顶大帽子：恶意操纵信息、操纵股价、捏造虚假交易。

这三顶帽子在金融海啸席卷全球的时候犹如三座大山，一旦被扣上，高盛可就信誉扫地了。高盛的客户会像躲瘟神一样远远地离去，高盛的资金链会骤然紧张，库莫再来个逼宫，那最后死掉的可就不是雷曼兄弟了，而是本来胜券在握的高盛……

想到这里，布兰克费恩不禁打了一个冷战。华尔街的战斗可真是残酷啊，稍不留神，就会输得一塌糊涂。

冷静，一定要冷静，事情还没有到无可挽回的那一步，理智的布兰克费恩在坏念头还没有像滚雪球一样滚大之前，及时地刹住了车。他冷冷一笑，看考克斯怎样继续表演。只有当考克斯亮出底牌之后，才能判断美国证券交易委员会到底有没有掌握高盛的致命证据，才能判断库莫跟考克斯勾连在一起能否逼宫成功。

考克斯竟然有点儿得意忘形了。

布兰克费恩有点儿不敢相信，考克斯接下来会拿高盛的股东巴菲特开玩笑。考克斯甚至是面带微笑地对主持人说："保证信息的可信度是非常重要的。比如，我今天中午和美国证券交易委员会的一个工作人员一起吃饭时，他的黑莓手机收到一封邮件说巴菲特今天逝世，享年77岁。听到这种消息该怎么办？其实很多这样的信息是完全错误的，但它会导致一些股票剧烈波动。"

这样的恶作剧邮件怎么可能在电视上讲出来呢？考克斯可是大名鼎鼎的美国证券交易委员会主席，他的一言一行对股价的影响很大的，虽然他在后面加了一句，巴菲特之死的信息是错误的。但是在华尔街，无风尚能掀起三尺浪，何况是这个人心惶惶的时候？很容易引起一大群不明真相的群众围观。一传十，十传百，巴菲特之死的谣言一旦传开，高盛的股票肯定是第一个被抛售的。

"我现在提醒大家，这样的谣言很可能误导市场，引起恐慌。而人们又很可能无法发现谣言的所在，"考克斯信誓旦旦地将话锋一转，"美国证券交易委员会的责任就是去调查、去发现，是不是有人散布了谣言？是不是有人利用谣言从市场中获得了利益？即使没有获得利益，是不是由于他们而造成了很大的损失？这种操纵市场的行为恰恰就是《证券法》要监管、控制以及处罚的。”

很明显，考克斯冲着高盛来了。

在7月15日，考克斯已经在国会山跟议员们拍胸脯，说要竭尽所能地降低非法裸露卖空的滥用。美国证券交易委员会有充足的执行力量，我们已经整装待发，我们有足够的能力查处交易员是不是在“裸露卖空”。

布兰克费恩长长地叹了一口气，抓起身边的电话又放下，他很想跟雷曼兄弟的掌门人理查德·福尔德打个电话，好好地给福尔德上上课，讲讲什么叫兄弟，讲讲背后捅刀子的代价。

不，这个电话不能打，布兰克费恩突然清醒了。雷曼兄弟已经无药可救了，这盘棋已经是一盘死局，无论如何，考克斯也救不了这位愚蠢的兄弟。

2. “围魏救赵”不是这么用的

理查德·福尔德看着电视上振振有词的考克斯，不禁得意地笑了起来。

雷曼兄弟需要转移视线，贝尔斯登倒闭之后，雷曼兄弟就一直处在媒体的风暴口，谣言猛于虎。在东方的中国、韩国、日本，雷曼兄弟的破产谣言能够影响到这些地区投资机构的决策，尤其是在韩国，高盛的手已经深入到韩国的政党背后，雷曼兄弟再不转移华尔街，不，是转移全球的视线，华尔街倒下的就真的是雷曼兄弟了。

理查德·福尔德现在有点心力憔悴，长久的合作伙伴花旗银行突然提出，要调整向雷曼兄弟公司提供抵押贷款的协议条款。在雷曼兄弟发行 1380 亿美元债券的过程中，花旗银行一直是雷曼兄弟的债券受托保管银行，两家关系非常不错，在亚洲还有将近 3 亿美元的贷款业务，没想到花旗银行要求追加美元资产的抵押，这无疑是切断雷曼兄弟的流动性生命线。

高盛看来要明火执仗了。理查德·福尔德太了解现在的花旗银行跟高盛，简直就是穿连裆裤的两兄弟，花旗银行的总裁罗伯特·爱德华·鲁宾 (Robert Edward Rubin)，之前是克林顿政府的财政部长，在到白宫担任财政部长之前，一直在高盛任职，从小员工干到了高盛的首席执行官。

花旗银行、背后站着高盛的影子。还有摩根大通、日本三井住友银行等债权人，他们也要求追求抵押物，现在是老猫斗群狼。2010 年 3 月 11 日，美国破产法院公开了一份雷曼兄弟破产调查报告，受美国司法部下属机构“美国托管项目”委托，Jenner&Block 律师事务所负责人安东·沃卢克斯调查雷曼兄弟破产真相。

当安东·沃卢克斯将调查的卷宗移交美国破产法院，负责雷曼兄弟破产的法官詹姆斯·佩克当时就激动坏了，这是他职业生涯中见到卷宗最惊人的案件，超过 1000 万份文件，大约 2000 万页电子邮件，被调查的对象超过 100 人，包括美国现任财政部长蒂莫西·盖特纳、联邦储备委员会主席本·伯南克、证券与交易委员会前主席克里斯托弗·考克斯、财政部前部长亨利·保尔森等大佬。

詹姆斯·佩克如同一个饥渴的男人见到女人一样，激动的语无伦次，捧着一本又一本的卷宗，如饥似渴地阅读起来，时不时还啧啧赞叹："读起来就像一本畅销书。"雷曼兄弟到底遭遇了群狼们怎样的围殴，詹姆斯·佩克被雷曼高级行政人员 Carlo Pellerani 的一句话惊呆了。

Carlo Pellerani 无奈地说："他们似乎想不让我们营运下去，用枪指着我们的头部。"

曾经的无限荣光，在屈辱中消失殆尽，现在苟活都是一件非常奢侈的幻想。理查德·福尔德仰天长叹，158 年的长命老猫要为这一场危机埋单，那岂不是太亏本了？福尔德仿佛是灵光乍现，何不来个围魏救赵？福尔德瞄上了堪称"第二美联储"的两房。

对于一般人来说，两房曾经是很陌生的一个名词。近年来，随着金融海啸愈演愈烈，两房逐渐名声大噪。两房全称房利美（Fannie Mae）和房地美（Freddie Mac），在美国通常被人们称做政府特许机构（Government Sponsored Entity）。这两家公司主要负责建立美国房地产贷款的二级市场。在美国，凡是通过贷款买房的人都跟这两家公司有着千丝万缕的联系。

两房是下手的好目标，足以撼动美国的金融根基。两房发行的以房地产作为抵押品的债券（Mortgage Backed Securities）总额高达 4 万亿美元。美国银行系统所发放的 7 万亿美元的房地产贷款中的大部分，都转卖给了这两家公司。他们把这些长期的房地产按揭打成包，做成抵押支持的一种金融衍生品债券，然后在华尔街出售给美国的金融机构和亚洲的中央银行，美国有 60% 的银行持有这两家公司的债券，金额超过银行资产的 50%。全球权威评估机构标准普尔的数据显示，中国金融机构持有两房的债券高达 3400 亿美元，超过全中国人民一个月的总收入。

现在，整个美国的金融机构陷入了流动性恐慌，两房是世界上最大的非银行类金融机构，它对美国银行系统提供了巨额的流动性，它的债券信誉和规模仅次于美国财政部的国债，其作用堪称"第二美联储"。金融危机爆发，两房首当其冲。

对，就是要将两房推向风口浪尖，这样可谓一石二鸟。其一，舆论的风口将转向两房；其二，美国政府不得不出手向两房注入流动性资金。只要两房获得流动性资金，雷曼兄弟这样的华尔街大腕，美国政府是不会撒手不管的，如果雷曼兄弟真的倒下，那么因为雷曼兄弟这样的大腕死掉而引发的恐慌，后果更加严重。如果不救雷曼，毫无疑问，金融市场的资金流动性会越来越差，美国经济就会越来越糟，这是一步美国政府没有选择的棋。

华尔街有名的铁腕还真是名不虚传，竟然在太岁头上动土，主意打到了美国政府身上！

于是，雷曼兄弟举报高盛之后的第一件事情，就是将枪口对准两房开火。

2008年7月7日，历史上一直叫黑色星期一，这是一个让人胆战心惊的日子。

雷曼兄弟就是要在这样一个人人都害怕的日子，迅速将两房拿下，推到美国政府面前。一大早，雷曼兄弟的分析师布鲁斯·哈汀（Bruce Harting）就发布了一份关于两房的研究报告，论调是相当的悲观。

权威的研究报告是华尔街大腕们打压对手，释放利空消息最直接而又合法的手段。库莫的前任——纽约州总检察长斯皮策，就是那位后来因为嫖妓被开除的美国市长，就曾经大力打击过利用分析师职务为庄家牟利的“黑嘴”。这样的拿手好戏经常在华尔街上演，虽然看上去是小儿科，却是屡试不爽，次次得手。

雷曼兄弟的这位分析师哈汀不是那种照本宣科、纸上谈兵的初级黑嘴，华尔街乃至全部美国人现在可不是那么好糊弄的。尤其是金融危机当口，人人都成了经济学家，就连街头卖茶叶蛋的大妈都知道美国乃至全球的经济都出了问题。雷曼兄弟的报告要想起到打压两房、转移视线的威力，就必须具有极强的杀伤力。

哈汀应该得到了内幕消息，他在研究报告中宣称，新的会计准则可能对目前的资本比率提出新的要求，房利美和房地美必须把表外资产证券化项目移入资产负债表内，如果真的实行了，影响之大难以想象，两家公司因此需计提更多损失准备金，从而必须筹集更多的资本。

两房的缺口到底有多大?

750亿美元，相当于2008年5月12日那一瞬间中国汶川大地震损失的总计。

这是一个要命的数字，次贷危机爆发以来，房利美和房地美的股价已经有4/5被无情地蒸发掉了，两房在2007年因为住宅抵押贷款所蒙受的损失已超过120亿美元，相当于整个江西省2008年财政收入一分不剩地蒸发了。

说来也很蹊跷，就在这一天，美国旧金山联邦储备银行行长珍妮特·耶仑（Janet Yellen）也站出来对美国的经济发表了悲观的看法。耶仑称，美国境况不善的房地产市场及银行系统在经济状况恢复前也许会更加糟糕，预计到2009年市场功能才会有明显改善。熟悉美联储运行系统的人都知道，旧金山联邦储备银行是美联储旗下三大储备银行之一，在美联储货币政策委员会中拥有投票权。

耶仑的言论无疑对两房是雪上加霜的打击。雷曼兄弟万万没有想到会有这样的盟军，布鲁斯·哈汀的报告犹如一枚炸弹，两房的股价稀里哗啦地往下跌，当日跌幅达15%以上。

美国联邦供房企业督察局（OFHEO）局长阿尔曼多·法尔孔（Armando Falcon）再也坐不住了。两天之后的2008年7月9日，法尔孔对路透社表示，房利美和房地美将接受更加严格的会计规则约束，一个标准制定机构正在构思新的会计规则，若公认会计规则要求他们将资产记入资产负债表，那么美国联邦供房企业督察局绝对不会坐视不管。

福尔德看着一泄如注的两房股票，铺天盖地的新闻报道，心里是一阵阵的激动。耶仑跟法尔孔真是雷曼兄弟的贵人啊！身为民主党人的法尔孔站到了雷曼兄弟一边，小布什政府再不出手相救，总统候选人麦凯恩就是再优秀，美国人就是再愚蠢，也不会给一个把经济搞得乌烟瘴气的政党投赞成票。

再看看另一方的对手，高盛的交易员看着稀里哗啦下跌的两房股票，不寒而栗。

笨蛋！

布兰克费恩嘴角依然挂着微笑，福尔德这是在把雷曼兄弟往死胡同里带，自作孽不可活。布兰克费恩心里估摸着福尔德肯定是一脸的得意，那可不，这一招围魏救赵收到了意想不到的效果，成功地转移了舆论焦点，逼迫美国政府出面救市，给执政的共和党人出了一个大难题，福尔德再怎么着还不翘翘自己骄傲的小尾巴？

法尔孔无形之中站到雷曼兄弟的一边，布兰克费恩一点儿都不惊讶。法尔孔跟两房的关系一直很紧张，这是大家都知道的事实。两房每年向国会山议员们行贿的资金超过250万美元，甚至更多。两房的掌门人仗着有国会议员撑腰，法尔孔只要去国会山，那些站在两房一边的议员们都会像检察官询问罪犯一样，咄咄逼人，把法尔孔搞得灰头土脸。这个时候，两房倒了霉，法尔孔来个落井下石也不足为奇。

按照新会计规则，两房资金链条将彻底断裂，美国的金融市场会完全崩溃，小布什政府只有两个选择，一是让考克斯出面限制卖空，保护两房股价的稳定。

当然考克斯不可能下令只保护这两家企业的，到时候肯定会列出一个重点保护名单,雷曼兄弟无非是想借助这个机会保护自己,借助考克斯的命令打击卖空者。限制做空只能是权宜之计，当然这也给雷曼兄弟寻求新的拯救目标赢得了时间。

小布什政府还有另外一个选择，那就是财政部将手伸向全体美国人民，拿出纳税人所交的巨额资金注入两房，增强金融机构之间的流通性。

看着电视上因雷曼兄弟的举报而兴奋的考克斯，布兰克费恩得意地扬了扬嘴角，小子，别得意的太早!

如果美国证券交易委员会限制对诸如两房、雷曼兄弟这样的金融机构进行卖空，一定要在高盛身上查出一点儿问题；如果纽约州总检察长库莫，非要借机威逼高盛重返拍卖利率证券市场。那么这样一来，公众就更加坚定了对华尔街悲观的看法，高盛做空雷曼就一定能赢。

塞翁失马，焉知非福。布兰克费恩轻松地端起咖啡，一股浓浓的咖啡香钻进了鼻孔，简直太沁人心脾了，一个字：爽！布兰克费恩突然有点儿想感谢理查德·福尔德了。

现在,雷曼兄弟已经失去了所有的拯救者,再也没有机会了。把美国财政部、美联储当成是唯一救命的稻草，雷曼兄弟这不是往高盛的刀口上撞吗？也不想想美国财政部的现任老大是谁！这一招围魏救赵已经在逼高盛的前掌门人、小布什政府的财政部老大汉克·保尔森（Hank Paulson）出手了。

兄弟，别怪我们太无情了，你自己找的。

3. 逼财政部长走上绝路

保尔森，小布什的大管家，高盛铁杆的兄弟。

从韩国之行开始，雷曼兄弟就是一直在找死，一个劲儿地往高盛的枪口上撞。这一次更是过分了，居然把火烧到了保尔森身上！保尔森可是老高盛了，现在高盛对雷曼兄弟愚蠢的举动已经是咬牙切齿、十分痛恨、忍无可忍了，雷曼兄弟注定在劫难逃，158 岁的老猫生命就这样走到了尽头。

保尔森出生于美国佛罗里达州棕榈滩，家境是相当的不错，老爸是个贩卖珠宝的商人，家里是相当的有钱，后来一家人都移居到了伊利诺伊州的巴林顿山。特别可贵的是，保尔森这孩子没有一点富家子弟的娇气。很小的时候，他就参加了美国男童子军，在童子军训练期间表现出色，荣获了级别最高的鹰章。1970 年，在美国哈佛大学商学院获得工商管理硕士学位之后，走出校门的高才生保尔森并没有走进华尔街，而是在毕业的当年就进入五角大楼担任国防部长助理的助手。

给助理当助理的保尔森在政坛一帆风顺，2 年之后，挤进了尼克松政府的国内事务委员会，并升级担任总统顾问约翰·亚列舒曼的助手。在政坛上，老是给助手当助手，保尔森的心里头总不是那么个滋味儿。2 年之后，他彻底厌恶了这样的生活，决定干点儿跟学业有关的事情。1974 年，他进入高盛的芝加哥分部工作，开始其职业投资银行家生涯。

政坛失意，商场得意。进入高盛的保尔森如鱼得水，很快就在金融领域崭露头角。1982 年，保尔森成了高盛的合伙人。从一无所有到成为公司的合伙人，保尔森仅仅用了 8 年时间，在华尔街的超级大腕高盛，不能说不是一个奇迹。此后，保尔森花了 12 年时间打拼，在 1994 年，升为高盛公司总裁兼营运总监，并首次被提名为行政总监。4 年之后的 1998 年，成为高盛公司高级合伙人之一，成为高盛的核心人员。第二年的 1999 年，保尔森随着高盛上市成为董事长兼行政总监。

商场得意的保尔森也许是腻味了多年的金钱交易，突然怀念起从前在政界的小日子，因而转身又杀回了政坛。2006年5月26日，美国总统小布什宣布，提名保尔森掌舵美国财政部。6月28日美国参议院，正式通过有关提名。当年的小兵已今非昔比，保尔森已经是堂堂正正的一名政府高官了。

同时，高盛的前掌门人也成了美国的财神爷。

现在，雷曼兄弟简直是在给保尔森下毒。

2008年的美国总统选举异常激烈，民主党炮轰共和党执政期间将美国经济搞得一团糟，发誓要将共和党拉下马。眼看小布什政府离下课没有几个月时间了，保尔森的财政部长位置怕是也要换人了。本来，国会的议员们对保尔森拯救金融危机不力已经是相当的不高兴了，民心更是对保尔森极为不满，他就是想留任下一届政府，又怎么可能？

更何况，现在雷曼兄弟给保尔森出了一个更大的难题，美国财政部到底是救两房还是保护纳税人的钱？救两房，纳税人的钱就要砸进两房这个无底洞，国会能不能通过这个救助方案还是个很大的问题；如果不救，那两房对美国经济的打击实在太大了！不仅仅是美国，中国人民也不会干的。

牵一发而动全身，如果这一次美国袖手旁观让两房垮掉，那么持有大量两房债券的中国人可就亏大发了，这不是明摆着让中国在美国的投入得不到保障吗？那么，中国完全有可能抽走在美国的所有投资。明眼人一看就清楚了，中国可是美国最大的债权国，如果这样的事情真的发生了，美国经济就真的崩盘了。

雷曼兄弟这招实在是太损了，保尔森已无路可走，美国政府现在是左右为难。

此刻的保尔森像极了热锅上的蚂蚁，国会的议员们一定会向检察机关施压，调查保尔森跟高盛的裙带关系背后是否存在“非法勾当”。这不是信口雌黄的笑话，民主党的重量级人物已经向高盛跟保尔森发飙了，两房是个大关口。

早在2007年12月4日，保尔森跟高盛就被参议院银行委员会主席、民主党总统候选人克里斯托弗·多德（Christopher John Dodd）给盯上了。这位爷在民主党可谓是资望颇深，1974年，也就是保尔森进入高盛的那一年，克里斯托弗·多德就入选美国众议院，连任三届后于1980年入选参议院。2002年美国攻打伊拉克，这位爷就是小布什最坚定的支持者，不过让小布什头痛的是这位爷很快就掉转枪口，炮轰小布什在处理伊拉克战争的方式上是愚蠢的，让小布什非常尴尬。

多德盯上保尔森源于2007年12月2日《纽约时报》专栏作家本·斯泰的一篇专栏文章。本·斯泰在文章中披露，由于预期到次级抵押贷款证券领域可能发生问题，高盛一直在出售相关债券，并且从中获利不少。本·斯泰在文章中还引述高盛公司发言人的话："高盛经常卖空自己承销的证券，而且这些早已经披露过。"

多德看到了《纽约时报》的文章后，脑子里马上就觉得不对劲，既然高盛对次级抵押贷款的问题已经注意到，并且开始卖空，为什么还大力地推销这一类产品呢？尤其是华尔街当时都知道，高盛在卖空贝尔斯登的股票，那么高盛的这种行为怎样才能解释通呢？多德通过竞选班子，向美国多家媒体发表了自己对高盛问题的深度关注。多德还警告保尔森，希望保尔森对他的老东家高盛集团在次贷危机中到底扮演了何种角色作出解释。

一切人的眼睛都被蒙蔽了，这是高盛一次有预谋的陷阱，推销债券是诱敌深入，高盛的神秘"铁三角"抛空，干掉一切对手才是真正的目的。

现在高盛的目的有点儿昭然若揭了。在2007年三季度公布财务数据之后，只有高盛实现赢利，证明高盛做空次级债产品赚钱了。关键是次级债问题暴露之后，保尔森对危机的处理一直行动迟缓，没有拿出一个像样的救市方案。多德的发飙已经非常明显，言外之意就是保尔森之所以迟迟没有救市行为，就是为了给老东家高盛做空赚钱制造机会。

保尔森在2007年底还是一头雾水，无法对这一场金融危机作出一个明确的判断，救市方案怎样才能够起到最佳的效果？保尔森一直在权衡利弊。没想到，让小布什很烦的多德为了选票，竟然在这个时候跳出来指责自己跟高盛的关系。更可恶的是这位爷还略带威胁性质地警告保尔森，应该就《纽约时报》提出的问题给予答复，否则就很可能会触发正式的调查行动。

保尔森太了解多德的脾气了，当时保尔森不得不透过财政部新闻发言人，对外宣称正在跟国会商讨完整的救市方案。风波暂时平息，遗憾的是贝尔斯登倒下了，雷曼兄弟也奄奄一息，现在两房一个劲儿地下跌，如果保尔森放任两房下跌，那美国的金融就真的陷入万劫不复的地步，多德一定会再次跳出来，保尔森跟高盛就是跳进黄河也洗不清了。

雷曼兄弟围魏救赵向保尔森逼宫，旧金山联邦储备银行行长珍妮特·耶仑，以及法尔孔站在雷曼兄弟一边，两房的股价不断下跌犹如在放美国人的血。

在法尔孔讲话后四天的 2008 年 7 月 13 日，保尔森为了稳住一泄如注的两房股价，匆忙宣布美国财政部在必要时，可无限制地购买两家公司的股票；提高房利美和房地美当前可以从政府获得的 22.5 亿美元的授信额度；授权美联储在为房利美等政府发起企业设定资本金要求时担任顾问。当时保尔森提出了向两房注资的设计，规模并不是雷曼兄弟报告提出的那么玄乎需要 750 亿美元，只有 150 亿美元。

市场并没有因保尔森的救市方案而兴奋，两房的股价依然不断下跌，保尔森不得不马不停蹄地跟国会沟通，修改救助两房的方案。

2008 年 7 月 20 日，保尔森再也坐不住了，是该站出来稳定市场信心的时候了，要不然多德真要向检察机关施加压力，让其调查自己跟高盛的瓜葛。保尔森一大早就跑到 CBS 的《面向全国》电视节目，很乐观地表示："我正在与国会密切合作，商讨改革方案，我们的意见已经基本达成一致了，我们将从国会得到想要的结果，对此我非常乐观。"

为了保尔森的方案能够在国会顺利获得通过，小布什不得不站出来替保尔森说话，强调两房的重要性，让议员们意识到问题的严重性。小布什很严肃地表示，房利美和房地美在美国的住房体系中扮演着"核心角色"，并称在当前"金融市场承受压力之际"，这两家机构需要继续正常地为楼市提供信贷支持。

小布什的讲话离保尔森电视讲话不到一周的时间，保尔森在 CBS 上乐观的讲话，证明财政部跟国会沟通顺利，言外之意，保尔森已经拿出了一套完整成熟的救助两房的方案，只要国会批准了这个方案，两房的问题就能迎刃而解。保尔森在电视上的讲话无疑是要向市场传达一个信息，那就是布什政府显然是加大了国会在此后的一周时间里会通过两房救助案的压注。也就是说，多德再没有理由和机会向检察机关施压了。

救助的设计以及国会的通过都是白宫的一相情愿，能否顺利通过，权力还掌握在国会。为了向国会施压，确保救助方案顺利通过，光凭保尔森的乐观是不够的，只有国会议员意识到问题很严重，保尔森的方案是唯一可行的，那么他们才会投下赞成票，否则又是吵吵半天没有结果。国会的议员们可以长时间吵架，但是两房没有时间去等待。

为了确保自己的救助方案能够通过，保尔森决定在电视上强调两房危机对美国人的致命影响。在当天 CNN 的晚间节目，保尔森一改上午的乐观，声称美国经济正处于“挑战时期”，油价高涨将继续拖累经济，低增长局面可能“持续数月”。美国经济的核心问题是住房危机，其特征是房地产价格下跌、住房建筑急剧下降，银行业受到很大的考验，由于不良抵押贷款业务造成的损失，会出现越来越多陷入麻烦的银行。

这一次讲话，保尔森的重要目的就是两房。在相当悲观地对美国的宏观经济泛泛而谈之后，保尔森看上去一脸悲痛地宣称，房利美和房地美可能会陷入无法获得充足资本的困境，这样的状况令他本人都“大吃一惊”。保尔森很沉重地表示，“对我们这些身在美国的人来说，大家都知道这些机构（房利美和房地美）对于资本市场意义攸关”。

两房攸关整个美国的金融安危，也同时关系到美国民众的住房问题，很多社区的房子已经被银行强制收回。财政部要注资两房，为两房提供流动性支持，那么就要用全美国纳税人的钱，可是还有一半以上的美国人没有贷款买房，如果用他们缴纳的税费拯救了另一半人，这是不公平的。众议院金融服务委员会主席弗兰克等人立即跳出来反对保尔森的计划，希望财政部的计划也遵循政府的债务限制原则，在财政部打算动用纳税人的钱援助“两房”时，需设定融资额的上限。

少动用纳税人的钱。

保尔森得到了最难搞定的国会的警告。两房不得不救，保尔森别无选择。要救两房就必须动用纳税人的钱，这事儿牵涉到老美全体老百姓的利益，是有上限的。除了两房外，美国财政部还敢再救哪家金融机构？

布兰克费恩有些高兴，救两房都有限度，美国财政部怎么可能拿钱出来救雷曼兄弟？雷曼兄弟想错了，风口对准两房只能逼迫保尔森更快更早地拯救两房，拯救两房之后，财政部没有理由再用纳税人的钱去拯救雷曼兄弟这样的私人股份制企业。就算保尔森敢提出来，在国会那一关，保尔森就过不了。做空次债的高盛，要的就是老掌柜保尔森过不了国会关这个效果，这样一来，国会那一帮蠢材就不会再纠缠保尔森跟高盛的关系，这一切都拜雷曼兄弟围魏救赵所赐。

布兰克费恩相信这一次保雷曼兄弟没有获救的机会，更让他兴奋的是，美国总统小布什给高盛旗下的金融机构集团主席肯尼·威尔逊打了一个电话：“肯尼，国家需要你。”小布什是下定决心要救两房，他希望华尔街资深的投资银行家，在高盛干了 10 年、刚刚退休的威尔逊能够到财政部，帮助老伙计保尔森共同让美国经济渡过难关。

在危急的关头，高盛的兄弟们掌控了美国财政部，在小布什跟保尔森的共同努力下，国会通过救助两房的方案已经没有悬念了。两房获救了，美国政府还会继续向金融机构提供流动性支持吗？不会，保尔森应该不会了，看来雷曼兄弟的死亡只是时间问题……

4. 油价坐上“过山车”

9月9日，五角大楼上空蓝天碧云。

保尔森坐在办公桌前，端起了咖啡杯，浓浓的咖啡香味让身心俱疲的保尔森顿感神清气爽。从7月开始，雷曼兄弟将战火烧向两房，美国的财政部就一直在华尔街跟国会之间苦苦挣扎。那些国会的议员们站着说话不腰疼，整天吵吵嚷嚷，保尔森跟总统小布什不得不马不停蹄地在各地演说，出席电视节目，通过舆论向国会的顽固分子施压。

保尔森有段时间甚至想骂人，不过在高盛期间让保尔森学会了隐忍。整整30年在高盛蛰伏，保尔森有一句名言：15% 到 20% 的人创造了公司 80% 的价值，所以很多人可以被裁掉。保尔森不喜欢吵吵嚷嚷不做事的废物，他曾经想让高盛裁掉大部分员工，让当时高盛的雇员们心惊胆战。现在，他没有权力裁掉那些整天没事瞎嚷嚷的国会议员，但是他却有权力整一整那些以雷曼兄弟为首的捣蛋鬼。

后果很严重，这就是逼宫保尔森的下场。

保尔森的财政部长位置没有几个月坐头了，战争狂人小布什跟他的共和党在当下的美国没有前途。保尔森想不明白，共和党的保守派怎么在这个时候对拯救两房的提案百般阻挠？这是要拆共和党总统候选人麦凯恩的台还是被民主党收买了？争吵在国会山总是绵绵不绝，无耻的政客们，为了白宫这一把总统椅子，在国家经济生死关头，为了那么几张选票，竟然将拯救两房的计划拖延了整整两个月。

保尔森跟小布什联手，终于取得了国会议员们的同意，向两房注入流动资金。

2008年9月8日，又一个次贷危机之后的星期一，本来华尔街的巨头们心情会很沉闷，但一切却因保尔森9月7日晚上宣布的消息而突放异彩。也许是保尔森为了避免黑色星期一的悲剧再次上演，才那么急急地在9月7日的晚上宣布，2008年7月成立的、美国国会为监管住房抵押贷款机构而批准成立的联邦住房金融署，将接手两房日常运作，两房还将分别向财政部发行10亿美元优先股，财政部已经获得国会授权，可以购买股票的方式向两房分别注资1000亿美元。

9月8日，全球在欢呼，美国、欧洲、日本、中国股市一片大涨。

9月9日，今天星期二了，华尔街应该走出了两房的阴影。保尔森坐在办公室望着窗外的蓝天白云，心情舒畅，他端起咖啡杯，还没有来得及喝一口，电话就催命般地响了起来。

“部长先生，两房的问题解决了，那一帮做空的家伙们现在掉转枪头再次对准了雷曼兄弟，我们是不是应该认真考虑一下雷曼兄弟的前程问题了？”

电话是美联储主席本·伯南克（Ben S. Bernanke）打来的，这个前额油光铮亮的家伙真是可怜，他以为保尔森是真的要拯救华尔街的每一家金融机构吗？前任格林斯潘留下的烂摊子，拯救两房已经让保尔森心力交瘁，怎么还可能再出手拯救愚蠢的雷曼兄弟呢？

保尔森现在一听到雷曼兄弟这个名字就火冒三丈，如果不是雷曼兄弟将矛头指向两房，美国金融也不会引发全面的恐慌，雷曼兄弟这一仗将美国财政部逼到了一个尴尬的位子，把保尔森逼上了绝路，逼得保尔森在那些可恶的国会议员面前卑躬屈膝，还指望财政部能出手相救，这简直就是做梦！

伯南克在电话里非常的虔诚，保尔森的脑子里除了憎恶雷曼兄弟的愚蠢，更是不时地闪现出国会议员们满脸正人君子浩气凛然的虚伪模样，一边拿着两房的行贿美钞，一边还在装作是劳苦大众的救世主一般，他们的警告如雷贯耳：少动用纳税人的钱！

“伯南克，非常抱歉，我不能赞同你的想法。”保尔森放下咖啡杯，尽量让自己的心情平静下来，“我相信华尔街能够解决好雷曼兄弟的问题，财政部不会支持动用国库资金救助雷曼兄弟。”

伯南克早已预料到保尔森会让自己失望。不错，2000亿美元注入两房的话，两房的问题是解决了，但是要想解决整个美国金融业的流动性，这个数字远远不够。更何况，美国金融业的流动性问题解决对于全球来说是个好消息，但是对于美国财政来说也是一个坏消息，那意味着石油还有很大的上涨空间。

拒绝了伯南克，保尔森明白，这会儿又要跟老东家高盛撇不清了。

这是一个两难的问题，解救两房是化解流动性问题，如果继续用纳税人的钱救雷曼兄弟，那高盛做空雷曼兄弟就不能获利，保尔森可以显得大义凛然；可高盛是石油的死多头，如果流动性缓解，石油的价格一定会上扬，高盛将是最大的获利者。不,应该是高位获利,保尔森对老东家高盛的运作思路了如指掌，一直唱多石油的高盛应该在 150 美元一桶的价位出手石油期货。

高盛从来不掩饰自己在石油领域的大动作，甚至可以说非常的高调。

高盛的高调源于一个默默无闻的小人物——阿尔琼·默提（Arjun N. Murti），他本是一个名不见经传的小小分析师，在分析师主导话语权的华尔街，默提根本就排不上名号，甚至同行根本就没听说过这个家伙，不过默提的预言让华尔街震惊，让华尔街感到不安。

2008 年 6 月 6 日，也就是理查德·福尔德悄悄地从韩国首尔回到华尔街的那一天，看着《华尔街日报》详细披露韩国之行，在办公室火冒三丈的时候，国际原油价格当天跟理查德·福尔德的火气一样，暴涨 10 美元，接近每桶 140 美元。

这是一个让华尔街侧目的日子，高盛的小小分析师默提的预言正在一步步地接近现实。因为在此前的一个月，2008 年 5 月 6 日，高盛集团非常隆重地对外公布了默提团队的研究报告，这份被华尔街冠称为“默提报告”的研究称，在未来 6~24 个月里，石油价格达到每桶 150~200 美元的可能性越来越大，换句话说即使已经处在每桶 120~130 美元的历史高位，国际石油价格仍然存在翻倍的可能。

默提的疯狂想象力宛如一颗炸弹，震惊了整个华尔街，曾经一度有人笑称他是个“疯子”。不过，保尔森太清楚高盛的运作了，他知道这不仅仅是“风言风语”，高盛真的做得到！但他现在不是高盛的掌门了，他是美国的财政部长，如果油价真正摸高到 200 美元一桶的话，那个时候石油输入大国的美国的经济是个什么样子，世界会是个什么样子？

高盛集团的掌门人布兰克费恩，太欣赏这个被华尔街誉为波斯湾信使的新泽西州帅小伙儿了，他为高盛赢得了华尔街的尊重，为高盛创造了无可估量的形象财富。2005 年国际石油平均价格还在三四十美元，当年 3 月，年仅 36 岁毫不起眼的小小分析师默提发表了一份研究报告，结论让华尔街，不，是整个世界嘲笑：世界正在朝着石油价格高速上涨的时期迈进，目标将达到每桶 100 美元。

默提，这个疯狂的家伙在2005年的时候让高盛饱受指责，愤怒的投资者辱骂默提是个疯子，发表的报告荒诞不经，更有甚者将矛头对准了高盛，指责高盛操纵市场来为其能源交易业务谋取利益,呼吁政府介入调查。为了高盛的权威，为了高盛在华尔街的颜面，也为了让所有的人都明白一个道理，高盛永远都是正确的，时任高盛集团总裁的保尔森在股东年度大会上不得不站出来公开替默提辩护，声称他完全支持这份报告，并不怀疑自己员工的诚信。

2005年保尔森护犊子，高盛创造了预测神话，嘲笑在华尔街慢慢地变成了惊讶。从2007年到2008年，石油像得了疯牛病一样，每月价格增长幅度竟然超过了此前10年的年平均增幅,石油价格一度从2007年5月的每桶60多美元，飙升到2008年5月每桶超过130美元。默提成了华尔街的神算子，全球瞩目，现在只要是默提的报告，全球石油投机商都奉为经典。

保尔森已经看过默提最新的报告，这个家伙认为美国面临的最大的挑战之一就是对石油的过度依赖，全球范围内无法抑制的石油需求，意味着石油价格要一直飙升到2011年，而上涨速度甚至比他自己预测的还要快得多。这是一份疯狂的报告，这个默提还振振有词地分析，石油价格的飙升很可能是受到地缘政治混乱骚动的驱使，然而事实上，石油价格在没有任何严重的地缘政治混乱发生时，已经达到了每桶100美元。

默提的预言再明显不过了，油价还要继续上涨。保尔森看出一些门道了，油价摸高到每桶150美元的价位时，高盛应该早已在拉高的过程之中出货，现在美国财政部救两房，油价是获利的好机会。有一个信息相信布兰克费恩已经掌握到了，在维也纳召开的欧佩克石油部长会议上，世界第一原油生产国沙特阿拉伯维持生产量不变，而伊朗跟委内瑞拉提出了石油过剩需要减产的动议，证明石油的价格最多只能在解决金融危机流动性的短暂过程中摸高。

油价没有按照默提的预测继续向每桶200美元的价格攀升，而是在100美元左右盘整。如果拯救了雷曼兄弟这家现在只有50亿美元规模市值的投行，那么接下来还有一长串的金融机构在等着美国财政部的拯救。如果美国金融业的流动性提高了，做空次级债的投机资金就会转战石油期货，做多石油期货的高盛就会在石油生产大国争吵不休的时候高价出手。

如果现在拯救雷曼兄弟，保尔森就有变相为高盛做多石油的嫌疑，接下来就会遭到保守派国会议员的弹劾。如果不救雷曼兄弟，华尔街还将有更多的金融企业倒下，保尔森现在见死不救，就是在为高盛做空次级债牟利。

保尔森现在有点儿里外不是人了，甭管时局怎么变，高盛都是完完全全的赢家。

于是，纳税人成为了保尔森自救的最好借口。

石油市场有人猜测，高盛在金融危机爆发前后，有50%以上的资金投入到了石油炒作上，甚至从拍卖利率证券市场撤走的资金也全部投入到石油期货上去了，高盛在石油期货上的获利应该比在次级债上的获利更多。

5. 希拉里的神秘报告

高盛在放烟雾弹，财政部长保尔森已经成了提线木偶。

波斯湾信使默提发布的200万美元的石油报告是注入石油市场的最后一剂兴奋剂。作为高盛曾经的掌门人，美国财政部的部长，保尔森非常清楚默提的报告千疮百孔，漏洞百出。默提在报告中认为：因为供给增长的不足以及价格控制，未来美国GDP增长反弹或者某一个主要石油供给渠道出现问题，将导致石油价格上涨到每桶150~200美元。

美联储主席伯南克已经在2008年6月份的时候，宣布美国的减息周期结束，这样将遏制石油的强劲上涨。保尔森太清楚这其中的道理了，从2002年开始，石油用美元价格计算，升值已经超过7倍，主要原因是美元在不断地贬值，美元贬值的过程推动了石油美元结算的升值，而美元与欧元的结算汇率也在不断地下降，国际上的石油供应商当然不愿意用美元交易，这样一来的一个严重后果就是加速了美元的贬值，从而导致石油价格上涨。现在伯南克宣布停止减息，也就是说美元的贬值将得到遏制，但是默提的报告就是要逼美元再次贬值，这是跟伯南克宣布的停息政策对着干，是在损害石油一半靠进口的美国的利益。

默提的报告是一个诱饵，但保尔森别无选择。50亿美元规模的雷曼兄弟跟整个美国利益相比，实在太小了，何况牺牲掉雷曼兄弟，老东家高盛在做空次级债一项业务上将获利颇厚。保尔森相信高盛已经借助默提的报告威力，吸引更多的投机资金为自己抬轿子，高盛已经在悄然出局，只等雷曼兄弟一死，华尔街的利空释放完之后，石油价格掉头向下，做多石油赚取大把银子的高盛这时候反手过来做空石油，依然是大赢家。

高盛跟保尔森的默契让世界癫狂。

默提的报告被国际投机商视为发财宝典，投机资金纷纷转战石油期货市场。但是这份报告对于需要大量进口石油的国家来说简直就是一场噩梦，中国的大型国有企业中石化甚至出现了慌乱，在 100 美元以上的高价位大量下订单进口石油，储备石油。后来的事实证明了中石化的行为是幼稚而愚蠢的，美国人自己早都不能容忍 100 美元以上的石油了。

第一个站出来批判高盛，要求用法律制裁高盛的，是大名鼎鼎的美国现任国务卿希拉里。当年这个女人的老公克林顿总统的办公室丑闻是闹得沸沸扬扬，婚姻生活不太如意的希拉里移情于政治，一直图谋主政白宫，成为美国历史上第一位女总统。在民主党中，希拉里的最大竞争对手就是黑人奥巴马，奥巴马提出了政府干预经济以及替代能源政策，很显然是要改变小布什政府时代穷兵黩武为石油打仗的策略。希拉里作为民主党的竞选人，肯定要反对小布什政府时代的石油策略，但她却没有像奥巴马那样提出明显的能源策略，一直抨击奥巴马高谈阔论不切实际的希拉里为了选票，决定拿高盛开刀，让选民们看看自己的实际行动。

早在 2008 年 4 月 28 日，赢得宾夕法尼亚州初选，追平奥巴马的希拉里为了拿下 5 月 6 日举行的北卡罗来纳州选票，一举超越奥巴马以及共和党候选人麦凯恩，在选前的演讲中突然拿出一份美国参议院报告《市场投机在石油和天然气价格上涨中的角色》(*The Role of Market Speculation in Rising Oil and Gas Prices*)。这份报告其实已经是一本陈年旧账，2006 年 6 月 27 日由美国参议院常务调查委员会（U.S. Senate Permanent Subcommittee on Investigations）整理的，该委员会对 2005 年至 2006 年期间美国石油和天然气期货和现货交易市场的情况进行了调查。

希拉里抛出的这份报告并没有公开过，相当的神秘，主张替代能源建设的奥巴马当时都很惊讶。这份陈年报告尖锐地指出，美国在石油和天然气期货交易市场的投机行为显著增加；投机行为明显促使了石油产品价格的上涨；石油价格与库存不合常规，居然以正相关比例方式增长，显示有明显囤货投机行为，投机者的大型交易没有被有效监管。

希拉里援引报告的内容指责美国的金融机构，认为来自大型金融机构的投机行为是造成石油价格上涨的主要因素，当时每桶 60 美元至 70 美元中，有 20 美元到 25 美元来自于这种投机行为，高盛以及多家对冲投资机构，其中包括来自国际石油公司（BP）的 BP Capital 都是投机的主角，他们在石油的交易中获利巨大，2004 年至 2005 年间，高盛在石油交易中获得净收益 26 亿美元。

希拉里的报告揭露了默提之前那份石油攀升到 105 美元一桶研究报告的真

相，默提预言成真的背后，高盛涉嫌自弹自唱操纵石油价格上涨。

在纷纷攘攘的选前动员会上，希拉里高高地攥着神秘的国会报告，声嘶力竭地发出警告:“在供求之外，投机等因素对当前的石油价格造成了显著的影响，石油和天然气存在炒家可以钻空子的地方，现在的监管法规远远不够。”希拉里呼吁美国政府一定要严惩以高盛为首的石油投机商，言外之意，就是自己当了总统，一定要为民做主，加强对金融机构在石油市场的投资炒作行为。

高盛的投机伤害了美国人的利益。

希拉里抛出的报告让高盛无比难堪，高盛赚取 26 亿美元，按照石油价格从 30 美元一桶涨到 150 美元一桶相比较，美国却要为此付出 5 倍的价格进口石油。小布什上台以来开放的石油政策为石油集团赚取了大把的银子，同时也为美国的老对手俄罗斯获取了大量银子。过去的 10 年，俄罗斯经济快速增长，一个重要因素是得益于俄罗斯原油及资源品出口价格的不断攀高，俄罗斯依靠国际市场的高油价，积累起比较厚实的“家底”。

美国的这个对手的财富增长可以说突飞猛进，数据表明，俄罗斯国家外汇储备由 2008 年 1 月 1 日的 4778.9 亿美元增至 2008 年 8 月 1 日的 5959.02 亿美元。即使 2008 年下半年国际金融危机导致国际油价暴跌，2008 年俄罗斯石油出口收入同比仍然增长。根据俄央行的评估，2008 年俄石油出口收入同比增长了 32.1%，达 1605 亿美元；俄石油制品的出口收入达 798 亿美元，比 2007 年增长了 276 亿美元。

俄罗斯是世界第六大石油生产国，投机商们都非常清楚，油价上涨 1 美元，俄罗斯的石油出口就要多赚 10 亿美元。依靠石油涨价迅速暴富的俄罗斯已经走出了当年苏联解体的虚弱阶段，开始跟美国争夺话语权。从俄罗斯国防部发表的军事学说脉络可以窥豹一斑：1993 年首部军事学说一相情愿地表示“不把任何国家视为敌人”；2000 年指出美国和北约是俄面临的首要威胁；2007 年总统普京在年度国情咨文中称美国为“狼同志”，谴责美国的扩张主义，批评北约东扩是“造成各国间互信降低的重要因素”，严重威胁到俄罗斯的安全。

更让美国人恼火的是强大起来的俄罗斯开始跟美国分庭抗礼。在苏联解体之后，美国一直在独联体内渗透自己的势力，大搞颜色革命，格鲁吉亚、乌克兰这些俄罗斯曾经的盟友成为美国渗透的目标。通过石油赚取大把银子的俄罗斯有钱之后抛掉多年隐忍的面具，俄罗斯的舰队开始在印度洋、波罗的海、挪威海、哈瓦那湾、里斯本、直布罗陀海峡、加拉加斯等美国后花园出没，甚至构建军事基地，尤其是俄罗斯在黑海集结军队，将战舰开到美国与北约的对面进行长期的对峙。一度想将黑海打造成美国在欧洲的势力后花园来威慑俄罗斯，美国人万万没有想到华尔街的投机商让俄罗斯暴富，使俄罗斯能够挺起腰杆儿跟美国抗衡，以高盛为首的投机商功不可没。

俄罗斯除了在军事上跟美国抗衡外，在国际问题上也开始制衡美国，尤其是在地区冲突、反恐、国际金融等问题上，俄罗斯总是要插一腿，让美国人很没有面子。最让美国人不想看到的一面，是同为石油大国的委内瑞拉在石油涨价的过程之中也暴富起来，委内瑞拉的总统查韦斯甚至接过古巴反美前辈卡斯特罗的大旗，继续跟美国作对。而俄罗斯已经跟委内瑞拉结盟，俄罗斯的舰队可以在委内瑞拉进行后勤补给，这无疑对美国是当头一棒。在加勒比海，美国没有对手的时代宣告结束，一个竞争对手跟一个反美先锋结合了，这一切的一切都是以高盛为首的美国投机商带给他们的富强的机会，带给他们能够站起来挑战美国的机会。

希拉里发出危险的警告：必须对高盛进行严厉监管。

在希拉里报告抛出来之后，美国 12 家航空承运商的总裁给客户的一封信中，对高盛联合石油商人操纵油价异常愤怒，认为正常的市场力量正因为不规范的市场投机而受到威胁。航空运输协会、美国消费者联合会等 19 个组织在 2008 年 6 月 11 日致信国会，支持参议院提出的对洲际交易所的监管改革。参议院跟众议院马不停蹄，直到当年 9 月，举行了 20 多场关于原油期货市场投机活动的听证会，出席听证会的人士来自航空和货运行业，以及各监管机构。尽管高盛站出来批驳“投机是高油价泡沫的一部分”这种观点是莫须有的，但是俄罗斯人富有了是事实，他们赚来的钱是美国人在埋单。

帮对手暴富对抗美国，这还了得？

美国国会紧张了，查，一定得查。国会立即展开对以高盛为首的投机商的调查。

希拉里的提交的报告很快就得到了支持。2008 年 5 月，美国商品期货交易委员会（Commodity Futures Trading Commission）首席经济学家杰弗里·哈里斯（Jeffrey Harris）在给美国参议院的证词中指出：尽管西德克萨斯中质油的期货合约价格在过去 14 个月中上涨了一倍多，理财账户持有的头寸变化非常小，尤其是投机头寸的变化并未放大原油期货的价格变化。具体来说，近期原油价格的上涨是在投机净头寸没有明显变化的情况下出现的。

杰弗里·哈里斯的证词对于高盛来说简直就是致命的威胁，这说明了石油价格的疯长就是人为的炒作，高盛做多石油的证据已经被希拉里曝光，掩藏是掩藏不了的，再说那个小小分析师默提的报告早已是人尽皆知。即使高盛没有做多石油，操纵舆论信息一样也要受到惩罚。保尔森非常清楚，默提的天价石油报告并不是老东家真正看多石油，这只是一个抽身的策略。

6. 国会山的“赌场论”

希拉里的报告在国会引起了地震，高盛被推向了风口浪尖。

就在希拉里争夺北卡罗来纳州选票的2008年5月6日，这一天高盛公布了默提那个200美元一桶石油的疯狂报告，这无疑是给了希拉里一耳光。高盛利用之前105美元预言成真的公信力来吸引跟风资金炒作，意在告诉金融界高盛永远是对的，希拉里指责高盛就是为了选票，最后损失最大的肯定是对油价上涨没有任何思想准备的人，希拉里显然不懂经济。

不过，默提的天价报告也激怒了美国参议院的议员们，后果超出了高盛的预期。

2008年5月8日，美国参议院参议员卡尔·拉文（Carl Levin）、戴安·费恩斯坦（Dianne Feinstein）联手向国会提交了《石油贸易透明法案》（*Oil Trading Transparency Act*），这两位爷就是希拉里手上那份神秘调查报告的枪手。两人迅速提交的《石油贸易透明法案》意在打击报告中提到的投机商，高盛首当其冲。

卡尔·拉文跟戴安·费恩斯坦是美国参议院能源和自然资源委员会的骨干，他俩2006年的调查报告中收集了非常详细的信息跟证据。分析了石油跟天然气价格暴涨的各个因素，最后将矛头直指投机重地——洲际交易所，认为洲际交易所在交易平台中，对大额交易没有执行透明有效的监管，导致机构的投机和操纵价格行为泛滥，这是推动能源产品价格不正常高速上涨的一个重要原因。

也许很多人就有疑问了，卡尔·拉文跟戴安·费恩斯坦在报告中并没有说高盛就是投机跟操纵石油价格，怎么会直接将矛头指向高盛呢?

洲际交易所事实上是一个大宗商品交易的期货交易所，在资本市场上属于绝对的晚辈，相比纽约证券交易所、伦敦期货交易所来说，简直就是小巫见大巫，辈分小的不能再小，声望那就更别提了，压根儿就不在一个级别上。不过这家于 2000 年 5 月在亚特兰大成立的洲际交易所的股东们大家可都不陌生，那绝对是如雷贯耳的大腕：持股 15%的第一大股东摩根士丹利、持股 14%的第二大股东高盛集团、持股 9%的第四大股东英国皇家石油，排在后面的依次是壳牌、埃克森美孚等石油、金融界响当当的企业。

洲际交易所的股东们同时又是交易所最大的利益交易方，也就是说摩根士丹利、高盛一帮人不仅仅是老板，自己的期货交易也通过洲际交易所这个平台进行运作，他们的客户也放在洲际交易所的平台上进行交易。

现在有点儿明白了，高盛跟洲际交易所这么有渊源。也许仍然有人迷惑不解，并非洲际交易所大老板的高盛，怎么会成为希拉里跟参议院的议员炮轰的对象呢？

事实上，洲际交易所真正的控制人就是高盛。为什么呢？

现在先分析一下高盛跟英国皇家石油的关系，这两家的关系非同一般，那是标准的铁哥们儿。1987 年皇家石油希望通过资本市场募集资金，当时的发行商之一就是高盛，遗憾的是发行并不顺利，后来英国政府将股份从高盛手上买回去转卖给 KIO 公司。然而，KIO 跟英国政府关系不是那么铁，结果握有英国皇家石油 22%股份的 KIO 成了英国政府的一块心病，总觉得 KIO 在损害英国人的利益，巴不得 KIO 马上将股权转卖出去。1998 年，高盛在四家竞争者中脱颖而出，帮助英国政府解决了这个心病，将 KIO 持有的皇家石油股权全部收购，并转手卖到纽约跟伦敦两个市场，让英国政府成为了绝对的控制人。

光是这些，还不足以表明英国皇家石油跟高盛是多么的亲密，下面的花絮才更有意思。

2008 年，金融界出了一件非常有意思的事儿。英国皇家石油总裁布朗因为甩掉同性恋男友而引发官司，在法庭上作了伪证，一时间轰动全球，成为各大报纸的“娱乐”新闻。很傻很天真，布朗不得不辞去总裁的职务，同时，他也辞去了高盛董事的职务。

这会儿什么都清楚了，原来皇家石油总裁还兼任高盛董事。是的，在高盛帮助英国政府化解 KIO 心病之后，布朗就成为了高盛集团的董事，他跟高盛前总裁后来的美国财政部长保尔森、现任总裁布兰克费恩都是铁哥们儿，在高盛集团的上市过程之中，布朗居功至伟，在高盛开拓海外市场的过程之中，一直携手并进，荣辱与共。

所以说，摩根士丹利名义上是洲际交易所的第一大股东，但是高盛才是洲际交易所真正的掌权者。把矛头指向洲际交易所，就等于是在炮轰高盛。

卡尔·拉文跟戴安·费恩斯坦在报告中尖锐地指出，负责监管商品期货交易的美国商品期货交易委员会（Commodity Futures Trading Commission）的主要职责就是要保证商品的交易价格遵循供求关系，同时禁止交易方对该商品价格进行操纵。而且美国商品期货交易委员会也已经制定了详细的规章，来监管和避免交易方（尤其是大型交易方）通过不正常的交易订单来操纵商品的价格走向。但是洲际交易所是位于伦敦的交易所，只是在美国交割能源产品，并没有受到美国相关法律的覆盖，且美国商品期货交易委员会在审批洲际交易所的过程中，也没有很好地执行有关的规定和指引，致使洲际交易所的柜台市场，以及电子交易平台缺乏对价格操纵的有效管理和防止，在 2003 年到 2005 年两年期间，投机型交易增加了 7 倍。

希拉里的神秘报告已经明确指出洲际交易所最大的赢利数据是高盛的，那么也就是说洲际交易所最大的投机交易出自高盛之手。卡尔·拉文跟戴安·费恩斯坦在向国会提交的法案中直接拿洲际交易所的交易数据为证据，强硬地要求国会通过法案，限制投机资金在能源期货市场交易总额的比例，并要求该交易所公开当日的交易信息以保证透明度。

原来高盛在做空以雷曼兄弟为首的华尔街次级债大亨的之前，就已经深度操纵石油期货市场了。导演“疯狂”的石油这出好戏的神秘人终于被揭露出来，这才是石油疯狂上涨的真正内幕！国会很愤怒，后果很严重！

国会的介入让高盛一下子陷入了被动局面，真是“刚送走了瘟神，又迎来了恶魔”。布兰克费恩异常愤怒，是该反击了。

2008 年 5 月 9 日，洲际交易所以公告的形式向美国国会发难，声言目前英国和美国在能源期货交易市场监管的条条框框已经太多了，市场价格反映的是交易各方对商品长期供需关系的判断，不会因为政府部门匆忙的短期控制行为而受到影响。市场众多的交易者，当然包括敏感的对冲基金的参加，这保证了价格机制的正常运转，政府的干涉反倒会引发市场的不正常波动和负面影响，纯粹是多此一举。

洲际交易所的反击进行了全面的权衡利弊，甚至搬出了美国商品期货交易委员会在 2006 年参加国会山听证会的证词，认为国际间对等、不同的交易平台对保证商品的市场运作非常重要，破坏该机制对美国国内的消费者是有害的。

甚至宣称适当的价格水平对保持供求的平衡也是至关重要的，督促相关各方从长期的角度出发，努力为解决能源的供需问题而努力。

洲际交易所的反击迅速激怒了美国众议院。

美国众议院能源商务委员会主席丁格尔（John Dingell）立即甩出了一份调查报告,回击洲际交易所的胡搅蛮缠、强词夺理。丁格尔抛出的报告非常的详细，报告中指出，2000 年 1 月，西得州原油即期合约仅有 37% 为投机客持有，其余合约多半是有现货避险需求的炼油厂和航空公司持有。伴随着油价的涨跌起伏，投机资金越来越多，到 2008 年 4 月，投机客持有的原油期货比重已达 71%，很显然投机客操纵了原油期货，大家可以简单地想一想，期货合约的持有转变是否说明石油期货市场已经和石油供给基本面脱钩，而商品市场已经成为肆无忌惮的投机客下注的赌场？

丁格尔的赌场论飘扬在国会山的上空。

高盛做多石油到底是默提的神奇预测还是在赌博呢？在石油涨到 147 美元的时候，默提是华尔街的预言大师，是波斯湾的石油信使，也是俄罗斯、委内瑞拉这一干美国讨厌的对手的招财童子。高盛在华尔街是神话，是点油成金的圣手。无论是参议院卡尔·拉文跟戴安·费恩斯坦，还是众议院丁格尔，他们的调查报告都有一个共同点,原来油价上涨并非供求失衡,而是投机资金的炒作。高盛并没有真正的石油需求，那么作为洲际交易所老板的高盛，利用交易平台的便利以及在华尔街的威信，再加上默提报告的开路，在石油市场获利数 10 亿美元，就成为了美国国会千夫所指的投机分子。

美国民主党参议员卡尔·拉文在国会山炮轰高盛的报告，异常愤怒地批驳，说油价突破 100 美元没有正当理由，商品期货市场已经成为投机的天堂、贪欲的狂欢节。一石激起千层浪，美国能源信息局局长盖尔·鲁索也跟着站出来炮轰高盛，相对于拉文的冲动，鲁索显得更为理性，他耐心地从供求关系，从市场的石油需求增长到油价的增长进行系统的分析，最后得出的结论是油价每桶 90 美元比较合理，超过 90 美元，都是过分投机行为的结果。

鲁索最后来了温柔的一刀："难道全球经济都要为资本巨头的过度投机来埋单吗？"

鲁索并没有直接炮轰做多石油获利最丰厚的高盛，相对于希拉里、丁格尔以及拉文的义愤填膺，他的最后一句质问却将高盛推向了全球人民的对立面，有谁愿意为别人埋单？

无论是国会议员、能源部还是希拉里的证据，这一切的一切都只是投机仓位的一个调查，除了拿到高盛的获利数据，谁都没有拿到高盛用于炒作的、详细的、确凿的交易数据，又该如何界定高盛的资金就是投机资金呢？议员们义愤填膺，逼迫洲际交易所提交大宗的交易数据，希望能够通过更具体的数据找到高盛的蛛丝马迹。

2008年6月3日，大鳄索罗斯出现在国会山的作证席位上。

这位爷在东方可是赫赫有名，扫荡东南亚。他曾经狙击泰铢，将泰国拖入了金融危机的暴风眼儿之中。接下来又抛空港币，企图在香港回归一周年之际迅速将香港的经济搞垮，这样一来整个东南亚就成为了自己的屠宰场。在泰国风光无限的索罗斯在香港没能将好戏继续演下去，他遇到了一个可怕的对手，那就是强硬的中华人民共和国国务院总理朱镕基。朱镕基当时异常严厉地发出警告："如果香港有需要，中央政府将不惜一切代价保卫香港。"

在石油期货上，索罗斯没有少投机，旗下的五只对冲基金一度疯狂地游走在石油期货市场，成为高盛做多石油的同类。为了将嚣张的高盛操纵石油的真面目给彻底揭露出来，美国参议院决定变本加厉，深挖洲际交易所以及高盛为首的市场操纵者的底细，2008年6月3日，索罗斯被传到国会山聆讯。

国会山，这个地方对于索罗斯来说太熟悉了，自从共和党的小布什坐上美国总统宝座，犹太分子、民主党坚定的拥护者索罗斯就成为了国会山的常客。美国经济一遇到什么麻烦，国会的议员们总会想到这个经常制造麻烦的犹太佬。6月3日，在美国参议院商业附属委员会作证的时候，索罗斯毫不隐瞒地指出，投机性极高的商品指数基金是造成原油和农产品期货市场泡沫的罪魁祸首，监管机构应该阻止这种投机基金进入石油市场。

索罗斯没有明确指出这种投机基金就是高盛旗下或者高盛控制的客户资金，但是在同一天美国国会下属的能源操纵行为调查小组举行的听证会上，索罗斯提交了书面证词，枪口对准高盛。这份证词很理性也很全面，索罗斯认为，油价上涨是由于全球几个最大产油国的产量下降，以及亚洲和中东需求增长等基本因素共同作用的结果，但商品指数基金的交易影响了合约的价格波动。盲目跟风的投机行为，以及机构性投资商品指数，加剧了石油价格上涨，助长了石油市场泡沫的产生。

索罗斯没有给高盛留面子，虽然书面证词没有直接点名，但是字里行间对准的是高盛神奇的石油预言家默提。索罗斯非常肯定地告诉国会的议员们，机构投资者对于石油市场的预测是不诚实的，经济将产生难以估量的后果。

继索罗斯的听证之后，美国参议院再接再厉。

2008 年 6 月 17 日，美国商品期货交易委员会主席沃尔特·卢肯（Walter Lukken）被传讯到了国会山。自从参议院 2006 年调查之后，这一场纷纷攘攘的石油操纵调查就一直困扰着沃尔特·卢肯，一旦承认石油价格被操纵，自己就有失察的责任；如果否认石油被操纵，事实上投机已经泛滥，现在再也不能首鼠两端了。最后，面对参议院议员们咄咄逼人的追问，沃尔特·卢肯不得不承认大宗商品交易市场投机泛滥。

沃尔特·卢肯从国会山回到自己的办公室，迅速对洲际交易所作出了处理：洲际交易所必须遵循美国商品期货交易委员会在美国当地市场执行的规定，每周定期向美国商品期货交易委员会报告当期的交易状况，尤其是大宗合同交易细节，以避免市场操纵行为，并对此类行为进行有效处罚。

排山倒海的抨击，情绪化的指控，高盛跟洲际交易所的一切行为彻底暴露在舆论的枪口之下，索罗斯跟沃尔特·卢肯在国会山的证词让高盛更加被动。国会的议员们将为洲际交易所套上监管的紧箍咒，高盛在石油市场的一举一动都将被地球人掌握。该怎么办？如今人为刀俎，我为鱼肉，再不出手反击，高盛就真的玩儿完了！

急了，这一次有点儿撕破脸皮的味道了。

2008 年 6 月 22 日，洲际交易所 CEO 杰弗里·斯普雷彻（Jeffrey Sprecher）向所有指责洲际交易所美国国会议员，以及企图通过国会表决制约法案的方式来制裁约束洲际交易所的政府部门发出了警告，如果美国在能源期货市场上监管力度过大，他们会将石油交易推至境外发展。

7. 石油发动了战争

希拉里一开始可能也没有想到参议院的调查报告会引起轩然大波，简直太出乎她的预料了！不过结果正是她想要的，民主党的议员们不断地站到她的身边，眼看着她自己的呼声越来越高，超越奥巴马仿佛指日可待。

布兰克费恩咬牙切齿，希拉里这个女人有点儿恩将仇报。在竞选初期，为了给这个女人筹集竞选资金，布兰克费恩专门在家里召集了一帮人为其发动募集资金，没想到现在就为了几张选票，她居然恩将仇报，将高盛推向了风口浪尖。一旦美国国会来真格的，强制洲际交易所每周公布交易数据，高盛在石油市场的交易透明了，那还有什么赚钱的机会？

话说2001年1月，共和党的小布什通过大法院的裁决，干掉民主党总统候选人、克林顿时代的副总统戈尔，坐上了美国联邦政府的总统宝座。此后，华盛顿总统府简直就成了石油商人俱乐部，副总统切尼曾经是世界最大的地质和石油服务公司哈利伯顿公司的CEO，赖斯曾是雪佛龙石油公司的董事，布什本人在石油行业里有着丰富的经历，商务部长文斯也是个石油商人。饥渴的美国石油商人们，将狂热的石油和地缘政治主张满满地填充于华盛顿总统府。

高盛的前老板、克林顿时代老财政部长鲁宾一直倡导的强势美元政策，瞬间被石油商人们狂热的能源主张所替代。为了将石油商人的代表小布什推上总统宝座，石油商人们花费了30亿美元的选举资金。这可不是一笔小数目，现在小布什当上总统了，身后的石油财团们可都等着要回报呢。石油商人需要更廉价的石油资源，金融巨头看准这个机会准备投机炒作、赚取暴利，好戏即将上演。石油是个问题，美国的近海石油开采已经限制了20年，这一禁令的解开必须经过国会同意，那么该如何尽快满足利益集团的需求呢？小布什将目光盯向了中东，那里可是遍地都是石油。

2001年4月，急不可耐的副总统切尼就在幕后智囊的支持下，向总统小布什提交了国家能源政策报告。报告有些耸人听闻，声言未来20年，美国将严重依赖石油进口，世界石油将日益短缺，必须高度重视伊拉克，伊拉克是中东石油流向国际市场的不稳定因素。其实早在1999年秋，在伦敦石油学会的一次小型会议上，当时还是哈尼伯顿石油公司CEO的切尼就已经拥有了上述的观点，这一次他终于可以名正言顺地利用职务便利地将他的地缘政治概念以及石油野心上升到国家利益的高度。切尼大胆预测，到2010年，美国每天的石油需求将会增加5000万桶。

天文数字的报告震惊了总统府，切尼这是明白无误地告诉小布什，美国政府的重点在中东，每天5000万桶需求比沙特阿拉伯石油总产量的6倍还要多，而中东的石油绝对控制在政府手上，伊拉克的石油就在萨达姆·侯赛因手上。2004年1月11日，小布什政府第一任财政部长保尔·奥尼尔在接受美国哥伦比亚电视台《60分钟》时，大曝小布什干掉萨达姆的野心，其实早在切尼提交了能源政策报告之后，小布什就在考虑怎样推翻萨达姆控制的伊拉克政权，就是说“从最开始，萨达姆·侯赛因就被认为有罪，他是一个坏人，他必须滚蛋”。

伊拉克是个盛产石油的大国，萨达姆早年跟美国人合作愉快，尤其是在他夺取政权初，那时候完全是一种热恋般的感觉。但是这种亲热却没有让美国人捞到什么好处，美国石油商人耿耿于怀的是，伊拉克的石油开采被俄罗斯、中国跟法国三大国瓜分。俄罗斯卢克石油公司，以及其他两个国有公司曾经跟萨达姆签订了一个长达23年的开发伊拉克西部古尔奈油田的合同，中国的中石油在伊拉克西部地区签订了一个非常具有潜力的石油合同，法国在萨达姆政权下也有开发伊拉克石油的权力。在伊拉克这道石油大餐上，美国人连汤都没喝着，石油商人出生的小布什怎么可能放过伊拉克这块肥肉？

小布什铁了心，萨达姆就快被干掉了。

光是解决了萨达姆还不行，还得解决石油输出的问题。这可是一个浩大的工程，阿富汗的塔利班政府被选作石油管道运输生意合作伙伴的可能人选。早在1997年年底，塔利班代表应联合石油公司的邀请到得克萨斯州谈判，结果不欢而散，最后没有达成协议。小布什当上总统后，石油商人操控的美国政府让塔利班政权很惶恐，双方再次接触。2001年7月，塔利班政府主动向小布什抛出橄榄枝，塔利班的条件很简单，希望输油管道不仅仅作为通往印度以及更多国家的运输线，还希望它能为阿富汗的能源需求服务，以重建阿富汗的基础设施。然而，小布什政府拒绝了塔利班的要求。切尼实在是急不可耐，从提交报告到谈判结束仅仅3个月，当双方再次不欢而散的时候，切尼的“马仔”（狗腿子）放出狠话："如果你们不在铺满黄金的地毯上接受我们的帮助，我们就将把你们埋葬在布满炸弹的地毯之下。"

眼看恐吓就要生效，小布什政府万万没有想到，有一个富家公子啸聚山林，正在密谋策划，准备教训美国人。中央情报局的官员慌乱之中仓促上马，却怎么也收集不出一份完整的资料，只知道这个建筑商的儿子很喜欢中国的功夫影星李小龙，是个狂热的圣战分子。这个跟塔利班关系密切的富家弟子实在太神秘了，很快美国人就惊呆了，2001 年 9 月 11 日，离塔利班跟华盛顿石油生意交恶不到两个月的时间，神秘的富家弟子本·拉登就开始动手教训狂傲的美国人，居然派了敢死队开着飞机撞向世贸大厦，美国的标志性建筑、全球最高的楼、全球金融机构云集的世贸大厦瞬时化为废墟。

这一下，全球都知道了本·拉登，美国人在地球人面前丢尽了脸。一直图谋干掉萨达姆的小布什立即掉转枪口，迅速干掉了塔利班。

2003 年 3 月 20 日，当小布什受千夫所指依然宣布对萨达姆开战的时候，俄罗斯、中国、法国都站出来谴责美国违反联合国宪章，那个时候只有原英国首相布莱尔像跟屁虫一样拥护小布什的决定。不是布莱尔没有尊严，而是在全球的金融大鳄的投资表上，英国因为没有资源已经被抛弃了，跟着小布什打仗，好歹能混口饭吃，于是英国皇家石油公司进入了伊拉克。尊严算什么，在金钱跟石油面前，布莱尔选择了至高无上的利益。

一国首相为了石油都不要尊严了，何况高盛乎？

联手石油大亨组建洲际交易所，在自己的平台上操纵石油价格，天知、地知、我知你不知，实在是上好的良策。

可以说，是小布什政府为高盛创造了低成本操纵的条件。美国商品期货交易委员会制定的游戏规则，允许炒家以 1 ∶ 16 的杠杆率购买原油期货合约，直白一点地说，就是签订 100 元的合约，投机家们只要支付 6 美元就可以了，余款可以从交易所借。按照此比例，150 美元一桶的原油，炒家只需要 9 美元就可以买到其合约。

成本太低了！石油生产商们需要金融机构拉抬油价，俄罗斯、委内瑞拉需要金融机构拉抬油价。本来小布什攻打伊拉克的真正目的就是谋取石油，同时遏制俄罗斯的政治势力。在阿富汗战争之后，五角大楼每年的预算爆炸式增长了将近 4000 亿美元，主要是建立一个永久的美国军事基地链，美国在俄罗斯周围的军力从乌兹别克斯坦到阿富汗，再度延伸到俄罗斯周边的吉尔吉斯斯坦。

但现在石油价格的拉升，是在增强俄罗斯的经济实力，这严重威胁到白宫的政治构想。俄罗斯四处游荡的军舰，已经开始让美国心神不宁，美国的全球政治影响力也受到了威胁。

政治利益跟石油商人们的利益严重冲突，一直站在民主党一派的高盛迅速看到了机会。小布什已经陷入了战争跟石油的旋涡中不能自拔，这个时候石油价格的上涨成为石油商人们真正的谋利目的，切尼的5000万桶需求报告以及炮火连天的战争，已经成了石油价格飙升的最好的理由：庞大的需求、地缘政治的不稳定因素这两个相互矛盾的问题连在一起，石油想不涨都难。

小布什政府的利益集团们的需求成为高盛赢利的大好机会，所以在洲际交易所的股东名单里面，石油巨头云集，甚至连石油巨头的老板就是高盛的董事，洲际交易所成了高盛踩在石油巨人肩膀上的通道。保尔森主政高盛时代，尽管华尔街都在嘲笑默提简直就是白痴，但保尔森依然站出来力挺默提，后来石油价格果真炒上去了。希拉里的报告将高盛赚钱的幕后真相，以及石油暴涨的秘密都揭露出来了，俄罗斯也变得朝气蓬勃了，这不是小布什希望看到的结果，也不是美国人想看到的结果，小布什相当的尴尬。

高盛太清楚希拉里报告的威力了，明显是对小布的什执政能力及石油利益集团明目张胆地威胁国家利益提出质疑。从民主党不断向高盛以及洲际交易所开火可以看出，石油赚钱的好日子已经不远了。这个时候小布什政府还在掩耳盗铃，硬要将油价上涨的罪名安插到阿拉伯世界的产油国和欧佩克头上。2008年美国能源信息管理委员会在美国原油的需求报告中明确指出，每天需求下降将近20万桶。事实证明美国的需求在减少，而一直被高盛视为石油需求大国的中国，消费量只有美国的1/3，只有每天全球产油量的0.5个百分点。

保尔森曾经力挺的默提报告没有任何事实依据，油价却一直扶摇直上，这只有一个结论，那就是有人在投机。

一切的一切都是那样的疯狂。

高盛看准了民主党周围团团围住的石油商人的真实需求，成了最大的赢家。希拉里就像皇帝新装里面那个小孩子，站出来指着高盛说，原来罪魁祸首就是一直鼓吹石油涨价的高盛自己，自编自导自演。布兰克费恩怎么也不会想到，自己发动员工们给希拉里捐款，没想到这个老女人将高盛员工以及掌门人的良苦用心统统抛到脑后。

布兰克费恩现在肠子都快悔青了。他奶奶的，一定要让这个老女人付出代价。

8. 谁把奥巴马推上总统宝座

高盛早就将政治筹码压在了民主党一边，那位民意呼声甚高的奥巴马实际上是高盛一手捧起来的政治明星。当初要不是美联社跳出来，指责奥巴马是穆斯林分子，高盛也不会转而支持希拉里。

说来话长，早在2004年的时候，已经大量投机石油的高盛，跟小布什周围的石油利益集团勾结在了一起。为了高盛的利益，那个时候高盛将大量的政治资金投向了小布什，力捧小布什继续在白宫当家。但实际上高盛是一直致力于对民主党的政治投资，也就是在同一年，高盛作了一个大胆的预测，将未来的投资压在了一个律师出生的黑人小伙子身上，这个小伙子就是奥巴马。

财团控制着美国的华盛顿权柄，在美国这样的国度，要想爬到总统宝座必须要有钱。但仅仅有钱是不够的，只有成为政治明星才能登上通往白宫的阶梯。2004年成功的奥巴马还是个默默无闻的毛头小伙子，谁也没有想到，他会成功地竞选为美国国会参议员。那一年，在民主党全国代表大会上，一个精瘦的黑人激情飞扬地演讲，他的激情感染了所有的人，从而一夜成名，这个人就是奥巴马。奥巴马激情飞扬的背后，投机分子索罗斯跟高盛贡献了大笔的竞选资金。

2006年，高盛跟奥巴马的暧昧关系开始公开化，身为参议员的奥巴马在国会应该说还只是一个愣头青，江湖地位实在不怎么样。然而这一年，奥巴马却作为嘉宾出席了高盛在芝加哥举行的金融圈高管私人聚会。金融圈的高管私人聚会是非常私密的，这样的聚会内容甚至能够左右美国甚至全球的金融动向的。在这一天，奥巴马不仅抛头露面，还在这一帮世界金融界精英面前再次上演了他那慷慨激昂的演讲。高盛为什么要这么做？目的很明确，就是要向华尔街大佬们正式推销奥巴马。全美国的财富大部分都掌握在这些大佬们的手里，只有将华尔街的所有目光都吸引到这位年轻人身上，高盛才有培育新总统的十成胜算。

2007年4月4日，美国第二大次级抵押贷款公司新世纪金融宣布将裁减一半的员工，同一天又向法院申请破产保护。情况越来越糟糕，20天之后的2007年4月24日，全美地产经纪商协会（National Association of Realtors）公布美国3月份房屋销售统计数据，数据显示，美国成屋销量下降8.4%，成为美国18年以来房屋销售降幅最大的历史性纪录。次级债的风险越来越大，已经开始做空次级债的高盛决定让奥巴马提前演戏，表演应对次级债的策略。

高盛的动作相当迅速。

2007年5月3日，奥巴马出席了在曼哈顿现代艺术博物馆举办的一场私人晚宴，这段时间希拉里正在想方设法批驳奥巴马，争夺民主党内的总统候选人提名。这一天，奥巴马跟高盛的交易员们坐在一起，台下依然是华尔街大佬云集，奥巴马跟这些大腕们俨然成了老熟人。很快，NBC（美国国家国家广播公司）的王牌主持人汤姆·布罗考（Tom Brokaw）上前跟奥巴马握手，汤姆·布罗考将话筒交给了奥巴马，让奥巴马自己出题跟华尔街的大佬们就金融问题进行辩论。那一夜，唇枪舌剑，早有准备的奥巴马基本掌握了华尔街在金融危机到来之前的心态。

在高盛的精心导演下，奥巴马很快就得到了华尔街大佬们的钞票。支持奥巴马竞选总统，犹太人是相当的积极，尤其是索罗斯这个坚定的民主党支持者，不停地抨击共和党的经济政策。一切都进行得非常顺利，这个时候美联社却跳出来，指责奥巴马是穆斯林分子。

美联社的调查让犹太人坐立不安：奥巴马的爸妈在他两岁的时候就离婚了，小奥巴马从此就跟着妈妈生活。后来，小奥巴马的妈妈嫁给了一个名叫罗罗·素托罗（Lolo Soetoro）的男人。1967年到1971年，奥巴马跟随自己的母亲定居于印度尼西亚。并且在一所名叫弗朗西萨斯·阿西斯（Fransiskus Assisis）的天主教学校上学。那个学校要求每个学生都必须从下列5个国家同意的宗教之中选择一个进行注册：穆斯林、印度教、佛教、天主教和基督教。在那里的文件显示，奥巴马以一名穆斯林注册入学。

在华尔街的大佬们正在质疑这个消息的准确性的时候，《洛杉矶时代》的记者们已经在刨根问底，就差刨奥巴马家的祖坟了。奥巴马的穆斯林老师，儿时的伙伴全都给找到了。一切的一切都准确无误地证明，奥巴马曾是一名穆斯林分子。

这个消息无疑是一个重磅炸弹，地球人都知道，穆斯林跟犹太人在中东地区水火不容。经历了上百年的枪林弹雨，至今流血事件还时常发生。这让高盛的支持显得相当的尴尬，奥巴马真是穆斯林激进分子的话，高盛完全有可能扶持一个将来狠狠打击自己的总统，那样可就是搬起石头砸自己的脚了。

幸好这个时候，还有一帮的犹太弟兄们的支持。

在美国的资本市场，到处弥漫着犹太人的味道。索罗斯是坚定而又偏激的犹太分子，股神巴菲特是犹太人后裔，雷曼兄弟也是犹太狂热分子，高盛更是纯正的犹太血统，就连一网搜天下的谷歌也有犹太人的血液，掌控互联网话语权的英特尔更是犹太人当家。纽约市市长迈克尔·布隆伯格是出生于所罗门的犹太后裔，他旗下的彭博资讯是华尔街财经资讯的喉舌。这位爷一直希望自己的政治才华能够在一个更大的舞台上得到施展，他甚至希望无论是奥巴马还是麦凯恩坐江山，自己都能捞个副总统过过瘾。

在犹太联合会的早餐会上，迈克尔·布隆伯格显得有些义愤填膺："我想在座的很多人都知道，现在流传着不少发给犹太选民的邮件，里面说奥巴马参议员私底下信奉伊斯兰教，而且还非常激进。我们应该把这些谣传称做毫无道理的谎言。犹太选民应该清楚和毫不犹豫地大声反对这些谎言。在这次选举中，我们必须坚决和这些针对奥巴马参议员的谎言划清界限。因为这威胁到犹太人和穆斯林在本世纪共同取得的进步，也威胁到犹太人和非裔美国人之间的合作……我们应该拒绝利用种族和宗教分歧的政治，我们应该大声反对谎言和偏见，我们应该说真话。"

布隆伯格的力挺让高盛放心了，但美联社以及《洛杉矶时代》的调查也并非是空穴来风，那么多人都在证明奥巴马跟穆斯林关系密切，如果奥巴马真是一个激进的穆斯林分子，这对犹太人控制的华尔街来说，可不是一件好事。高盛陷入了两难的境地，该怎么办呢？高盛苦思冥想，将目光瞄向了奥巴马的另外一个党内竞争者希拉里。

希拉里是克林顿的老婆，相当具有政治前途，高盛前掌门人鲁宾一直是克林顿的财政部掌门人，高盛一直跟民主党关系不错，希拉里也是一个不错的人选。劳埃德·布兰克费恩在私人府邸发动了向希拉里募集竞选资金的活动，高盛企图通过脚踩两只船这一招来为将来的总统压注。

然而，希拉里这时站到了高盛的对立面，高盛这会儿是哑巴吃黄连，有苦说不出。劳埃德·布兰克费恩现在太被动了，没想到自己卖力为希拉里募集竞选资金，拿到钱的希拉里马上就翻脸不认人了。

那还有什么好说的，为了高盛的利益，必须搞倒希拉里！

在权衡利弊之后，高盛坚定地投资奥巴马，抛开那个翻脸不认人的希拉里。独立监察组织“政治反应中心”发布的数据显示，在奥巴马充裕的竞选资金里面，高盛独领群雄，捐献金额达3.7亿美元。当华尔街的白领们还在因为金融危机为生存整天提心吊胆的时候，高盛却鼓动自己的员工和政治行动委员会慷慨为奥巴马解囊。最后的结果是，自从希拉里公开指责高盛到总统竞选人竞争失败，除了最初高盛集团的员工们在劳埃德·布兰克费恩的鼓动下捐款60多万美元以外，高盛员工跟政治行动委员会再也没有将一分钱投向希拉里，反而向奥巴马捐款500万美元。

没有了华尔街大腕的支持，尤其是高盛远离希拉里，坚定推举奥巴马之后，希拉里在2008年5月到6月短短的一个月时间里，兵败如山倒，超级代表纷纷倒戈。

在美国，只要钱多，广告宣传能够鼓动人心，最后胜出的概率就相当大。后来奥巴马跟共和党的竞选人麦凯恩争夺总统宝座的时候，奥巴马在电视广告的花费以4：1大幅抛离对手麦凯恩，甚至史无前例地于大选前6天，在3条频道的黄金时段发放30分钟讲话。在高盛的鼎力相助下，奥巴马战胜了希拉里，战胜了麦凯恩，成功地成为美国历史上第一位入主白宫的黑人总统。

9. 高盛，实在是高

奥巴马成功上台，这一次的政治博弈，高盛赢得爽快。

中国有句古话：鱼和熊掌不可兼得。不过在高盛这儿是个例外，高盛就是两手都要抓，两手都要硬。光掌控政局还不够，经济也得听咱指挥。

借着默提报告的煽动力，吸引了大批在次级债上亏损累累的投机资金转移到石油市场上来。再加上美国财政部对两房的拯救，市场上的流动资金越来越多，油价也越来越高。就在大家都在慌慌张张争抢石油的时候，高盛已经在悄然退出石油式市场了。低位买进，高价卖出，高盛又大赚了一笔。

保尔森以保护纳税人的钱为借口，拒绝了伯南克以及考克斯的苦口婆心，将拯救华尔街的计划一推再推。为了高盛老东家在做空次债上大赚，也为了自己，保尔森坚定不移，最后雷曼兄弟凄惨地死掉了。雷曼兄弟一倒下，华尔街的风险就完全暴露出来了，默提也终于找到了下调石油价格预期的台阶。

2008年10月7日，默提发布了一份报告，将2009年原油价格预期从之前的每桶140美元下调至每桶110美元。10月13日，不到一周的时间，默提又再次发布报告，他一改之前的狂傲，非常悲观地宣布，国际油价将会跌到70美元。这个价格在高盛内部并不是最低的，默提在内部报告中更是警告油价最低可能会降至50美元。这一次的默提让整个华尔街都傻眼了，这是怎么回儿事？油价难道坐了电梯了？一会儿高一会儿低的，心脏不好的人估计早就挂了。

事实上，在保尔森明面上的优柔寡断下，高盛完成了一场漂亮的豪赌：石油市场全身而退，次债市场大赚一笔。

2009年1月20日，高盛巨资捧的奥巴马宣誓就职，正式入主白宫。美国人还没来得及欢庆，就又跌进了深渊。第二天，也就是21日，默提又站出来了，宣称由于全球石油需求的恶化情况将比预期更加严重，预计2009年第一季度油价将跌到每桶30美元，并将全年均价下调至每桶45美元。

油价又下跌了，华尔街哭了，高盛笑了。

最后关头，默提站出来为高盛的面子挡箭，非常虔诚地悔过自己的狂妄：“我们过去低估了全球金融危机的深度和持续时间，及其对经济增长和商品需求的影响。”

高盛，实在是高。从一开始到最后，无论是面临怎样的质问，无论是面临怎样的危局，都能准确地把握机会，化危机为转机，做得无可挑剔，做得天衣无缝，做得非常漂亮。

这是一次完完全全的胜利，在保尔森、花旗总裁鲁宾这样的老掌柜的配合下，高盛干掉了竞争对手雷曼兄弟，从石油市场全身而退，用金钱击碎了希拉里的总统梦想，成为操纵美国的真正赢家。

高盛的魅力远不只于此，事实上，高盛无孔不入……

CHAPTER 4
第四章
独步金融江湖

2008年9月12日，星期五，华尔街寂寞而又漫长的一天。

全球保险业老大AIG首席执行官罗伯特·维尔伦斯坦德（Robert Willumstad）坐在办公室，望着对面的钟表，心里七上八下。最近总有一种不祥的预感，时常觉得喘不过气来，难道有人瞄上了AIG?

在AIG大厦的门口，法国人、德国人手握着面包，一边啃一边盯着透明的玻璃门。隔壁那条街上陈旧的小楼上，一个叼着雪茄的光头大佬，抖了抖烟灰，嘴角露出了一丝不易被察觉的微笑，这家伙肚子里已经精心设计好了一个连环局。

保尔森夜闯国会山，漫骂声不绝于耳。财政部大楼灯火通明，一名年轻的小伙子，在办公室的一角眉头紧锁，手上握着一份薄薄的文件，不断地摇头，这份文件关乎美国生存还是死亡。小伙子望着窗外的夜色，苍茫间，嗅到一股死亡的气味。

中东人仇视的白宫，盘旋着阴毒的北美悍鹰。保尔森的身后，一长串熟悉的名字，他们已经成了白宫的隐权利掌控者。

双簧好戏就快开场了。

曾经狂卷中国老百姓血汗钱的AIG，在隐权利面前脆弱的不堪一击。高盛突然双手一伸，不好意思，该还钱了。

1. 保险老大生死劫

这是一个寂静的夜晚，办公室里空荡荡的。突然，电话声刺耳地响了起来。

罗伯特·维尔伦斯坦德迅速地把手放在了话筒上，他的心怦怦直跳，不停地猜测着，这是蒂莫西·弗朗兹·盖特纳（Timothy Franz Geithner）还是亨利·保尔森（Henry Paulson）打来的？

盖特纳是美国纽约联邦储备银行行长，保尔森是总统小布什的财政部部长，这两位的一句话就能决定一家金融巨头的生死。现在，维尔伦斯坦德在这两位爷面前，已经到了只能装孙子的地步了。AIG没有现金了，资金链快断裂了，实在撑不下去了，今天一天股票价格暴跌三成，标准普尔评级公司发出了下调AIG的信用等级的警告。如果纽约联邦储备银行再不出手相救，AIG就真的完蛋了。维尔伦斯坦德在下午的时候给盖特纳打过电话，语气是那样的哀婉，几乎就是乞求着说，只要纽约联邦储备银行给AIG200亿美元，AIG就有救了。

在维尔伦斯坦德打电话的这个时候，纽约联邦储备银行的会议室里正在吵吵嚷嚷。盖特纳跟保尔森正在纽约联邦储备银行的总部二楼会议室里，跟摩根大通、高盛等一帮华尔街大佬商谈雷曼兄弟的最后的生死。保尔森的态度非常的坚决，总统先生已经很不高兴了，说华尔街已经喝醉了，这个时候政府是不会用纳税人民的钱去救华尔街的。美国银行的代表一听保尔森的话，赶紧给总部汇报，收购雷曼兄弟的事情不能干了，财政部不支持，美联储不能贷款，拿到雷曼兄弟的股权就是拿到了手雷。

接到维尔伦斯坦德的电话，盖特纳静静地倾听完。他现在也是一肚子的火，钱匣子虽然攥在纽约联邦储备银行手里，但钥匙却在保尔森的手上，纽约联邦储备银行就是想救AIG都心有余而力不足。

盖特纳挂断了电话以后，维尔伦斯坦德整个身体跟被掏空了一样，两眼呆滞无光，完了，难道真让杰米·戴蒙说中了，盖特纳跟保尔森难道要抛弃AIG?

杰米·戴蒙（Jamie Dimon）是摩根大通首席执行官，也是维尔伦斯坦德在花旗期间的老同事老朋友。在维尔伦斯坦德坐上AIG宝座的时候，维尔伦斯坦德就跟戴蒙私底下抱怨过："我们要弥补的漏洞太大了。"今天下午这场会议，戴蒙也在场。盖特纳接到一个电话，戴蒙猜想这个电话一定是今天跌幅最大的AIG总裁维尔伦斯坦德打来的，盖特纳的表情让戴蒙为老朋友捏了一把汗。

盖特纳有自己的苦衷，AIG不属于纽约联邦储备银行监管，要拯救也应该是美国联邦储蓄机构监管局跟纽约保险监管局这两家AIG的管理机构出面，更何况这个时候纽约联邦储备银行连雷曼兄弟都不能救?

还在胡思乱想的维尔伦斯坦德在电话响过一阵后，猛然惊醒，他努力地让自己镇静下来，用力地抓起电话，身子几乎倾在办公桌上。

听筒里传来了盖特纳的声音："罗伯特，你是罗伯特吗？我是盖特纳。"

罗伯特·维尔伦斯坦德脸上抽搐了两下，微笑的面部肌肉突然僵硬，很急促地回答道："我是罗伯特，行长先生。"

盖特纳突然语气提高了八度："明天一早，你到二楼会议室来汇报一下情况吧。"

维尔伦斯坦德突然看到了希望。

"我跟保尔森部长在会议室等你。"说完，盖特纳就很干脆地挂断了电话。

罗伯特·维尔伦斯坦德望着墙上的钟表，夜已经很深了，保尔森真能出手相救？AIG生死难料。

2.CDS 让 AIG 病入膏肓

AIG，全球保险界的 NO.1，真正的大哥大级金融集团。这家企业发迹于乱世中的中国北洋政府时代，老板科尔内留斯·范德斯塔尔（Cornelius Vander Starr）因为敲诈案流浪到东方，在越南猎杀过大象，在上海洋文报当过记者，在教堂装神弄鬼混过饭吃。在美丰银行卖保险的时候，他发现了保险赚钱的秘密，于 1919 年在上海滩成立友邦保险。

1949 年，烽烟四起的中国大地上，进行着一场全国性的解放战争，国民党总裁蒋介石逃亡中国台湾。当年 10 月 1 日，毛泽东用一口浓重的湖南话，在天安城楼上向全世界宣告，中华人民共和国成立。美国驻中国大使司徒雷登沮丧地卷铺盖卷儿回到了白宫，再也没有重返中国的迹象，在乱世中发大财的范德斯塔尔，担心新生的中国政权要清算他，慌乱之中卷巨额保险资金回到美国，将友邦保险迁到纽约。

卷走中国人民保命钱的范德斯塔尔回到纽约如蛟龙入海，现在的 AIG 在 130 个国家和地区开展业务，客户大约 7400 万人。AIG 企业金融服务部门掌管国际飞机租赁金融公司，是波音公司和空中客车公司的最大客户，拥有超过 900 架飞机，价值超过 500 亿美元。

当 AIG 如今大摇大摆地回到中国市场，俨然一副全球保险教父的派头，资产规模达到 1 万亿美元。美国《福布斯》杂志网站全球企业排行榜把 AIG 排在全球上市企业第 18 位。

AIG 一直是很赚钱的企业，2006 年赢利 140 亿美元，2007 年在第四季度亏损 53 亿美元的情况下，整年依然赢利 62 亿美元。但是到了 2008 年，AIG 就没有那么幸运了，骨子里流着的是冒险跟投机血液的 AIG 终于栽倒在欧洲。

AIG 设在英国首都伦敦、以出售信用违约掉期（CDS）为业务的子公司因这项金融衍生产品涉及次级抵押贷款而遭受 180 亿美元的损失。

CDS 听起来是一个很专业的词，其实不过就是美国人在故弄玄虚，2007 年的金融危机已经让美国人吃到了故弄玄虚的苦头。说白了，CDS 就是一个信用违约合同。举个例子：A 公司向 B 银行借款，B 从中赚取利息；但假如 A 破产，B 可能连本金都不保。于是由保险公司 C 为 B 提供保险，B 每年支付给 C 保费。如果 A 破产，C 公司保障 B 银行的本金；如果 A 按时偿还，B 的保费就成了 C 的赢利。

AIG 作为全球保险业的老大，跟美国的金融企业签订 CDS 这样的信用违约合同是正常的业务而已。签完 CDS 合同以后，AIG 又将这些保险资产打包，以这个资产包的权益为基础再发行证券。因为出售这些 CDS 并不需要资本金，美国国际集团（AIG）甚至将出售 CDS 的大部分收益直接归为利润，在他们看来，这些债券真正出现问题的概率实在太小了。

但现在，贝尔斯登死掉了，雷曼兄弟也要死了，企业破产倒闭比比皆是，作为第三方的保险公司为这些破产户埋单也就成为必然。

180 亿美元，AIG 哪里有那么多钱赔偿？

此时，不光 AIG 急得像热锅上的蚂蚁。保尔森的老东家、AIG 的大客户高盛集团也很是担心，因为高盛购买了 AIG 发行的 139.8 亿美元的债权抵押证券，还购买有 AIG 其他的产品，总金额在 200 亿美元以上。一旦 AIG 破产，高盛在 AIG 中的权益就得不到任何的保障，将损失超过一半的数额为 395.3 亿美元普通股权益，这将严重影响到高盛的流动性。

高盛集团劳埃德·布兰克费恩掌门人眼见着 AIG 已经火急上房，这个时候要想抛售 139.8 亿美元的债权抵押证券根本不可能，华尔街的机构们都已经不看好 AIG 的未来了，都在想着如何从 AIG 手里抢钱呢。跟一群饿狼抢食，高盛也捞不着多少好处，不行，高盛一定要另想办法拿回在 AIG 的投资。布兰克费恩下定了决心，AIG，该还钱了！

维尔伦斯坦德已经没有时间再在花旗时代的老朋友面前抱怨自己的命运了。2008 年 6 月 15 日，他信誓旦旦地上任，却没想到 AIG 在欧洲的损失越来越大，百年的 AIG 完全可能毁在自己的手上。现在布兰克费恩正在向自己逼债，这个家伙是个什么人他心里很明白，太强势了，贝尔斯登、雷曼、希拉里……哪个是他的对手？但是 AIG 一旦给高盛集团变现，那么其他跟 AIG 做交易的华尔街大腕就会蜂拥而至，那个时候 AIG 只有一个命运：挤兑倒闭。

该怎么办？维尔伦斯坦德太惆怅了。人倒霉的时候喝口凉水都会塞牙缝，就在维尔伦斯坦德左右两难的时候，一个更加不好的消息让他一下子跌到了人生的谷底。

美国联邦储备银行借口 AIG 不属于自己监管范围，不能提供拯救资金。而美国联邦储蓄监管局跟纽约保险监管局则宣布，AIG 自由选择了美国联邦储蓄管理局（OTS）来监管其控股公司和非保险业务，现在出现了问题，不应该由自己来埋单。纽约联邦保险监管局局长埃里克·迪纳罗（Eric Dinallo）甚至嘲笑 AIG：监管机构和企业之间的关系必须如婚姻般长久而忠诚，而不是像一夜情那样短暂而随意。

现如今的 AIG 是爹不疼妈不爱，就像一个孤儿一样。美国联邦储备监督局跟纽约联邦保险监管局都是嘴上热闹，私底下却是袖手旁观。

维尔伦斯坦德实在拿不出钱给高盛集团了，从他坐上 AIG 总裁的位置，就一直在想方设法筹钱，但在金融风暴到来的时候，家家都在想方设法过冬，谁还来管老大的生死？

高盛不想坐地等死，决定找 AIG 好好地谈判谈判。布兰克费恩作了最后的妥协：

第一，AIG 必须对高盛持有的债权抵押证券提供抵押担保物，AIG 旗下还是有不少优质资产的。

第二，AIG 在获得现金之后，必须支付高盛现金。

第三，高盛跟 AIG 签订风险资产掉期合约。

“黄世仁”终于松口了，维尔伦斯坦德大喜过望，立马就跟高盛签订了合约。

劳埃德·布兰克费恩拿到跟 AIG 签订的掉期合约是相当的高兴，这种又称为“互换合约”的掉期合约其实就是交易双方签订的、在未来某一时期相互交换某种资产的合约。更为准确地说，掉期合约是双方在未来某一期间内相互交换他们认为具有相等经济价值的现金流的合约。高盛不能在乱世之中断送自己的命，现在 AIG 前途难料，必须为自己上一道保险，掉期合约无疑成了高盛在风险旋涡之中的护身符。

布兰克费恩将 AIG 的命运赌在了自己的老领导老前辈、财政部长保尔森的身上。

他这么做，是很有把握的。无论从哪个角度来讲，保尔森都不会让 AIG 消失。一旦 AIG 出现问题，那么高盛可以说是唇亡齿寒，也将完蛋。保尔森怎么可能会放任自己的老东家完蛋呢？何况现在保尔森身边的智囊团都还持有高盛的股份，就算保尔森不想管智囊们也不会同意的。

地球人都知道保尔森是高盛以前的掌门人，但却鲜有人注意保尔森身边的智囊团。金融危机发生之后，保尔森哗啦啦地提拔了一大批自己在高盛担任总裁时的同事，组成了囊括高盛精华的智囊团。其中，曾担任高盛旧金山业务副总裁，2 年前进入美国财政部担任金融稳定办公室主管的尼尔·卡什卡利（NeeL Kashkarl），在金融危机爆发之后专门负责政府银行的拯救计划。

布兰克费恩捋了捋，除了保尔森跟卡什卡利，高盛在白宫的势力已经非常庞大了。布什总统哈佛商学院同学、高盛金融机构集团的前合伙人肯·威尔逊（Ken Wilson），前任首席行政官埃德·福斯特（Ed Forst），前任司库兼副首席财务官丹·杰斯特（Dan Jester），以及前任执行董事史蒂夫·夏弗兰（Steve Shafran），个个都曾是高盛的精英，个个都持有高盛的巨额股票。肯·威尔逊持有价值高达 1 亿美元的高盛股票，埃德·福斯特持有价值 5000 万美元的高盛股票，丹·杰斯特持有 1000 万美元的高盛股票。

AIG 垮掉，高盛就完蛋，上面的三位爷持有的高盛股票也就竹篮打水一场空了。

当然布兰克费恩心里盘算的不是真正拯救 AIG，而是怎样一步步地从 AIG 拿回自己的钱。只有保尔森出手，高盛才能成功抽身。

3. 谁来拯救美国大兵

双簧戏掩盖下的阴谋开场了。

维尔伦斯坦德看了看台子上的日程，今天是 2008 年 9 月 13 日，这两天对于 AIG 来说简直是度日如年。早上一大早，AIG 的会客室就来了德国人跟法国人，他们提出收购 AIG 的部分业务，这帮可恶的家伙简直就是落井下石，要在生死关头瓜分 AIG。维尔伦斯坦德的心情非常的难受，还有两天自己担任 AIG 总裁就 3 个月了，再拿不出一个拯救方案，就得卷铺盖走人了。

维尔伦斯坦德夹着文件忐忑不安地踏进了纽约联邦储备银行总部。

保尔森坐在最上方的位置。他的面色凝重，维尔伦斯坦德知道，昨天晚上盖特纳陪着保尔森跟华尔街的一帮大佬们吵吵了一晚上，尤其是巴克莱、美国银行等机构的老板们放出话来，如果纽约联邦储备银行不给雷曼兄弟贷款，他们就只能买雷曼的优良资产，整体救助是不可能的。

华尔街都嚷嚷开了，说保尔森袖手旁观不救雷曼兄弟就是要给老东家高盛报仇，美国财政部操控在高盛手里，美国的经济生死存亡掌握在高盛手里。现在的保尔森是相当的尴尬，到底救还是不救？该救谁？

维尔伦斯坦德很沮丧，这个时候向保尔森汇报 AIG 的情况，时机太不好了。高盛是 AIG 的最大债权人，如果保尔森出手救助 AIG，那么必将受到指责谩骂甚至遭遇国会质问。万一保尔森为了证明自己是清白的，是站在纳税人一边的，那就很有可能对 AIG 一视同仁，也见死不救，这样一来 AIG 就完蛋了。

会议室很沉闷。

盖特纳不能坐着等待时间一分一秒地浪费，现在是需要决断的时候了。

维尔伦斯坦德小心翼翼地打开账本，这一次欧洲部门带给 AIG 的 180 亿美元损失一下子勒紧了整个集团的资金链。尤其是高盛逼债，强烈要求 AIG 现金抵押，AIG 内部已经没有任何流动性可言了。

200 亿美元。

维尔伦斯坦德小心翼翼地报出了 AIG 的资金缺口。

200 亿美元？盖特纳确认了一下维尔伦斯坦德报出的数据。这么大的一笔资金可是要经过国会审批的，审批的过程那是相当漫长的。更何况，现在的华尔街太癫狂了，金融机构一旦出现资金问题，大家都一窝蜂地要提现，提现挤兑的风险一出现，那就是万里长城也会迅速垮掉的。今天的 200 亿缺口明天就可能是 400 亿，等到钱真的到位的那一天说不定 AIG 早都黄了。

保尔森点了点头，维尔伦斯坦德以为保尔森同意救助 AIG，还没有来得及感谢，保尔森却意味深长地告诉维尔伦斯坦德，现在财政部跟美国联邦储备银行也很为难，救了 AIG 就要救别人，那样一来美国纳税人就不干了，到时候还不得把财政部和美联储都砸了？ AIG 最好是去寻求私营机构的资金救助。

望着保尔森严肃的神情，罗伯特·维尔伦斯坦德很失望，不过他也有点糊涂了，难道保尔森真要为了自己的名声，做一回中国的铁面包公不成？ AIG 死掉，保尔森的老东家高盛也活不了多久。维尔伦斯坦德努力让自己保持冷静，他依然非常谦卑地提出，用 AIG 的抵押品换取美国纽约联邦储备银行资金支持，在必要时一定会以变卖 AIG 的资产方式偿还美国纽约联邦储备银行的贷款。

保尔森摇了摇头。

维尔伦斯坦德失落地走出了纽约联邦储备银行总部大楼。

谁来拯救 AIG？

维尔伦斯坦德回到办公室，马上就给老朋友摩根大通的 CEO 杰米·戴蒙以及黑石集团总裁史蒂夫·施瓦茨曼打电话，希望摩根大通跟黑石集团能够在 AIG 危亡关头出手相救。

这又是一个愚蠢而幼稚的想法。

没错，杰米·戴蒙是你罗伯特·维尔伦斯坦德的老同事老哥们，但是别忘了，他还是摩根大通的 CEO。现在华尔街能够跟摩根大通一较高下的只有高盛了，现在救助 AIG 就是在救助高盛，如果放弃 AIG，那么高盛马上就陷入危机之中，到时候摩根大通可以利用这一场危机坐收渔翁之利，成为华尔街唯一的大佬，岂不爽哉？

再看看黑石集团的这位爷？他们连自己的老东家雷曼兄弟都见死不救，还能来救你 AIG？何况现在 AIG 跟高盛签订了掉期合约，到时候 AIG 的救助资金一到账，高盛就要按照合约来要钱，史蒂夫·施瓦茨曼怎么可能把自己的钱送到高盛的钱袋子里？一心想做大生意的史蒂夫·施瓦茨曼跟皮特·彼得森可不想当华尔街的“活雷锋”。

再说了，中国人可是在最高价位买入黑石集团的股份的，现在黑石集团已经亏得一塌糊涂了，如果出手救助 AIG 再掉进坑里，中国人肯定会很不高兴，那黑石集团可就没法交差了，这两个美国老鬼苦心经营的中国生意可就麻烦了。

可怜的维尔伦斯坦德还在做无用的努力，他把戴蒙跟施瓦茨曼请到了 AIG 会议室，开始喋喋不休地谈自己的设想，跟两人热情地报出 AIG 的家底，测算拯救的资金需求额度。计算结果很快就出来了，AIG 的情况远远超出了维尔伦斯坦德跟保尔森以及盖特纳汇报的结果，200 亿美元已经不够了，AIG 所需资金量达到 400 亿美元。摩根大通跟黑石集团这两位爷很无奈地摇了摇头，夹着公文包消失在了 AIG 的楼道口。

维尔伦斯坦德再次拨通了美国联邦储备监督局埃里克·迪纳罗的电话，张口就是 400 亿美元的缺口。

大半夜的电话让迪纳罗感到惶恐不安，虽然 AIG 的“一夜情”让美国联邦储备监督局分走了纽约联邦保险监督局的部分权利，但是 AIG 毕竟从 1949 年回到美国就在纽约注册了，自己怎么说也是 AIG 在纽约的父母官，哪有儿子快死了，父母还不出手相救呢？

迪纳罗挂断了维尔伦斯坦德的电话，在脑子里反复考虑到底救不救这个儿子，这可是全球老大，这么大的儿子死掉太可惜了，极有可能引发恶劣的连锁反应，让美国经济彻底陷入僵局。

很快，罗伯特·维尔伦斯坦德就收到了纽约联邦保险监督局局长埃里克·迪纳罗的回复：可以考虑允许 AIG 动用分支机构大约 200 亿美元资金。保险监管部门的首要职责是保护投保人，保险商一般难以动用理赔金充作自身融资担保，纽约联邦保险监督局却作出了挪用分支机构资金的决断，这是一个史无前例的大胆抉择。

这对维尔伦斯坦德而言无疑是个好消息。他接获迪纳罗通报后立即告诉 AIG 以及摩根大通和百仕通的高管们：我们找到了 200 亿美元！

几个月来一直紧张过度的维尔伦斯坦德异常兴奋。

他高兴的劲头还没有过，当头一盆冷水就浇了下来。AIG 一名外聘顾问向纽约联邦储银行总裁盖特纳通报，AIG 的已知资金缺口扩大为 600 亿美元以上。

盖特纳相当吃惊，短短一天 AIG 的缺口翻了 3 倍，到底“以上”究竟是多少？

维尔伦斯坦德听到消息出了一身冷汗，电话再次催命般响起，是盖特纳打来的，盖特纳没有向维尔伦斯坦德作出任何承诺，只是说美国联邦储备银行会考虑自己能做些什么。不过盖特纳给罗伯特·维尔伦斯坦德带来了保尔森的口信，政府希望让美国第一大投资银行高盛集团和摩根大通银行介入，考虑是否能为 AIG 筹集资金。

保尔森终于把话挑明了，在 AIG 出现 200 亿美元缺口的时候，保尔森就提出了让私营机构出面相救。可惜维尔伦斯坦德却没有在关键的时刻领会领导的话外之音，现在缺口越来越大，AIG 的股票已经卖不上价钱了，这个时候高盛就可以很便宜地来收拾烂摊子。

阴谋？陷阱？还是维尔伦斯坦德愚蠢？

维尔伦斯坦德呆呆地坐在办公室，他在等一个消息，在预测 AIG 的未来。财政部的官员、美国联邦储备银行的官员跟一大帮华尔街大腕正在开会商讨雷曼兄弟的事情。

2008 年 9 月 14 日晚上 11 点，维尔伦斯坦德终于得到确切消息，雷曼兄弟没救了。看来保尔森不会出手救 AIG，要将机会留给老东家了，高盛是要来吃掉 AIG 了。

4. 连环好计步步紧逼

2008 年 9 月 15 日，星期一，也是维尔伦斯坦德上任 AIG 满 3 个月的纪念日。

满眼通红的维尔伦斯坦德洗漱完毕，刚刚坐到餐桌前，美国 CNBC 早间新闻播放了一个让他吃不下饭的消息，包括标准普尔在内，世界三大信用评级机构分别下调了 AIG 的信用等级。

维尔伦斯坦德在心里连连叫苦，标准普尔这是将 AIG 推向绝路，AIG 的股价肯定还要继续下跌，黑石集团肯定不会掏钱买 AIG 的股票了，现在就剩下高盛集团跟摩根大通了。

一到办公室的维尔伦斯坦德非常急促地向埃里克·迪纳罗通报，AIG 需要注资 700 亿美元才能渡过难关。迪纳罗有些生气，保尔森已经让雷曼兄弟死掉了，难道真的还要让 AIG 死掉吗？迪纳罗决定公开宣布允许 AIG 动用分支机构 200 亿美元资金。

纽约曼哈顿岛南端纽约联储银行办公楼，高盛 CEO 布兰克费恩跟摩根大通的 CEO 戴蒙一大早就过来了。布兰克费恩知道，保尔森坚决反对拯救雷曼兄弟已经让美国联邦储备银行很反感了，两家表面和和气气的，背地里已经是剑拔弩张。摩根大通的人出现在这里，就是美国联邦储备银行为了提防保尔森假公济私，让高盛在 AIG 垂死之际捡便宜。

高盛不想摩根大通的人来搅和 AIG 的这一桩买卖。AIG 在全球 130 个国家都有生意，跟各地政府关系是相当密切，拿住 AIG 的控股权，高盛就成为全球绝对的金融老大。

三家代表在会议室热火朝天地算账。

下午 1 点半，保尔森在白宫召开新闻发布会，态度非常鲜明，宣布政府没有考虑向 AIG 提供贷款，甚至非常冷酷地说：“纽约现阶段发生的事与政府提供任何过渡性贷款没有关系……私人机构正再次努力，重点解决当前所面临的重要问题……除此之外，我再没有什么可说的了。”

傍晚时分，AIG 的拯救资金再度加码，最新资金缺口 800 亿美元。

布兰克费恩这个时候也应该是五味杂陈，高盛已经跟 AIG 签订了掉期合约，现在 AIG 旗下的资产已经不足以跟需要的 800 亿美元相匹配，也就是说，AIG 旗下的资产不值 800 亿美元了，高盛的那 200 亿美元悬了。

如果这个时候高盛跟摩根大通一起拯救 AIG，那么就势必要掏出 400 亿美元以上的资金，这样一来高盛就要搭进去 600 亿美元，赌上了高盛集团的身家性命。布兰克费恩心里在盘算着，AIG 是否值得拿下。AIG 当初在跟高盛签订掉期合约后，其他华尔街跟 AIG 有交易的机构也依葫芦画瓢，这样岂不是高盛用自己的钱救别人？到时候一旦华尔街其他人拿着合约找 AIG 还钱，高盛只有眼睁睁地看着 AIG 的拯救资金再度被提空，到时候 AIG 还会陷入死亡深渊，那样一来高盛不也就死了。

布兰克费恩决定以退为进，逼迫美国联邦储备银行出面拯救 AIG，这样一来，高盛可以迅速从获得政府拯救资金的 AIG 提走 200 亿美元，不用冒死亡的风险，高盛的危险也就排除了。

布兰克费恩高调宣布，退出拯救 AIG，把 AIG 留给摩根大通重组。高盛的退出让摩根大通愕然，很明显，高盛是不想再往这个大窟窿里填钱了。800 亿美元的缺口呢，谁知道是不是个无底洞？摩根大通也不是傻子，戴蒙知道，只要拯救资金一到账，高盛马上就可以拿着合约从 AIG 提走 200 亿美元，这样一来就等于是摩根大通将高盛解救出来了。一旦华尔街的其他人照葫芦画瓢，AIG 势必再次陷入资金短缺的危机，到时候肯定会殃及摩根大通，万一摩根也陷入了生死边缘，那时候拥有大量现金的高盛再出手，将摩根大通收购，这样一来，高盛就一家独大了，不仅统治了华尔街，还通过摩根大通之手掌控了全球的保险巨头。

妙啊！真是天衣无缝的连环局。

形势不好，老朋友是不能再帮忙了，戴蒙可不想让摩根也落入高盛之手。于是，他也宣布，摩根不能重组 AIG。

盖特纳急了。

2008 年 9 月 15 日晚上，高盛跟摩根大通的代表离开纽约联邦储备银行大楼之后，以 AIG 破产的潜在影响及后果为中心议题，以“我们可以听之任之吗？”为开篇话题，盖特纳与美联储华盛顿总部和财政部官员举行了夜间电话会议，一直持续至 16 日凌晨 2 时。

美联储掌门人伯南克已经非常失望，贝尔斯登完蛋了，雷曼兄弟完蛋了，一旦保险老大 AIG 垮台，整个金融市场将受到沉重打击。雷曼兄弟垮台已经推高了短期借贷成本，以 AIG 的规模和复杂程度，触角遍及金融领域各个角落，这一场灾难可能产生的影响将无法估计。

保尔森没想到一直跟维尔伦斯坦德是铁哥们儿的戴蒙也宣布出局，不参与重组 AIG。这样一来，如果大家都坐视不管，那么 AIG 的命运只有一个，就是垮掉。可现在 AIG 不能垮，高盛的钱还没拿出来呢，看来，只有让保尔森出手了！

眼看着这一次继续见死不救是不行的了，AIG 真的完蛋了，不仅老东家高盛将遭遇致命的打击，华尔街乃至整个美国的金融也将遭遇致命打击。肯·威尔逊、埃德·福斯特、丹·杰斯特哥儿仨持有的高盛股票也很可能成为废纸一张。一切都掌握在自己的手上，哥儿仨开始不断跟保尔森分析形势是多么多么严峻，AIG 必须救，并给保尔森支招。

这个关头，救 AIG 就是救高盛，就是救自己手上的钞票。

2008 年 9 月 16 日下午 1 时 30 分，美联储理事会成员召开利率问题的讨论会。美联储主席伯南克突然抓起话筒宣布，美联储愿意对 AIG 施救，向 AIG 发放 850 亿美元的过渡性贷款，但需要得到理事会批准。那一刻，全体成员都震惊了。

2 个小时后的 3 时 30 分，财政部长保尔森和美联储主席伯南克向总统小布什通报了情况。小布什很高兴，自己从当上美国总统之后，一直忙着为石油商人们到处打仗，国内的经济搞得是一团糟，共和党在 2008 年的总统竞选中老是遭到民主党人的攻击，这一次保尔森干得漂亮。

小布什立即表态支持美联储宣布的这项决议，并在美联储理事会的决议上进行了批复。为了宣扬白宫拯救华尔街，拯救美国经济的决心，给民主党人瞧瞧，共和党人在关键时刻是很有头脑很有魄力的。当天下午，白宫发表声明："总统支持美联储宣布的这项决议。这些举措将有利于保证金融市场的稳定，防止更大的经济危害。"

当天下午 4 时，刚从小布什办公室出来的保尔森跟伯南克分别致电盖特纳，3 个人都认可了即将宣布的 AIG 拯救方案。

维尔伦斯坦德相当兴奋，很快一份 3 页纸的救助方案就送到了。AIG 将以相当于 11.4% 的超高实际利率获得美联储 850 亿美元贷款，美联储将获得 AIG

将近79.9%的股权。

4时50分，维尔伦斯坦德刚看完3页纸，电话就响起来了，是盖特纳打来的。盖特纳略带警告口吻，说这是AIG能得到的唯一救助方案，没有讨价还价的任何可能。美联储的救助还有一个附加条件，那就是美联储有权撤换AIG高级管理层，维尔伦斯坦德必须滚蛋。

盖特纳电话刚刚挂断，保尔森的电话就进来了，他简单地说了一下拯救AIG的积极作用，重点又转到了维尔伦斯坦德从AIG滚蛋这个话题上来。

10分钟后，维尔伦斯坦德非常痛苦地召开了AIG董事会，议题只有一个，那就是权衡获得美联储总额850亿美元紧急贷款与放弃控制权的利弊。3个小时的会议在痛苦中进行，留给AIG的只有两个选择：要么明天早晨申请破产，要么今天晚上接受美联储的方案。

2008年9月16日傍晚7时50分，维尔伦斯坦德拨通了伯南克的电话，泪流满面地表示接受美联储方案。

现在，只需要美国国会的支持了。

变数转瞬之间。

保尔森秘密调集了高盛智囊，在财政部大楼启动最后的杀手锏，这是一项高度机密的计划，必须掌握在高盛人的手上，否则财政部跟美联储的交易也就枉费心机了。

2008年9月16日晚，在通往美国国会山的路上，美联储主席伯南克跟保尔森心事重重。

保尔森手上攥着薄薄的3页拯救方案，850亿美元不是一笔小数目，之前自己反复站出来告诫华尔街的大腕们，财政部是不会动用纳税人的钱去救他们的，今天，就在几个小时之内，保尔森却自己颠覆了自己的话，不用想就知道国会现场是什么样。

在小布什签署850亿美元拯救计划的时候，保尔森还了解到一个重要情况，那位参加总统竞选失败的康涅狄格州民主党参议员、美国参议院银行委员会主席克里斯托佛·多德（Christopher Dodd）在房利美跟房地美中捞到不少好处，在AIG集团更是拿走了28万美元的政治献金，这位克里斯托佛·多德总不会在这个时候站出来反对拯救AIG吧？

国会山，克里斯托佛·多德还真没有跳出来反对。

听证会在异常压抑的氛围中展开，咄咄逼人的议员们招招致命，保尔森轰然下跪。现在没有时间了，只能成功。屈辱跟质问后，保尔森大获全胜。

维尔伦斯坦德滚蛋后，高盛的狼子野心彻底表现出来了，迫不及待地要操控 AIG。保尔森掌舵高盛时代的老朋友，现在依然是高盛董事、手中持有 300 万美元的高盛股票的爱德华·李迪(Edward M.Liddy)被任命为 AIG 的首席执行官，掌握 AIG 大局。

爱德华·李迪执掌 AIG 帅印之后的头等大事就是变卖资产还债。

高盛是第一家收到钱的机构，25 亿美元的现金抵押，50 亿美元的现金，以及大笔的优良资产，共计 129 亿美元流入到高盛的腰包。事实上，这 129 亿美元债权资产的市场价值已经不足 80 亿美元，按照掉期合约，高盛从 AIG 多拿走了将近 50 亿美元。

为了高盛余下的 66 亿美元债权，爱德华·李迪煞费苦心，非常大方地提供了 44 亿美元的担保。

高盛又一次大获全胜，步步紧逼的连环局让 AIG 无路可逃。首先通过签订现金抵押合同，将 AIG 逼向了现金流断裂的深渊，不得不寻求保尔森的解救。为了让一切都更加顺理成章，保尔森两次拒绝 AIG 的求救，将 AIG 逼向了重组绝路。然后，高盛亲自上场，将最有可能掌控 AIG 的竞争对手摩根大通逼走，彻底断绝了 AIG 求助其他机构的希望。最后的关头，保尔森出手相救，逼迫 AIG 不得不接受保尔森的任何条件。一切都水到渠成，高盛拿回大笔现金，掌控了 AIG，再无危险，成了全球保险老大的隐形掌控者。

5. 秘密杀手锏：击碎玻璃

华尔街一下子又将目光投向了保尔森，财政部的电话开始响个不停。

2008 年 9 月 17 日下午，保尔森坐在办公室跟高盛集团的智囊们商量下一步的美国经济出路，电话再次响起来。保尔森本能地接起电话，一个熟悉的声音传来，是美联储主席伯南克。

伯南克的声音有点无奈的沧桑，美联储现在成了千夫所指的对象，放任雷曼兄弟死去，却拯救了纽约联邦保险监督局管辖下的 AIG。华尔街对美联储是相当的失望，投资者纷纷撤出货币市场共同基金，890 亿美元的资金不玩了，信贷市场也一片风声鹤唳，银行大规模的破产阴影索命般袭来。

该怎么办？拯救还是放弃？

美联储已经到了山穷水尽的地步。

金库里没有钱了，财政部不得不宣布出售 2000 亿美元的特别国库券，目的是帮助美联储改善资产负债表。截至 2008 年 9 月 17 日，美联储已经向华尔街的投资银行提供了创纪录的 598 亿美元贷款，并向商业银行提供了 334 亿美元。在全球各大央行的联手注资行动中，作为国际老大的美联储还打肿脸充胖子，硬着头皮向全球货币市场注入了 1800 亿美元资金。

金融危机发生之后，伯南克一直在努力寻找一种完美的拯救方法，当华尔街的大佬贝尔斯登濒临死亡的时候，伯南克向摩根士丹利提供了 200 亿美元的贷款，这笔贷款事实上流到了贝尔斯登。遗憾的是，保尔森拒绝用同样的方法拯救雷曼兄弟。现在伯南克已经没有别的法子拯救美国的银行了。他悲观地告诉保尔森，美联储已经筋疲力尽，无法再做什么了，财政部是时候向国会寻求资金和实施更大规模救助计划的授权了。

保尔森沉默着听完伯南克的电话，没有给伯南克任何承诺。

伯南克有些失望，保尔森在 AIG 生死存亡的关头都出手了，现在美联储管辖下的银行遇到困难，保尔森却一言不发。想起16日晚夜闯国会山，伯南克就有点不是滋味。华尔街现在流言四起，保尔森看来真的是忠于自己的老主子高盛集团。

挂断伯南克的电话，保尔森给财政部负责国际事务的助理部长、高盛集团原旧金山分部副总裁、自己的得力干将尼尔·卡什卡利（Neel Kashkari）打了个电话，尼尔·卡什卡利跑步来到保尔森的办公室，保尔森望着精干的尼尔·卡什卡利，一脸严肃地说："是该启动财政部最后的秘密杀手锏'击破玻璃'（Break the Glass）计划了。"

第二天一大早，伯南克接到了保尔森的电话，财政部同意了美联储的建议。

一夜之间，保尔森态度发生了一百八十度的转变。在这背后，到底隐藏了什么？

原来老东家高盛也出现了不妙的情况。2006年6月到2007年之间，高盛发行的衍生证券信用等级，在1年的时间里被标准普尔与穆迪共计下调了69次，大规模金融杀伤性武器让所有人的日子都很难过。眼见苗头不对，高盛不断抛空这些债权。到现在高盛亏损38亿美元，看来雷曼兄弟的死去威胁太可怕了，就如同一种恶性的流行病毒，已经演变成了可怕的连锁反应。在办公室如坐针毡的保尔森，听到的是不绝于耳的电话声，摩根士丹利、高盛、美联银行、华盛顿互惠银行等大型金融机构的求救电话一个接一个地打了进来。

9月19日晚，保尔森给伯南克打电话，希望两人能够一起再去国会山。

再去国会山的路上，伯南克一路沉默。

保尔森手上又攥着3页纸，这可不是AIG的那个拯救方案，而是总金额高达7000亿美元的庞大计划，这也是尼尔·卡什卡利领衔起草的"击碎玻璃"计划，保尔森希望能在这个夜晚将这份救助计划提交到国会。

7000亿美元的救助，仍然只有3页的薄薄的秘密计划书？

伯南克觉得有点不可思议，18日，保尔森、伯南克跟国会的领导人开了一天的闭门会议，商讨新的拯救方案，吵吵嚷嚷中没有结果。会后的保尔森跟白宫的高盛智囊团坐到一起，保尔森这一次看来是有点乱了阵脚，保尔森身边的高盛智囊们难道就拿出这么一份救助计划？保尔森之前义正词严不救AIG，现在不但救了AIG，还拿出这么庞大计划，如此简单草率的计划书可以看出保尔森是多么急切，背后的压力非常。伯南克担心这份计划书会引发议员们的反感。

保尔森蜷缩在车里，整个身子很困乏，却无法闭上眼睛美美地睡一觉。这一次伯南克跟考克斯都已经到了六神无主的地步，美国的金融市场再不出手相救，就真的完蛋了。保尔森太了解金融市场环环相扣的三个场所：第一个主要进行股票、债务工具以及衍生品交易的资本市场主要吸引了大型独立投资银行；第二个主要进行货币产品跟商业票据交易的资金市场，吸引了所有金融机构参与；第三个为实体提供中长期贷款的信贷市场主要是商业银行的游戏场所。

次贷危机一来，美国的资本市场遭遇重创，华尔街的投资银行已经有充当炮灰的了，保尔森出手相救 AIG 试图避免危机病毒传导资金市场，当保尔森接到伯南克电话的时候，已经知道一切都完了，恐慌的投资者们纷纷逃离，资金市场借贷利率火箭般上蹿。这个时候银行间短期拆借由于缺乏信任而停滞，美联储不能满足所有的借款需求，那样一来就有银行要倒闭。第三层次，也就是时常认为最安全的信贷市场失灵，实体经济无法融取资金而陷入衰退，美国就真的陷入了全面的经济衰退陷阱。

美国财政部、美联储跟美国证监会已经没有时间拖延了。

保尔森在跟高盛的智囊团紧急商量之后，智力碰撞，挑灯夜战。白宫财政部智囊团 24 小时设计，到了 19 日晚上，好不容易搞出来一个方案："建议授权财政部购买问题资产（Proposed Treasury Authority to Purchase Troubled Assets）"，财政部从金融机构收购价值 7000 亿美元的高杠杆问题资产，净化资产负债表，恢复市场对金融机构的信心。

7000 亿美元的 3 页纸可是美国经济的救命纸，这 3 页纸没有那么多时间跟伯南克、考克斯进一步细细磋商，三人只是碰头沟通了一下。保尔森坚信：政府救助的原则是防止出现系统性崩溃，国会山的那一帮议员会理解财政部的苦衷。保尔森、伯南克跟考克斯三人期待这 3 页纸能够与代表广泛民众的议员们尽快达成救助共识。

身为共和党阁员的保尔森骨子里是那样的小心谨慎，现在华尔街剩下的机构不多了，如果国会山的议员们刁难，如果财政部拿不到国会的救助授权，那么华尔街硕果仅存的高盛跟摩根士丹利也会在大风暴中倒下。保尔森在提出救助计划的同时，宣布设立 500 亿美元临时保障基金暂时稳定资金市场。

终于到了国会山。

伯南克走在最前面，两人敲开了议院的大门。

议员们对美联储动用 850 亿美元拯救 AIG 就大为不满，现在财政部抛出这个 7000 亿美元的计划为华尔街私人老板埋单，实在是火上浇油。议员们非常敬业，克里斯托佛·多德两眼盯着伯南克问："为什么要这样做？为什么拿纳税人的钱为利益集团办事？"

保尔森太清楚克里斯托佛·多德的问话意思了，他这是在暗示伯南克，财政部正在变相通过拯救华尔街，收缩美联储跟证监会的大权。伯南克没有理会克里斯托佛·多德的调唆，他满脸通红，异常激动地说："如果不这样做，周一美国经济就不存在了。"

那一刻，国会山会议室里死一样的沉寂。噩梦开始了。

克里斯托佛·多德义正词严："布什政府送来的这个方案是不可接受的。"

南希·佩洛西（Nancy Pelosi）板着脸，以众议院议长名义请求金融服务委员会主席巴尔尼．弗兰克（Barney Frank）、众议院监督与政府改革委员会主席亨利·沃克斯曼（Henry Waxman）在9月和10月举行听证会。南希·佩洛西嘲讽保尔森的宏伟计划："用纳税人的钱补助这些CEO们的盛宴已经结束，是他们把公司带入困境的，还渴望能获得丰厚的补偿？"

保尔森、伯南克、考克斯督促国会听证，早日通过救助方案。

克里斯托佛·多德跟南希·佩洛西的嘲讽让以保尔森为首的财政部高盛班底很没有面子。保尔森回到财政部，啪的一下将3页纸摔到了尼尔·卡什卡利面前，尼尔·卡什卡利拿起3页纸，二话没说，带领高盛智囊团，通宵达旦在财政部修改。这个"击碎玻璃"计划可是保尔森最后的王牌，一旦国会山通不过，美国的经济真就会像伯南克说的那样，一切都不复存在了。尼尔·卡什卡利付出了大量心血，从这个计划酝酿到起草，财政部大楼就成了不夜城，尼尔·卡什卡利整宿整宿地不睡觉，3页的计划已经修改到几十页。

保尔森的"击碎玻璃"计划让伯南克感到很愧疚，他觉得应该给保尔森来一段投桃报李。就在国会山听证的前夜，9月22日，美联储宣布接受保尔森的老东家高盛的转型申请，拿到美联储的批文，高盛从投资银行转型为传统的银行控股公司，作为银行控股公司，高盛获准开展储户存款业务，这可能是一种更为稳定的资金来源。

到现在，伯南克才慢慢地回过一点味儿来，都说高盛出来的人很忠诚于老东家，看来是不虚呀。伯南克当然不会那么赤裸裸地投桃报李，他同时还将另一份摩根士丹利的申请一并批准。华尔街不能让高盛成为唯一的寡头，需要竞争，一旦完全屈从于保尔森跟高盛，财政部、美联储就真正成为高盛手上的棋子了。

6. 国会山惊人的一幕

9月23日，国会山的大门缓缓打开。

楼道里黑压压的，挤满了等待入场旁听的群众。在警察的开道下，保尔森走在最前面，伯南克跟考克斯跟在保尔森后面，一起步入了听证会场。联邦住房金融局局长卢卡特（James B. Lockhart）跟在三人的身后，表情严肃，不断传来愤怒的吼叫声、抗议声，不绝于耳，甚至还有骂大街的。

21名参议员在主席台上一字排开，保尔森、伯南克、考克斯跟卢卡特坐在主席台下第一排，面向参议员，背对观众。19日晚上嘲笑保尔森的那个克里斯托佛·多德坐在中间，手握法槌主持会议。

早上9点37分，多德重重地敲下法槌宣布听证会开始。

保尔森四人陈述完自己的意见之后，坐在主席台上的议员们开始轮流提问，每个人有两次提问的机会。参议员伊丽莎白·多尔（Elizabeth Dole）毫不客气地说："我从一开始就对政府收购持怀疑态度，我从2003年就推进加强金融监管的立法。"

保尔森看了看这个老太太，她可是共和党的标志性人物，是前参议院多数党领袖鲍勃·多尔（Bob Dole）的老婆，在美国政坛属于风云人物，两度入阁。曾经担任美国劳工部长跟运输部长，是里根总统的助理，尼克松总统副助理，跟自己的老公一样喜欢角逐总统宝座，一度参加总统竞选，被视为小布什的强劲对手。

坐在保尔森身后的，是十多名身穿红色衣服的反对者。他们举着抗议的牌子，上面写着：反对接管华尔街。

保尔森的目光投向伊丽莎白·多尔，他冷静地反驳道："政府如果不及时干预，美国经济将出现30年代大萧条时的困难，因此美国需要马上行动起来。解药就在注资银行，恢复信用流动性。"

伊丽莎白·多尔非常清楚美国20世纪30年代大萧条的状况。靠在中国坑蒙拐骗发家的孤儿——胡佛坐上了美国总统的宝座，由于胡佛在经济领域顽固奉行自由资本主义经典理论，在随后到来的经济危机中无力应对，一场经济风暴席卷美国，那次危机使生产下降的幅度之大，波及的范围之广，失业率之高，持续时间之长，都是美国历史上前所未有的。

悲剧不能重复。

“保尔森部长，请问你会不会连外国银行的坏账一起接管？如果你要接的话，帮帮忙，请你解释一下我们怎样让老百姓接受这个举动？”美国参议院银行住房和城市事务委员会主席、共和党议员理查·谢尔比（Richard Shelby）尖锐地反问保尔森。

保尔森知道，这个家伙很难对付，他曾经担任过检察官，曾为民主党参议员的理查·谢尔比思想相当保守，后来脱离民主党，加入了共和党。理查·谢尔比在1995年至2003年间担任参议院的特别情报委员会（Select Committee on Intelligence）的主席，“9·11”事件之后炮轰美国中情局，从来都没有将中情局放在眼里过。由于特别情报委员会主席这个敏感职位只能连任两届，所以，自2003年以后，理查·谢尔比又担任了参议院的银行、住房和城市事务委员会主席。

“参议员谢尔比，这个非常容易理解……”保尔森说道。

“那好，请你帮帮我，因为我感觉难以理解！”70多岁的理查·谢尔比很气愤地打断保尔森的话。理查·谢尔比算了一笔账，7000亿美元的债务摊到每个美国公民头上，每个人就要承担2300美金的债务，相当于一个普通工薪阶层一个月的工资，问题的关键是，动用了纳税人7000亿美金，却用来收购那些私人老板的烂债，保尔森就能保证美国的经济能够稳定下来？

保尔森对老爷子理查·谢尔比的脾气有所了解，跟他高门大嗓子的肯定不行，听证会一定会变成菜市场。保尔森脸上僵硬地笑了笑，用沙哑细软的声音说道：“我正在解释。所有在美国有规模业务的外国银行对我们的金融体系都很重要，所以我们会救助他们。市场关心的是整个金融体系，不管这个银行是属于谁的。”

肯塔基州共和党参议员、参议院财政委员会国际贸易小组委员会成员，参议院银行、住房及城市事务委员会经济政策小组委员会主席吉姆·邦宁（Jim Bunning）情绪激动地说：“这个计划等于美国的老老少少每个人都要贡献2300美元的税金去拯救华尔街，是把华尔街的痛楚散布给普通纳税人，这样的行为是金融社会主义，十分不美国。”

这一场听证会非常的敏感，共和党总统候选人麦凯恩跟民主党候选人奥巴马因为经济政策打得不可开交，保尔森提出了 7000 亿美元方案后，麦凯恩的支持率急速下滑。曾经将克林顿推上总统宝座，2008 年又将奥巴马推上总统宝座的民主党竞选委员会主席拉姆·伊曼纽尔（Rahm Emanuel）更是火上浇油地说：“既然这是一种投资，那就不能把纳税人当傻子。”

“我想请你考虑是不是可以先少要一点儿？比如先花 1500 亿，反正你不会一次花掉 7000 亿美金的。1500 亿也不是小数目，我们先出这些钱，到明年 1 月份看效果再决定下一步如何？”纽约州民主党参议员、参议院金融委员会资深成员查理·舒默（Charles E.Schumer）没有理查·谢尔比那么偏激，他希望能够委婉地拒绝保尔森。

查理·舒默对于中国人来说太熟悉了，这位爷是对中国汇率政策态度最为强硬的国会议员之一。2005 年 2 月，他曾与另一位议员提交了一份议案，要求美国财政部与中国展开汇率政策方面的谈判，并对进口中国产品征收 27.5%的过境税，这就是轰动一时的中美“汇率报复案”，这位爷对中国人长期戴着有色眼镜。

查理·舒默看上去是在跟保尔森商量，事实上是告诫保尔森，美国历史上财政部掌握 7000 亿美元的处置大权还没有这样的先例。保尔森不能跟这位爷直接讨价还价，要慢条斯理地跟他讲道理摆事实：“你看，我也不想扮演向国会要政策的角色。但是现在的情况很紧急，市场信用冻结，小商人借不到钱，想买车的人也借不到钱。信用是美国经济的血液，政府必须干预。”

5 个小时漫长而又激烈的对抗，整个会场弥漫着火药味。

2008 年 9 月 23 日下午 2 点 30 分，克里斯托佛·多德走出会场，顿时被守候在大门口的记者围得水泄不通，克里斯托佛·多德在镜头前非常遗憾地两手一摊：“这个提议令人无法接受。会上还有很多顾虑，我们不会将一张 7000 亿美元的空头支票交给这位财政部长。我们不会给任何一届财政这样的支票。”

2008 年 9 月 24 日，保尔森陷入了唾沫的汪洋。

诺贝尔经济学奖得主罗伯特·卢卡斯（Robert Lucas）发起，哈佛大学等全美知名高校的 122 名经济学教授联名上书国会，质疑救市计划的公平性，认为“这个计划是用纳税人的钱去补贴投资者”。

民主党议员、众议院监管委员会主席亨利·韦克斯曼（Henry Waxman）毫不客气地指责保尔森突然提出的“击碎玻璃”7000 亿美元计划，认为这使保尔森有了“直接机会”拯救他担任高盛首席执行官时候的同事。

自由派国会议员丹尼斯·库钦奇（Dennis Kucinich）更是一针见血，毫不客气地指责，保尔森是在照顾高盛的利益，在7000亿美元计划提交国会山听证前夜，高盛摇身一变成为银行控股公司，这显然就是冲着7000亿美元计划来的，有了银行的身份可以光明正大地参与救市瓜分游戏之中。

伯南克痛心疾首地给保尔森打电话，说参议院的那一帮人自认为是在为纳税人说话，事实上他们是在给纳税人制造麻烦。伯南克手上可是掌握着最权威的统计数据，从宣布7000亿美元救市到听证会结束，一周内货币市场基金遭遇了1970亿美元的净流出；商业票据市场大幅萎缩，一周缩水949亿美元，创下了单周历史最大降幅。

保尔森跟尼尔·卡什卡利按照参议院议员们的意见，不断往计划书里面添加东西，这些添加的都是必须妥协的附加条款，保尔森不想这样做，参议院的这一帮人代表着不同的利益群体，要想获得他们的认可，就要平衡他们各方的利益。

尼尔·卡什卡利非常敬业。

9月29日，众议院金融服务委员会主席巴尔尼·弗兰克召开听证会并对保尔森提出的计划表决时，议员们尖刻地指责保尔森，说他是为了高盛的利益才拯救的AIG，为了让高盛得到这笔拯救资金，才不惜跟美联储达成交易，将高盛转变成为银行控股。财政部实施“击碎玻璃”计划，这是用国家的钱为保尔森老东家埋单。

指责和谩骂让保尔森一阵阵脸上无光，看样子这一帮人跟参议院是商量好了的，不服软是通不过了。保尔森当众向南希·佩洛西下跪，希望众议院看在美国经济的分上，放过这个计划。实际上这个时候救助计划已正式更名为“紧急经济稳定法案”，第一次薄薄的3页纸已经增加到110页，强化了对纳税人利益的保护。

到10月3日国会表决通过，整个计划书已经增加到400多页，简直就是鸿篇漫卷。

9月25日，在众议院的时候，保尔森已经给南希·佩洛西单膝下跪了，希望众议院的大员们能够对7000亿美元的方案放过一马。保尔森2006年在高盛坐在总裁的宝座上，日子是相当的滋润，根本就不想到财政部，要不是小布什三番五次地承诺给财政部更多的自治权力，保尔森也不会跑到这儿来自讨苦吃。没想到现在到了经济存亡之秋，自己的手上没有了权力，这一次是靠出卖尊严才换来一点点权力。

7. 天才少年变身高级幕僚

尼尔·卡什卡利敲开保尔森办公室的门，看见保尔森正趴在文件堆里忙碌着。

保尔森示意卡什卡利坐下，望着眼前这个35岁的年轻人，这么多天通宵达旦地熬夜修改方案，依然是那样的精神。在财政部有人私下嘲笑，卡什卡利跟保尔森一起出门的话，卡什卡利看上去就是一职业保镖。

“如果让你管理7000亿美元，怎么样？”保尔森微笑着问卡什卡利。

卡什卡利谦和地一笑，很简洁地回道：“可以。”

保尔森就欣赏卡什卡利的直爽，还有就是只要交给他的任务，他总是能够在规定的时间内完成，经常三五天地不睡觉，是财政部有名的夜猫子。财政部不夜城也是卡什卡利到了财政部之后才形成的。

尼尔·卡什卡利，这位年轻的小伙子大家很陌生，他却在保尔森执掌财政部的最后时光，成为保尔森真正的大管家，也是高盛集团少壮派进驻白宫最耀眼最传奇的明星。

这位小伙子剃着光头、浓眉大眼，标准的白宫保镖造型。2008年10月6日，保尔森宣布卡什卡利担任财政部金融稳定部的临时负责人，成为监控7000亿美元救市计划的关键人物。从那一刻起，这位小伙子所说的每一句话，所作的每一个决定，都将极有可能引起全球股市的震荡。

尼尔·卡什卡利出生于美国俄亥俄州史托，是第一代印度移民家庭的后裔。他的父母查曼（Chaman）和希拉（Sheila）均来自克什米尔地区的穷人区，两人在20世纪60年代从印度移民来到美国，以谋求更好的发展机遇。穷苦出生的父亲查曼退休前是阿克伦城大学的工学教授，母亲希拉则是一名医生。

家人都希望卡什卡利像父亲那样脚踏实地地过日子，但这个小伙子却不太喜欢安稳。他在伊利诺伊大学航空学专业学习的时候，就跑到高盛集团进行暑期实习，一到高盛卡什卡利就激情四溢，他发现了自己人生真正的激情所在。2002 年毕业之后，卡什卡利正式加入高盛，在旧金山工作，为开发防病毒软件等电脑安全程序的公司提供咨询。

搞技术的卡什卡利并没有像硅谷的技术精英们那样只是埋头搞研究，进入高盛后的卡什卡利不断跟多家公司搞合作，并且关系都很不错，甚至成功利用高盛的投资银行优势，撮合一些专业的交易，最有名的就是将提供电子邮件安全保障为主要业务的运营商 FrontBridge Technologies 介绍给微软，2005 年 8 月 FrontBridge Technologies 以数亿美元的价格把自己出售给了微软。

4 年时间，工科出生的卡什卡利终于凭着天资和不错的业绩，熬到了高盛旧金山分部副总裁的位置。这位来到高盛后还没有见过老板保尔森的年轻人，在提任副总裁之后的 2006 年 2 月，跟自己的主管来到纽约。第一次见到保尔森，没想到保尔森侃侃而谈，让卡什卡利感到保尔森是一位具有强烈鼓舞人心魅力的领导者。在会面中，卡什卡利向保尔森阐述了自己对公共事务管理方面的兴趣。

回到旧金山的尼尔·卡什卡利很快就听到一个消息：总统小布什要将现在的财政部长约翰·斯诺给拿掉，白宫幕僚长乔舒亚·布鲁斯特·博尔滕（Joshua Brewster Bolten）正在游说保尔森出任财政部长，不过拿着 3830 万美元年薪的保尔森对 20 万美元工资的财政部长并不感兴趣。

小布什很快明白了保尔森真正担心的不是工资，而是不想做一个“花瓶”和“传声筒”，因为在小布什任内的前两任财长保罗·奥尼尔和约翰·斯诺，都不是总统决策圈内的一员，而是沦为推销白宫减税政策的“推销员”。奥尼尔在离职后就曾感慨自己被排斥在白宫决策圈外，处于一个无关痛痒的职位。

小布什再次邀请保尔森出任财长时，两人在白宫长谈了一个下午，小布什答应会给保尔森比斯诺及奥尼尔前两任财长更大的国内和国际经济政策的决策权，他的实质权力会和国防部长及国务卿平起平坐。小布什的承诺终于让保尔森心动。2006 年 5 月 30 日，小布什正式提名保尔森出任财政部长，接替当天早些时候宣布辞职的约翰·斯诺。

让卡什卡利看到财政部有前途的是保尔森的就职仪式。

保尔森就职仪式当天，身为总统的小布什罕见地从白宫步行到财政部大楼出席仪式，而以往碰到类似情况，布什通常都会以车代步。小布什宣布保尔森的任命时，称赞保尔森“有极丰富的商业经验和对证券市场的深刻理解，有能力看清楚经济局势，保尔森会成为我在本土及国际经济政策方面的首席顾问，我们将保持相同态度，为国民制定合适的政策，继续保持美国经济繁荣”。

卡什卡利给保尔森打了一个电话：“亨利（Henry Paulson），”卡什卡利略略地停顿了一下，接着说，“你还记得我们几个月前的谈话不？如果你正在准备建立一支自己的团队，那么，我很愿意加入你们。”

保尔森努力地回想这个打电话的人，终于想起了那个旧金山的光头小伙子，高盛集团非常年轻的分部副总裁，相当有激情的家伙。时来运转，尼尔·卡什卡利就被任命为财政部负责国际经济和开发事务部的助理部长，主要承担着小布什总统的“20–10”能源安全计划。

2008年夏天，在参议院同意下，尼尔·卡什卡利被提升为国际经济方向的助理部长。这位航空专业的工科小伙子把大量的时间和精力花在了同美国银行界的交涉上，希望能够成功引入一种在欧洲银行业十分普遍的低风险借贷机制。

卡什卡利的生活很快就被席卷而来的金融风暴改编，不得不每天跟着保尔森一起想办法。不论是放弃状告老东家高盛的雷曼兄弟，还是解救房利美、房地美以及美国国际集团，卡什卡利都是保尔森最得力的助手。同时，卡什卡利与首席法律顾问罗伯特·霍伊特（Robert Hoyt），以及财政部立法事务部助理部长凯文·福劳默（Kevin Fromer），秘密地进行着代号为“击破玻璃”计划的研究设计。

保尔森答应伯南克出手拯救美国经济，在国会山跟参议院众议院的领袖们商讨方案的时候，卡什卡利跟同伴们正在财政部大楼里夜以继日地谋划7000亿美元的庞大拯救计划，这是老上司兼伯乐保尔森最后的杀手锏，只能成功。

7000亿美元的拯救权力终于拿到了，卡什卡利功不可没，保尔森顺理成章地出任财政部金融稳定部临时负责人，执掌7000亿美元的使用大权。在国会山听证的时候，议员们横加指责，说保尔森因为高盛持有200亿美元的AIG资产而拯救，而对于老东家高盛的对手雷曼兄弟却见死不救，财政部长过于对老东家忠诚。这一次，保尔森将7000亿美元的大权交给了卡什卡利，自己则躲到了背后。

走马上任的卡什卡利很快就处在了暴风口，老东家高盛在保尔森跟伯南克的博弈之中转成银行控股集团，纽约联邦储备银行给予高盛100亿美元的贷款支持。现在卡什卡利掌握了7000亿美元，只要动一动手指头，就能利用职务的便利将老东家的烂账以拯救的名义给收走，让高盛轻轻松松过冬。

口水跟骂声不绝于耳。

2008年10月7日，《纽约时报》的一篇报道更是将卡什卡利推向了火山口。报道称，卡什卡利准备把“几乎与该计划相关的所有项目进行外包”，并且，美国财政部表示，“他们正准备聘请一家公司作为金融代理机构来建立一个基础框架结构，其职责包括举办拍卖会、保证各种投资组合的运作及监管所有的具体操作性事务”。

卡什卡利的想法通过财政部对外一宣布，应者云集。

10月8日，卡什卡利的办公室已经收到100家资产管理公司提交的项目标书，厚厚的标书在卡什卡利的办公桌上堆成了小山，这些投标的公司都渴望能从财政部接下来的行动中获得一点儿利益。

一边摸着光头，一边手握标书，卡什卡利的手上正看着的是老东家高盛送过来的标书。详尽而又专业，卡什卡利自豪在高盛这样的老东家工作过，正是在老东家的工作让自己跟保尔森走到了一起，走到了今天，自己已经成为美国印度裔人的骄傲。

高盛的标书很快就曝光了，手握高盛股票的卡什卡利开始左右为难。高盛跳出来反复强调自己对该计划将提供无偿服务。但是没有人相信高盛这句话是真实的，因为在保尔森国会山听证的前一天，伯南克批准了高盛转向银行控股的申请，这样一来高盛就可以光明正大地获得美联储的救助，这是一笔财政部、美联储跟高盛的三角交易。

高盛成了银行控股公司，卡什卡利成了金融稳定部的负责人，高盛从美联储获得了100亿美元的贷款，在风雨飘摇的华尔街，财政部的目标就是保尔森常去的那一条街道，第一个就是自己的老东家高盛。

高盛掌握了美国的经济命脉，大权在卡什卡利跟保尔森的手上。卡什卡利甚至不讳言议员们的指责跟教授们的愤怒，对外界的一切一笑而过，包括指责他们两人是高盛的奴仆的时候，尼尔·卡什卡利依然微笑着说：“我不得不说，到最后，最关键的还是去赢得财长以及总统的信任，那才是最重要的，我们不要对我现在做的事情做过多的吹嘘，要知道，保尔森才是最后拍板说我们该往哪儿走，以及如何走，并把计划展开进行的人。”

8. 白宫的影子主人

保尔森在办公室琢磨“汉克计划”的时候，白宫来了一个电话。

老布什家族的两朝忠臣笑嘻嘻地坐到了保尔森的对面，这是高盛老掌柜的老朋友。看来，这位白宫的悍鹰已经盯上了自己。紧接着，小布什的电话就打了进来。小布什态度非常的谦和：“亨利，来白宫吧。”

忐忑不安的保尔森拎着行李箱到了华盛顿，拜完码头后发现议员给自己出了一道难题：对付中国人。保尔森脑子里轰的一下，不，高盛的“汉克计划”正在有条不紊地开展，一定要想个两全其美的法子。

要组建一个自己的班底，高盛人开始赶集一样地涌向了华盛顿。一个更大的棋局在华盛顿秘密展开了。

2005 年 8 月 1 日，联合国飞进一只美国悍鹰。

美国总统小布什有点儿气急败坏了，布什家族的两朝元老乔舒亚·布鲁斯特·博尔滕的联合国大使任命，国会山上那一帮民主党议员就是嚷嚷着不合适，简直是岂有此理。小布什管不了那么多，阿富汗战争跟伊拉克战争之后，联合国对美国的军事行动多方掣肘，美国在联合国的话语权需要进一步加强，现在美国派驻联合国的大使需要乔舒亚·布鲁斯特·博尔滕（Joshua Brewster Bolten）这样强硬的鹰派人物。

小布什喜欢的鹰派人物博尔滕是一位美国中央情报局特工的儿子，毕业于普林斯顿大学的伍德罗·威尔逊公共与国际事务学院（Woodrow Wilson School of Public and International Affairs）。在大学里，乔舒亚·布鲁斯特·博尔滕的观点非常的极端，不过这位爷后来在斯坦福法律学院主修了法律，他对政治更感兴趣，他选择在白宫做事。

博尔滕能进入白宫跟他的特工老爸有很大关系，那个时候老布什还不是总统，是博尔滕他老爸的顶头上司，中央情报局局长。后来老布什辅助里根总统，博尔滕就开始给老布什出谋划策。

1989 年老布什坐上总统宝座的时候，博尔滕就开始崭露头角，出任了 3 年美国贸易代表办公室高级顾问和 1 年总统立法事务助理。老布什一上台就采取了“超越遏制苏联”战略，加快和平瓦解社会主义阵营，苏联跟东欧纷纷解体。好战的老布什掀起“沙漠风暴”，打响了海湾战争。博尔滕的强硬作风在老布什的影响下慢慢形成。

老布什下课之后，乔舒亚·布鲁斯特·博尔滕决定去华尔街的高盛集团。并没有任何投资银行跟商业经验的博尔滕选择高盛的一个重要原因是，在进入白宫之后，结识了高盛前董事长约翰·怀特黑德，怀特黑德从 1985 年开始到老布什上台，一直担任美国副国务卿，两人后来关系非常密切。

美国经济在老布什的胡搞下元气大伤，到了 1994 年才有所恢复，整个国家通货膨胀的压力越来越大，高盛当年的收益成为十年来最差的一年。博尔滕来到高盛正好赶上内乱，首席执行官史蒂芬·弗里德曼提出延缓扩张速度的主张被合伙人否决掉，身为高级合伙人的史蒂芬·弗里德曼心灰意冷地离开公司，并带走了合伙资本。史蒂芬·弗里德曼的离开顿时让高盛陷入惶恐之中，合伙人陆陆续续地卷铺盖走人，当年 50 名合伙人离开公司，分公司、部门主管纷纷被竞争对手挖走。

1/3 的合伙人的离开，严重影响了高盛的稳定与发展，临危之时，乔恩·科尔金被紧急任命为高级合伙人、董事长，保尔森为副董事长，两人临危受命接管高盛。两人一上台就决定提拔更多的高盛员工做合伙人。法律专业的博尔滕作风凌厉，保尔森慧眼识珠，很快就把他提升为部门总裁，出任高盛集团的法律与政府事务的行政主管，成为高盛晋级合伙人最快的部门总裁。

1998 年夏天，对冲基金 LTCM 遭遇巨额的亏损，LTCM 的股东包括诺贝尔经济学奖得主、所罗门公司前副主席以及美国金融界的大腕们。美联储意识到 LTCM 的亏损不是简单的个体企业亏损，亚洲金融危机的病毒完全可能因为 LTCM 的死亡而传导到美国，这样一来全球将陷入金融危机。

美联储向高盛、摩根等华尔街大腕发出了联合拯救 LTCM 的号召，高盛首席执行官乔恩·科尔金全力配合美联储拯救 LTCM 的行动。这一年夏天，保尔森发动了夺权之战，最后乔恩·科尔金卷铺盖走人。鹰派作风的博尔滕对具有提携之恩的保尔森大加赞赏。

1999年老布什的儿子小布什筹备总统竞选，对博尔滕知根知底的老布什立即向儿子推荐了这位高盛集团的合伙人，本来就跟博尔滕是同学的小布什对老子的推荐欣然接受。作为布什家族的老臣，博尔滕成为小布什竞选的政策主管。

2000年11月7日，小布什参加了美国历史上竞争最为激烈的总统选举，民主党人戈尔和共和党人小布什在选票上出现了纠纷。决定小布什总统的危急时刻，博尔滕挺身而出，帮助小布什打选举官司，最终美国最高法院作出裁决，小布什成为美国第54届总统。

博尔滕临危救驾，成为布什家族的救驾功臣。

小布什一上台没有忘记自己的救驾功臣，马上任命博尔滕为白宫政策助理参谋，专门为小布什出谋划策。2003年，小布什发动伊拉克战争，博尔滕被任命为白宫预算办公室主任。2005年，伊朗核武器问题让小布什非常恼火，但伊朗总统内贾德嘴上功夫了得，让小布什很忌惮。于是小布什想将伊朗核武器问题提交给联合国安理会，让联合国先替美国开开路，试探试探伊朗的底细。但在伊拉克问题上，美国人压根儿就没有给联合国面子，两边关系闹得非常僵。美国要将联合国牢牢掌握在自己手上，必须派个强人去。小布什想到了自己的老哥们老同学，已经升任负责武器控制和国际事务副国务卿的博尔滕，这老哥们儿是学国际关系专业的，还懂得法律，绝对的鹰派人物。

自踏入政坛以来，博尔滕的鹰派作风完全暴露，他认为美国同世界的关系就是锤子和钉子的关系，美国爱敲打谁就敲打谁。他甚至还觉得联合国没什么用处："如果38层大楼的联合国总部失去10层，也没什么两样。"

博尔滕有高盛干掉对手的强硬作风，小布什派这样一个人物到联合国，就是要告诉全世界：美国将继续奉行强硬的对外政策，也不会放弃单边行动。

过于傲慢，仗势欺人。

民主党人不喜欢强人博尔滕，说他"有胁迫和报复下属等不良品行"。

由于民主党已经掌控了国会大多数席位，小布什的提名无法获得民主党的支持。博尔滕的任命迟迟未能通过，小布什气急败坏，不得不利用2005年8月1日国会休会，强行任命了具有争议的鹰派人物博尔滕出任美国驻联合国大使。

怒火攻心的美国民主党议员在一份声明中说，布什在向世界推行民主的时候，却绕过国会，连美国自己的民主都不要，"白宫在滥用职权"。布什政府在国内都可以随意"单边行动"，更何况对世界其他国家？

到了2006年4月，小布什的任命无法继续，博尔滕再也没法在联合国待下去，小布什决定给博尔滕挪个位置,回到自己的身边做自己最贴心的人:白宫幕僚长。

白宫幕僚长是美国总统办事机构的最高级别官员，同时亦是美利坚合众国总统的高级助理。幕僚长负责监督其下所有白宫幕僚的工作，安排总统的日程，安排总统会见活动，对总统的政策提供参谋意见，召集白宫办公厅会议等。白宫幕僚长经常被称为“守门人”、“第二总统”。

博尔滕当上幕僚长的第一件大事就是为小布什物色一个财政部长。第一任财政部长保罗·奥尼尔跟小布什唱对台戏，财政部跟白宫的关系异常的紧张，也就是这位爷在电视上揭了小布什的短，把小布什一当上总统就已经内定要搞死萨达姆的阴谋给揭穿了。保罗·奥尼尔下课后的继任者约翰·斯诺更是毫无建树，小布什要对财政部动手术。

美国流行一句话：民主党人为国家赚钱，共和党人花钱。

小布什的财务账本上已经出现大量的债务，克林顿时代的国家积蓄早耗光了，谁才能来收拾这个烂摊子？博尔滕想到了自己非常欣赏的伯乐、高盛首席执行官保尔森，就冲着1998年的夏季夺权，博尔滕就认定保尔森能够在财政部下狠手，有所作为。

博尔滕做了一份详细的保尔森简历，递交给小布什。早就对保尔森的强硬作风有所耳闻的小布什听从了博尔滕的建议，财政部长就是保尔森了。

博尔滕兴冲冲地给保尔森打了个电话，没想到被保尔森给拒绝了。保尔森有自己的主意，他现在手上拿着3830万美元工资，还有数亿美元股票，没必要去蹚财政部的浑水。再说前两任财政部长的落魄，自己又不是不知道，也就20万美元的年薪，何必跑到白宫受小布什的约束呢？

保尔森完全没有兴趣让博尔滕很意外，博尔滕开始给保尔森上课了。高盛历史上有多少人跟总统合作,财政部长、农业部副部长等职位都是高盛的人执掌，他们一样拿有巨额的工资，但是他们为了美国人的利益，也为了有一天更好地保护高盛的利益，他们选择了跟政府合作。

博尔滕甚至拍下胸脯，只要保尔森愿意，什么样的条件都可以直接跟总统小布什谈判，小布什打仗是为了石油，但是打仗是要花钱的，没有一个强势的财神爷掌管着财政部，小布什就是有再多的想法也白搭。

博尔滕的三寸不烂之舌终于打动了保尔森。其实保尔森也不是不想踏入政坛，只是他不想任人摆布而已，现在都可以跟小布什直接谈条件了，那还有什么担心的。

白宫幕僚长将保尔森带到小布什的办公室，然后关上门退了出来。

“亨利，你说说你的条件。”小布什咧嘴笑了笑，非常诚恳地望着保尔森。

高个子保尔森推了推滑到鼻子尖儿上的眼镜，环顾了一下小布什的办公室，这个地方太熟悉了，尼克松时代担任总统幕僚助理的时候，保尔森就来过这里，几十年了，一点变化都没有，唯一变化的就是人。这个地方曾经有巫山风流，这个地方曾经有谍影重重，尼克松时代的水门事件依然幽灵般地时常让保尔森夜不能寐，政治这个东西太可怕了。

当初从白宫到高盛，保尔森用了8年时间，才在1982年升为合伙人，这只是一般的合伙人。之后保尔森又用了6年时间，到1988年他获委任成为高盛芝加哥分部的主管合伙人。相比博尔滕依靠在白宫的权力影响力迅速地升迁，保尔森可以说是靠自己的实力打拼出来的。

保尔森在见到小布什之前，脑子里一直在思考一个问题，那就是小布什的任期还有2年时间，伊拉克战争已经将美国拖入战争的疲劳状态，充当世界警察的背后是对美国国力财政的巨大消耗。小布什政府的第一任财政部长甚至嘲笑小布什简直跟盲人一样，每次参加内阁会议的成员简直跟聋子一般无聊，从来没有对政策进行过认真的讨论。这太可怕了，2年的财政部长期限那不是成了聋子的耳朵——摆设了？见小布什之前，保尔森征求了不少朋友的意见，最后保尔森提出了自己的条件：要么改变内阁状态，要么小布什另请高明。

小布什听完保尔森的要求，哈哈一笑，这家伙是在跟自己要权。小布什没有那么多时间跟保尔森磨牙，他太需要保尔森这样的鹰派人物出面管理财政部了。小布什皱了皱眉头，答应了保尔森的要求：财政部有独立决策的权力，财政部长有参加白宫决策的权力。

2006年5月30日，小布什正式提名保尔森担任财政部长。

保尔森在获得了前两任财政部长没有的权力之后，终于开始办理在高盛的交接，抛售持有的上亿美元价值的高盛股票，准备带着大笔资金走进财政部。2006年7月，保尔森在小布什跑步相迎的欢迎仪式上坐上财政部掌门人的位置。

小布什在欢迎仪式上豪气地说：“保尔森会成为我在本土及国际经济政策方面的首席顾问，我们将保持相同的态度，为国民制定合适的政策，继续保持美国经济繁荣。”小布什可谓用心良苦，一方面告诉人们，保尔森是我小布什的得力干将，一方面又在警告保尔森，如果你跟我唱反调，不好意思，虽然我的任期只有2年时间了，一样会让你滚蛋。

人精一样的保尔森马上听出了笑面虎总统的话外之音，没办法，这就是白宫，这就是权力。承诺跟现实总是有很大差距，保尔森依然信心十足地说："美国经济发展与全球经济发展紧密相连，我们必须努力推动贸易和投资，促进改革和国际金融市场现代化，将尽全力使美国经济继续成为一个富有活力、弹性以及开放度的典范。"

白宫是小布什的，财政部是保尔森的，保尔森踌躇满志。

白宫、国会山跟华尔街的距离太远了，保尔森不想当白宫的推销员，更不想当国会山那帮议员的枪。华尔街走出来的保尔森重返白宫的权力中心，他要改变这个局面，要让华尔街跟财政部、跟白宫以及国会山的人紧紧地连在一起，让这一帮人时刻有一种感觉，那就是书生误国，利益攸关。

保尔森到办公室的第一件事情就是拉关系，这将是自己能否在财政部有所作为的关键。

保尔森给办公厅打了电话，声称马上召开一个财政部全体人员会议。一方面是要告诉所有的财政部官员，从今天开始，保尔森就是这里的真正主人。另一方面，是让这些新同事们了解自己的主张。面对黑压压的一大帮财政部官员，保尔森激情澎湃地阐述了自己对于财政部未来工作的规划。

高盛雷厉风行的风格被带到了财政部，保尔森是要打造高盛似的财政部。

给财政部的官员们阐述完自己的主张后，保尔森端着咖啡杯回到了自己的办公室，偌大的办公室显得有点空空荡荡，在高盛，自己是掌握高盛全球大权的皇帝，在华尔街，保尔森也是掷地有声的主儿。现在自己在这间屋子也能一样呼风唤雨吗？

保尔森马上拿起电话，接着跟国会山的议员们套近乎。没有他们的点头，小布什承诺多大的权力也是空话，没用的。分别跟参议院、众议院的民主党、共和党领袖们以及各个专业委员会的主席们进行电话交谈后，保尔森又开始给白宫的同僚们打电话，财政部需要他们的配合。

所有的事情都堪称是一个美好的开始，但在两个月之后，矛盾就激化了，保尔森的"汉克计划"在 2006 年 9 月开始遭遇威胁。"汉克计划"，源于保尔森在高盛工作时制定的一项旨在中国开设合资投行（高华）的计划。

国会第一个不给保尔森面子的，就是 2005 年 2 月提交"汇率报复案"的纽约州民主党参议员、参议院金融委员会资深成员查理·舒默。

保尔森上台第三个月就要到中国访问，中国政府有太多保尔森的老朋友（保尔森访问中国超过 70 次），加上高盛的老同事、前国务副卿，也就是后来那位掌舵世界银行操控格鲁吉亚经济的罗伯特·佐利克已经建立了中美经济双边对话机制，这一次保尔森到中国就是要搞好与中国这个老朋友的关系，由当初的高盛计划上升到美国计划。

保尔森要访问中国的消息让查理·舒默跟共和党参议员林赛·格雷厄姆知道了，俩人很不高兴。查理·舒默跟林赛·格雷厄姆一直对中国戴着有色眼镜，他们坚信美国的财富在贸易的过程之中流到了中国，中国在通过外贸战争打败美国。两人的言论很有挑逗性，从 2005 年 2 月到保尔森上台，两任的"汇率报复案"终于获得国会山的支持，2006 年 9 月底，两人推动对所有中国进口产品加征 27.5% 的报复性关税的议案交由国会表决。议案称，人民币汇率是造成美国对中国存在大量贸易逆差的重要原因。

查理·舒默跟林赛·格雷厄姆的偏激让保尔森左右为难，一旦中国之行没有取得他们想要的结果，以后国会山那条路可就难走了。事实证明，在美国经济快崩溃的时候，这两位爷就差跳出来指着保尔森的鼻子破口大骂了。国会山的人不好得罪。

保尔森跟中国领导人江泽民、胡锦涛、温家宝关系密切，在主政高盛时代就不断应邀到中国访问，项目合作，甚至经常被邀请到中南海紫光阁会晤，这样的礼遇是很多华尔街大佬做梦都得不到的，保尔森在中国却得到了。

如果跟中国站在对立面，那么自己跟中国多年的关系可能一下子就降到冰点。保尔森见了两人之后，回来对自己的幕僚们说："我本人或者政府绝不会支持任何保护主义立法，因此，我会竭力劝说他们不要再推动相关立法程序。"

"我可能会让舒默和格雷厄姆感到失望，他们一直希望我此次访问中国会带回来一些重大成果，但我认为，许多事情都需要从长计议。"保尔森拒绝跟查理·舒默和林赛·格雷厄姆妥协，他不想辛辛苦苦八年的"汉克计划"因为这一次访问而毁于一旦，不想因为自己在财政部这两年将高盛在中国的布局毁于一旦。

在执掌高盛的 8 年时间里，保尔森把中国市场列为高盛全球战略的重点地区。1999 年 5 月 8 日，北约轰炸中国驻南斯拉夫大使馆的时候，保尔森在获得了高盛老掌柜、财政部长鲁宾的支持下，毅然派员飞抵中国，拿下中国最大的石油石化工业改革项目，开始了庞大的"汉克计划"。

保尔森执政期间，让高盛取得了中国金融市场龙头老大的地位。高盛不仅仅成为政府发行海外债权的主承销商，还私有化大批中国大型国有企业，在高盛的名单上有中国石油、中国平安、中国银行、国家开发银行，等等。高盛也是第一家获得上海证交所B股交易许可权的外资投资银行，以及首批获得QFII资格的外资机构之一。2004年12月2日，高盛高华证券公司成立，使高盛成为第一家通过“买门票”方式直接在中国开办证券公司的外国投行。

高盛在中国取得的霸主地位证明保尔森的“汉克计划”在中国市场已经成功，这一次一上任，就要用汇率问题跟中国政府较劲，那样高盛经营多年的努力不就付诸东流了吗？保尔森到了中国是笑嘻嘻地说：“一个繁荣稳定的中国、一个能够而且愿意在全球经济中发挥带头作用的中国，与美国的利益息息相关。”

接下来保尔森就利用国会山议员们的压力跟中国政府大倒苦水，声称自己跟中国是多年的好朋友。“我们面临的最大风险不是中国超过美国，而是中国停止推进维持经济增长所必需的改革。”保尔森甚至伪装成非常友好的样子提醒中国政府，“如果中国不迅速采取行动，继续进行经济改革，就会面临来自其他国际经济利益相关者的反弹。这种反弹对我们任何人都没有好处。”

保尔森的一切都是为了高盛的“汉克计划”继续在中国畅行无阻，希望美国人能在中国取得的利益最大化。小布什到处放枪放炮的，将美国拖入战争的汪洋大海，美国已经是个穷国了，这个时候他们需要中国持续的繁荣，不然像高盛这样的美国金融财团怎么能够发展壮大，美国的金融一旦失去市场，美国的经济就彻底瘫痪了。

9. 美联储到底归谁管

保尔森决定组建一个高盛班底的美国财政部。

保尔森给老朋友老同事罗伯特·斯蒂尔（Robert Steel）打了个电话，希望能跟这位老朋友好好聊聊。1976年加入高盛的罗伯特·斯蒂尔比保尔森晚进高盛2年，这哥们相当勤奋，在高盛集团人缘特好，跟保尔森的关系非常不错，保尔森掌权之后，罗伯特·斯蒂尔升任副董事长，同时也是高盛管理委员会的成员。没两年时间，55岁的罗伯特·斯蒂尔选择了退休，将管理委员会的权力更多地交给了保尔森。保尔森的独断魅力让高盛走上了发展的康庄大道，退休后的罗伯特·斯蒂尔到哈佛大学肯尼迪行政学院做了高级研究员，悠哉地享受自己的晚年。

不过保尔森可没有完全放行这位老朋友，他在高盛办公楼给斯蒂尔留了一间办公室，将其返聘为高盛的兼职顾问。保尔森主政高盛期间，还经常给罗伯特·斯蒂尔打电话，听听这位老朋友的意见。

现在，保尔森步入政坛，遇到不少麻烦，国会山的议员太刁钻了，保尔森需要财政部完全成为高盛人的天下，斯蒂尔是很好的人选。保尔森很直接："我想将财政部负责国内事务的副部长兰道尔·考利斯（Randal Quarles）换下来，罗伯特，我想这个位子很适合你，我现在初来乍到，需要你的帮助。"

斯蒂尔对保尔森接任只有2年期限的财政部长这个职务一点都不惊讶，保尔森永远都在追求有所作为，高盛已经成为华尔街数一数二的大佬，没有对手了。只是让罗伯特·斯蒂尔意想不到的是，保尔森居然不按照常理出牌，一般来讲，接任财政部长的官员都是先当顾问，摸摸情况，再走马上任，保尔森这一次却跳过了这一步。

保尔森在财政部为罗伯特·斯蒂尔准备了办公室：副部长兼首席国内事务顾问。

这边保尔森正在苦思冥想地选人，那边就有人主动送上门来了。尼尔·卡什卡利的电话进来了，就是那个航空专业的光头小伙子，看样子也很能干。保尔森接到卡什卡利的电话后，也为卡什卡利安排了一个助理部长的职务，这小兄弟很卖力气，在后来的金融危机之中，成为保尔森的股肱之臣。

总统小布什也给保尔森推荐了一个人，就是保尔森在哈佛商学院的老同学、高盛集团的前合伙人肯·威尔逊（Ken Wilson）。保尔森对这位老爷子那是相当的熟悉跟了解。

1998年，保尔森夺取高盛大权的时候，肯·威尔逊来到了高盛，协助保尔森推进高盛的上市。过去的十年间，肯·威尔逊在华尔街街知巷闻，尤其是在美国上市银行资本调整以及重组交易方面影响力巨大。当然，肯·威尔逊在大宗商品交易市场上长袖善舞，对于国际原油价格，他也有着惊人的判断力，一直是高盛石油炒作的灵魂人物，高盛在石油市场赚钱主要就是这位爷的功劳。

此时，61岁的肯·威尔逊刚刚从高盛退休。保尔森希望能够跟肯·威尔逊再度携手，重组小布什政府的金融，不过保尔森也嗅到了小布什总统的更深层的含义：不管是肯·威尔逊，还是高盛集团，他们都是世界头号原油多头分子，现在由肯·威尔逊辅佐我保尔森，小布什就是要敲警钟，像高盛这样的大行不顾一切地炒作油价，要收敛收敛，民主党人对油价的持续暴涨很不高兴，不能继续下去了。

保尔森还给自己整了一堆的顾问。

高盛前任首席行政官埃德·福斯特（Ed Forst），前任司库兼副首席财务官丹·杰斯特（Dan Jester），以及前任执行董事史蒂夫·夏弗兰（Steve Shafran）。

这三位都是保尔森的老伙计了，他们带着高盛的利益走进了财政部。

高盛一份委托书文件显示，埃德·福斯特在2004年和2005年分别拿到了价值580万美元和770万美元的限制性股票奖励。该文件将其在高盛的持股价值标为2580万美元。此外，在首次公开发行股票（IPO）前他的持股数额也与此相当。

丹·杰斯特在高盛上市的第二年，也就是2000年成为合伙人。在财务方面，丹·杰斯特一直是保尔森的好管家，不过非常遗憾的是，几年前这位兄弟离开了高盛，成立了一家对冲基金公司。不过丹·杰斯特手上还有大量的高盛股票，按照市场价值估算，总金额在1000万美元以上。

掌控钱袋子才能更直接地掌控华尔街乃至整个美国经济的命脉。

高盛班底垄断了财政部，保尔森决定将手伸进纽约联邦储备银行。

纽约联邦储备银行是1924年新文艺复兴时期建造的银行，位于曼哈顿的金融区。它是美国联邦储备系统中最重要的、最有影响力的储备银行，负责第二个储备区，在美国的金融领域占据着举足轻重的地位。它有别于全美其他11个地区性银行，因其位处美国金融中心，直接执行中央政府的货币政策，进行大量的外汇交易。

保尔森选择纽约联邦储备银行下手的一个重要原因是，财政部跟美国联邦开放市场委员会共同指导其工作，在美联储的地方系统中，纽约储备银行也是最有力的银行监督者。更重要的是纽约联邦储备银行最重要的一个客户是美国政府。因为美国财政部的账户开在纽约联邦储备银行，因此它还充当着美国财政部银行的角色。

受美国财政部之托，纽约联邦储备银行监视着美国联邦政府日常的资金周转活动，以及重大的战略性资金周转活动，不但负责监视和控制美国银行的日常业务往来，而且还负责和世界各国的中央银行保持官方的支付业务关系，并且执行外汇交易。同时，纽约联邦储备银行还管理美国财政部很大一部分债务。

目前掌权纽约联邦储备银行的行长是蒂莫西·盖特纳。克林顿政府时代，保尔森在高盛掌权之前的另一位掌门人鲁宾走进了白宫内阁，担任美国财政部长，那个时候蒂莫西·盖特纳非常年轻，鲁宾却非常倚重盖特纳，将其迅速提拔为财政部第三号人物，蒂莫西·盖特纳一直视鲁宾为伯乐。2003年，蒂莫西·盖特纳当上了纽约联邦储备银行行长。上任后，没有金融从业经验的盖特纳很快露出跛脚短板了。盖特纳聘请了高盛集团经济学家威廉·达德利（William Dudley）负责在政府证券交易方面的事务，授权高盛前主管杰拉尔德·科利根（E Gerald Gorrigan）成立专门的华尔街风险监管小组。

科利根很有意思，他曾是纽约联邦储备银行董事会主席、行长兼任美联储公开市场委员会副主席。1993年他从纽约联邦储备银行辞职，到了高盛集团，一步步开始重新奋斗。这位爷可没有后来小布什的白宫幕僚长博尔滕的运气，辛苦奋斗，3年之后的1996年才提升为高盛合伙人，成为保尔森办公的大管家。保尔森对这位从纽约联邦储备银行下来的管家信任有加，让他担任高盛风险管理委员会，以及高盛全球合规与控制委员会的联席主席，成为保尔森在高盛的得力干将。

2003年，对金融业不怎么懂行的盖特纳，决定将这位爷返聘回纽约联邦储备银行。盖特纳相信,以科利根在高盛的经验与地位,监控华尔街那是绰绰有余。

同时，保尔森毛遂自荐，以财政部长的身份成为纽约联邦储备银行 6 个顾问之一。保尔森还将自己的老朋友、1998 年夺权功臣，高盛前联席主席约翰·赛恩推荐给了盖特纳。作为纽约联邦储备银行最大的客户,财政部推荐两三个顾问,盖特纳这位高盛老掌柜提拔出来，在高盛人力荐上台的纽约联邦储备银行行长又怎么会拒绝呢?

于是，纽约联邦储备银行的六席顾问，高盛人占据了三席。也就不难理解在金融危机爆发之后,蒂莫西·盖特纳为什么对高盛的对手雷曼兄弟见死不救了,为什么会在最后关头拯救 AIG，为什么美联储拯救 AIG 的条件是高盛人接替总裁职位。为什么在 7000 亿美元救市方案国会听证的前夜，高盛能够华丽转身成为银行控股集团。

高盛的老朋友、民主党人奥巴马在 2009 年 1 月 20 日入主白宫，盖特纳接替保尔森成为奥巴马内阁最年轻的阁员，出任美国财政部长。这符合高盛人的利益跟安排，盖特纳在拯救 AIG 的过程之中也是相当积极，850 亿美元都是从纽约联邦储备银行出的，其中的 129 亿美元流向了高盛。

盖特纳跟高盛的交易剪不断理还乱。

保尔森将财政部长的位置留给了蒂莫西·盖特纳，纽约联邦储备银行行长的位置却出现空缺，谁来掌握这个钱袋子？盯住这个肥缺的人很多，行长一职争夺激烈，美联储行长伯南克就站出来力挺美联储副主席唐·科恩（Don Kohn）接任蒂莫西·盖特纳，但是另一位美联储理事会成员凯文·沃什（Kevin Warsh）这个时候跳出来要跟唐·科恩竞争。

高盛不想把这个机会留给别人。无论是唐·科恩还是凯文·沃什，都需要过纽约联邦储备银行的人选委员会这一关，这个委员会的负责人就是那位提拔保尔森的高盛高级合伙人、联席首席执行官，现在依然是高盛董事的史蒂芬·弗里德曼。

史蒂芬·弗里德曼能够成为人选委员会负责人，跟离开高盛后的白宫经历有很大关系。2002 年 12 月，作为高盛前任联席首席执行官的史蒂芬·弗里德曼来到白宫，成为总统经济顾问委员会主席，后来升任白宫外国情报咨询委员会主席。史蒂芬·弗里德曼的高盛背景跟白宫经历，足以胜任人选委员会负责人职务。

弗里德曼公布了一份包括 4 位美联储内部人士和 3 名外来人士的大名单。

关键时刻，唐·科恩选择了放弃，凯文·沃什也没有捞到好处，纽约联邦储备银行行长的交椅却让弗里德曼给坐上了。弗里德曼在担任人选委员会负责人的时候，纽约联邦储蓄银行正在忙着拯救华尔街，也正是在这个时候高盛进行了华丽转身。弗里德曼之前抛售大量高盛股票，在坐上人选委员会负责人位置后，身为高盛董事，又大量买入高盛股票。

高盛在奥巴马时代，安插在美联储最核心的纽约分部的棋子突然之间曝光，史蒂芬·弗里德曼相当的被动，不得不递交辞职报告。整个华尔街跟国会哗然，从人士安排到保尔森的整个救市计划来看，这一切的一切都是高盛人在一手操纵，操纵的背后是这些高盛人忠诚地为高盛的利益服务，美国财政、美联储都掌握在高盛人的手心。

完美的棋局终于将对手们统统干掉了，贝尔斯登倒下了，百年的雷曼兄弟倒下了，那个从中国发家的 AIG 也成为高盛人手上的棋子，在华尔街，在美国，高盛成了真正的主宰。一切都做得那么隐秘，一切看上去都是那样的光明磊落，这就是高盛的绝杀技巧。伸向白宫的高盛之手，控制了美国的金融神经，这一根神经宛如高盛手上的木偶提线。

木偶提线的操纵者高盛做空贝尔斯登后，次级债大佬雷曼兄弟的死亡只是一个时间问题，当雷曼兄弟满世界求爷爷告奶奶的时候，高盛一步步地瓦解了雷曼兄弟的潜在拯救者。当雷曼兄弟企图将战火引向两房的时候，他们挑动了美国人民这一条更大的引线，在任何一个国家，人民的安定是第一大事，雷曼兄弟的致命错误让高盛抓住了最强烈的攻击漏洞。AIG 的窟窿本让高盛陷入危局，救人还是自救？一切的一切都是那样的惊心动魄，财政部的高盛之手却将 AIG 变成了高盛人的棋子，天下金融棋局不出高盛左右。

CHAPTER 5

第五章

全球隐秘操控

一场神秘的飞机失事，一份绝密的电文，意大利整个时局急转直下。石油巨头意外身亡，难道只是巧合？意大利人惊魂未定，一场莫名其妙的行贿案风起云涌。一个英伦的来客直奔财政部大楼，这背后酝酿的是一场怎样的阴谋？

风尘仆仆的英伦客从意大利起飞，带着保尔森制订的秘密计划飞抵北京。南斯拉夫硝烟弥漫，却掩不住中国人的愤怒。掌握着中国筹码的英伦客，拿出一份蓄谋已久的报告，保尔森的计划迈出了关键的一步。

龙筹大班在雨中凄凉地抽泣，一份份绝密的交易记录，一份份生死的重组契约，一个万里之遥的电话，击碎了所有的理想与梦幻。血在滴，哭泣依然，一帮义愤填膺的中国官员挑灯夜读，发现连中国的猪都改姓了，美国人在哥本哈根上只是在可怜地施舍，两美元还不够买棺材板儿。

一个女人将中国推到了美国政客的对面，印度人抓住了机会，在欧洲人面前肆无忌惮地说："我所做的一切就是为了对付中国。"在高盛的操刀下，巴黎的妖姬成为高盛的绝杀棋子，俄罗斯富豪落难而退。欧洲计划成功让印度人志得意满，美国国会山议员们拿着印度人的钱，将枪口对准了中国……

1. 离奇消失的石油大亨

在世界石油界或是在意大利，在马太伊深深地留下烙印的地方，很难再有人能与他相提并论。他的突然离去，给世界石油市场，也给意大利带来了深刻的影响。

——英国财经周刊

中情局收到一份来自罗马的电文，一架从西西里飞往米兰的飞机坠毁了。

看似普通的坠机事件，却让意大利举国震惊。原来，这架飞机上有一位重量级的乘客，他就是埃尼集团的总裁恩里克·马太伊。

飞机残骸里,马太伊已经面目全非,曾经叱咤风云的石油大亨就这么消失了。

随着马太伊一起消失的，是埃尼集团成为全球顶级石油大腕的梦想。

第二天，神秘的中情局人员撤离了罗马。美国人的战舰在海湾掀起了沙漠风暴，一场离奇的行贿案席卷了整个意大利政坛。

在石油价格疯狂上涨到 147 美元一桶，甚至高盛的预言分析师默提抛出了 200 美元一桶的天价报告之后，世界在疯狂。当全球的目光都投向壳牌、BP、埃克森等国际大腕的时候，谁会想起意大利那位最有机会成为全球顶级大腕的石油大亨呢?

一切都已经破灭了，埃尼集团，意大利最大的石油天然气集团公司，当年的石油大亨早已荣光不在，如今排名仅位居全球第七位。

1926 年成立的 AGIP 是意大利老牌的石油公司，也是埃尼的前身。

1945 年，经历过第二次世界大战的意大利被墨索里尼折腾得早已是千疮百孔。新的国家领导人阿尔契德·加斯贝利走马上任，摆在他面前的是一个伤痕累累的意大利。国民生产总值仍停留在 1911 年的水平，与 1938 年的水平相比下降了40%。战争让意大利的死亡人数骤减，但由于其殖民地丢失，大批意大利人被遣返，人口又急剧增加。饥饿时刻威胁着人们，生活水平十分低下。石油资源迅速消耗掉，AGIP沦为战争的工具。随着“二战”的结束，AGIP也走到了破产的边缘。加斯贝利急需恢复国内经济，于是意大利最大的非共产党抵抗组织的领导人、个性强硬的马太伊临危受命，成为AGIP的新一代领导人。

当时，加斯贝利的命令是要马太伊尽快将AGIP变卖给私人，甩掉这个政府背着的大包袱。但是具有前瞻眼光的马太伊并没有照做，相反，他到处寻找石油跟天然气，甚至向国会提出，意大利的战后经济重建必须由政府掌握石油、天然气等本土资源。

一直在意大利北部波河平原勘探的马太伊很快就在卡维亚、科尔特马吉奥雷的克莱莫纳南部找到了石油跟天然气，这是意大利第一次在本土发现石油。马太伊一改以往用美元储备从英美石油商手上购买石油的做法，做出了一个不可思议的决定：修建了一条2500英里长的天然气管道，把天然气从科尔特马吉奥雷输送到米兰和都灵等工业城市。

谁能想到，曾经濒临倒闭的企业日后却成了欧美大亨们的心头大患呢？

让英美石油商更加义愤填膺的是，马太伊借助国家控制力量独占了意大利石油天然气市场，还跟美国人的眼中钉、伊朗的民族主义首相摩萨台勾结在一起。

1949年，美国人灰头土脸地，彻底失去了对中国的掌控。这一年，摩萨台创建了伊朗民族阵线，提出石油国有化的法案。这一招明摆着就是要让英国石油公司从伊朗滚蛋，火药味十足。一旦英国人跟摩萨台撕破脸皮，伊朗就完全有可能站到一直对石油垂涎三尺的苏联阵营一边，那样，美国在中东的控制力将拱手让给苏联，这让美国人很恼火。

摩萨台的石油国有化在一步步实现。1951年3月，伊朗众议院通过了摩萨台的石油国有化法案，第二个月伊朗国王礼萨·巴列维不得不任命摩萨台为首相。半年之后的10月，摩萨台政府宣布实行石油国有化，下令接管英伊石油公司。伊朗的石油国有化了，英国人灰溜溜地离开了伊朗市场。美国人恼怒不已，中情局决定收拾一下摩萨台，直接控制伊朗政府，密谋推翻摩萨台政权。

剑拔弩张的时候，马太伊悄悄地飞到了伊朗，成了摩萨台的座上宾，两人把酒言欢，商讨着AGIP从伊朗购买石油的买卖。两人是一见钟情，互许终身。不过这中间还有一个障碍，意大利的石油运输跟网络基本掌握在英美石油公司手上，AGIP要想从伊朗将石油跟天然气运输到意大利，那简直就是天方夜谭。

1953 年 2 月，恩里克 · 马太伊成功地游说国会，通过了一项能源新法案，根据该法案设立一家由马太伊任总裁的半自治的国家能源控股公司，也就是今天的埃尼集团。

埃尼集团一开始就将目标定位为全球老大。之前的 AGIP 公司在埃尼集团的新格局之中成为石油和天然气提炼子公司，同时马太伊还成立了管道子公司（SNAM）、合成橡胶厂、重型工程建设公司、油船队等企业，这样一来埃尼集团迅速在全意大利建立了油船队和加油站网络，在质量和客户服务上超过了埃索和壳牌，尤其是油船队的成立打破了英美石油商对油船队的垄断。

马太伊的宏大计划刚刚完成，1953 年 8 月，摩萨台就被美国中情局联手反对派给逮捕了，马太伊的伊朗石油计划落空了。英美石油公司重返伊朗，BP 得到了 40%的石油开采权，皇家壳牌得到了 14%的开采权，英国人成为伊朗石油的大佬。辛辛苦苦搞垮摩萨台政权的美国人不甘落后，洛克菲勒集团拿到了 40%的石油开采权。马太伊希望能够分食剩下的 6%，但英美没有给马太伊这个机会，而是让给了法国的 CFP。

在伊朗失意的马太伊并没有放慢脚步，他让英美人吃惊。摩萨台已经没戏了，幸好天下的姑娘还有那么多，咱可得抓紧时间另娶。1954 年，马太伊勾搭上了埃及新的民族主义领导人纳赛尔，获得了埃及西奈半岛部分石油开采权，埃尼集团每年可以获得 250 万吨的原油，意大利人再也不用花美元储备就可以满足国内石油增长的需求了。

美国人这才意识到这个四处勾搭民族主义领导人的马太伊是个危险分子，马太伊勾搭的这些家伙可都掌握着全球丰富的石油资源，再这样下去，埃尼集团超越洛克菲勒以及壳牌等石油大佬就只是一个时间问题了。美国驻罗马大使馆再也不能容忍中情局对马太伊的轻视了，他以大使备忘录的形式向华盛顿发出警示："在意大利经济史上，一家国有公司拥有如此好的债务偿还能力，这是第一次。这完全归功于这家企业卓越而负责的领导者"。

中情局非常紧张，一定要解决掉这个威胁到英美利益的政府企业。让美国意想不到的是，在英美的帮助下从摩萨台手中成功夺权的伊朗国王巴列维，居然在 3 年之后，又开始跟马太伊大张旗鼓地商谈合作。在新成立的合资公司 SIRIP 里，伊朗国家石油公司将得到总利润的 75%，埃尼得 25%，SIRIP 拥有在伊朗 8800 平方英里可能含有石油的未分配地区 25 年的垄断开采权。

英国人愤怒了，咆哮着向巴列维吼道："意大利人在中东的石油产区又伸进来一条腿。”

美国人不像英国人那样没有绅士风度，而是冷静地坐下来思考利益分配问题。在埃尼再次将腿伸进伊朗土地上之前，英美石油公司在以伊朗为首的发展中国家的利益分配上采取五五分成的办法，现在马太伊跟巴列维的谈判完全打破了英美石油集团的游戏规则，一旦马太伊的游戏规则实行下去，那英美石油集团的利益就将损失一半。

马太伊的新游戏规则无异于是在打价格战，在巨大的利益面前，救驾之恩早已被巴列维抛之脑后。更为可怕的是，马太伊还在秘密地跟摩洛哥、苏丹、坦桑尼亚、加纳、印度、阿根廷、东德、比利时等国家接触。如果德国、比利时等国家也纷纷仿效伊朗，那英美的损失可就大了。一旦英美石油商不答应这些国家政府的条件，撕破脸皮，后果就很严重了。尤其是西德政权，一直是东德跟苏联阵营争取的对象，那样一来欧洲的共产主义势力将进一步加强。

该死的马太伊！太不把美国放在眼里了。华盛顿政府决定给马太伊亲自敲敲警钟，提醒一下马太伊，别再扰乱全世界的石油秩序。英美向来不分家，美国人既然都计划好了，英国人自然乐得屁颠屁颠地跟在后面做帮手。

美国和英国政府非常严厉地向巴列维提出抗议，要求伊朗中止与马太伊的合作。

在白花花的银子诱惑面前，伊朗依然我行我素，无视英美的抗议，跟马太伊的合作有条不紊地继续下去。马太伊甚至将以伊朗为首的中东石油当成是意大利崛起的能源基地。更让美国中情局震惊的是，这个在伊朗、埃及等地给英美制造麻烦的马太伊已经秘密地跟苏联勾搭上了。1958年10月11日，恩里克·马太伊在莫斯科跟苏联外贸部部长帕托里兹切夫签订了石油购买协议，条件是埃尼公司修建一条从伏尔加河—乌拉尔到捷克斯洛伐克、波兰、匈牙利输送苏联石油的大型管道网。苏联人用石油从东欧换粮食以及工业品，完全掌控了东欧的政局。

1961年3月，埃尼油船队运载着1.8万吨伊朗原油回到了意大利的巴里港。随着苏联石油管网的建成，欧洲的石油价格迅速下降，埃尼集团成了欧洲石油的主宰，英美石油失去了市场竞争力。美国中情局将恩里克·马太伊称为“地下共产党员”。

1962年10月27日，也就是苏联通往东欧的石油管网建成后的一个月，56岁的马太伊乘坐的一架从西西里到米兰的私营航空公司的飞机坠毁了，机毁人亡。

难道只是巧合？谁杀死了恩里克·马太伊？

有一个事实我们必须知道，那就是美国中情局局长约翰·麦科恩拥有加州标准石油公司100多万股的股份。就在马太伊死后第二天，美国中情局驻罗马负责人托马斯·卡拉梅辛斯向美国白宫提交了一份神秘的恩里克·马太伊死亡报告，没过几天，这位后来在智利军事政变之中充当幕后导演的托马斯·卡拉梅辛斯就悄悄地离开了意大利。

失去了恩里克·马太伊的埃尼集团顿时失去了灵魂。

在全球各地撒下网络的埃尼集团陷入了混乱之中，埃尼集团在欧洲国家以及发展中国家的业务迅速萎缩，之前恩里克·马太伊的扩张转眼间变成了累赘，亏损开始出现，埃尼集团成了靠意大利财政补贴过日子的最大的困难户。

不到10年时间，埃尼集团旗下的资产就开始分崩离析。到了1990年，一直靠财政补贴的埃尼集团不可思议地收购了当时意大利最大的私营化工集团蒙泰迪生集团大部分股权，更为夸张的是作为政府100%控股的埃尼集团在收购蒙泰迪生集团的过程之中向当时的社会党书记、前总理克拉克西以及天民党、共和党、自由党、社会民主党行贿，金额达1500亿里拉。

埃尼集团的并购丑闻激怒了善良的老百姓，反对党议员义愤填膺，强烈要求埃尼集团私有化。从中拿到巨额好处的执政派系北方联盟更是鼎力支持埃尼集团进行股份制改造，将意大利政府控制的国有企业演变成国际公司。

意大利人闹得越凶，美国就越高兴。美国中情局的目的实现了，国家控制的石油公司代表意大利政府的利益，目标是满足意大利国内石油、天然气的需求，更进一步说，就是还会跟英美石油商抢占资源跟国际市场。一旦埃尼集团私有化，成为国际石油公司之后，那么埃尼集团就代表股东的利益，目标是实现股东利益最大化。

谁会成为埃尼真正的控制人？

美国人的机会来了。

2. 趁乱打劫，秘密掌控埃尼

1991 年元旦的喜庆还没有结束，美国总统老布什就下令空袭伊拉克，以美军为首的多国部队在海湾掀起了沙漠风暴。伊拉克的战争行动掐住了美国石油海湾生命线，老布什就是要教训一下伊拉克，确保美国石油在海湾的利益。埃尼集团这个美国石油在海湾的老对手也该被干掉，成为美国人的掌中玩物。

海湾地区硝烟弥漫的时候，高盛欧洲投行部重量级元老、股票资本市场部董事总经理保罗·沉斯培（Paul Schapira）秘密飞抵罗马，跟意大利财政部总干事马里奥·德拉基（Mario Draghi）进行洽谈埃尼集团私有化的具体事宜。

马里奥·德拉基是意大利政府指定负责国有企业改革的干将，在埃尼集团私有化之前，意大利已经进行了四波国有企业的股份制改造。之所以迟迟没有让德拉基对埃尼集团下手，是意大利政府担心国家失去对埃尼集团的控制之后，意大利市场的石油跟天然气价格的主导权就完全失去控制，一直跟埃尼集团竞争的美国石油商人就会借机哄抬石油天然气价格，这样一来又将重蹈 1953 年之前意大利美元储备全部掏出来购买高价石油天然气，最后整个意大利财政面临崩溃的危险。

在马里奥·德拉基的安排下，素有能源专家之称的保罗·沉斯培苦口婆心地给意大利各部门官员上课，尤其是向国会议员们描述私有化后的埃尼集团前景是多么美好。埃尼会在规范的国际公司标准之下进行运转，也可以像壳牌等公司那样平等地在世界各地进行石油天然气资源的竞争，美国政府、英国政府再也不会以埃尼集团是政府掌控的国有企业，需要进行保护性竞争为借口刁难埃尼集团，那样埃尼集团就能实现当年恩里克·马太伊的遗愿，成为超级国际石油大亨。

沉斯培的一番鼓动让意大利国会议员们很是动心，但是马太伊的死亡与美国中情局的阴毒依然让意大利政府心有余悸。最后沉斯培领衔的高盛投行团队给埃尼集团上市作了一个保守的方案，发行12亿股，占埃尼集团15%的股份。埃尼集团在意大利、纽约、伦敦三地挂牌交易，英美的资本界通过股份将一只脚伸进了埃尼集团的内部。

高盛成了英美石油大亨击垮意大利政府掌控埃尼集团的英雄。可是，高盛并没有就此收手。干掉所有的对手，秘密掌控埃尼才是高盛的目的。

德拉基突然从意大利财政部辞职，摇身一变，成为高盛的高级打工仔。这要归功于保罗·沉斯培的游说。德拉基的政治人脉为高盛带来了丰富的客户资源，他成功地坐上了高盛欧洲公司高级副总裁的职位。很快，德拉基又成了高盛的合伙人，主要在资产销售和股票咨询上为企业和各国政府提供商业建议。曾经跟德拉基合谋埃尼集团私有化的保罗·沉斯培继续在能源，尤其是石油天然气领域寻找机会。

德拉基积极配合高盛私有化埃尼集团之后就挂冠而去，在高盛鼓吹石油价格暴涨的时候进入高盛，这背后不得不让人猜疑，德拉基跟高盛是不是有什么不可告人的秘密交易？

高盛的回报相当隐秘。

持有埃尼集团5%以上股权的10大股东之中，先锋投资同时持有高盛2.54%的股权、道富环球投资管理公司持有高盛3.33%的股权、资本守护信托持有高盛2.22%股权、联博资产管理有限公司持有高盛2.01%股权。这些公司在中国的石油系统持有大量股权，其中的道富环球投资管理公司跟联博资产管理有限公司同时还是中国社保基金的海外投资管理人。

高盛通过先锋投资等四家大股东影响埃尼集团20%的股权，事情还不止这么简单。

还有一个机构，持有埃尼10%的股权，在埃尼集团中算是最大的单一财团股东，那就是英国的巴克莱集团。遥远的巴克莱集团的背后，高盛的魅影迷离了全球的眼睛。

这是一层云雾缭绕的操控关系。

高盛是日本三井住友银行的大股东，三井住友银行借助巴克莱融资的机会买走了5亿英镑的股票，成为巴克莱的老板之一。三井住友银行的背后站着高盛是地球人都知道的。这还不够，高盛还有一只中国之手掌控着巴克莱。

在2005年的时候，高盛在纽约为中国国家开发银行向全球发行了10亿美元的债券。中国国家开发银行行长陈元还在华尔街高盛总部同高盛集团的掌门人劳埃德·布兰克费恩进行了秘密会晤，双方相谈甚欢。

两年之后的2007年，中国国家开发银行出人意料地掏出22亿欧元买入巴克莱股权，成为巴克莱股权的大股东之一。

后来，中国工商银行面临海外股东抛售的艰难境地，中国国家开发银行大股东中国汇金投资公司大笔资金买入工商银行，高盛站出来坚决为中国汇金投资公司锁仓工商银行，确保中国国家开发银行大股东中国汇金投资公司在工商银行的利益，高盛跟国家开发银行的关系更进一步。

现在终于可以清晰地看到高盛隐秘操控埃尼集团的线路了：巴克莱持有埃尼集团的股权，成为埃尼集团的大股东之一，日本三井住友银行以及中国国家开发银行持有巴克莱股权，是巴克莱股权的大股东之一，高盛是日本三井住友银行的大股东，中国国家开发银行的深度合作伙伴。

高盛能够影响控制30%埃尼股份，意大利政府持有埃尼36%的股权，在资本说话的年月，意大利政府不可能得罪高盛这样操控着美国财政部的大财团。

漫长的半个世纪，美国人笑到了最后。

埃尼集团在阴谋中失去了世界老大的机会，为了彻底让埃尼集团摆脱意大利政府的控制，成为美国人的囊中之物，高盛主导了埃尼集团的私有化，之后，联手美国石油集团大发石油横财的高盛成了埃尼集团的影子掌门人。

3. 飞往北京的欧洲密使

1999年5月8日，世界震惊。

当中国人民还在睡梦中时，世界的另一端，遥远的贝尔格莱德，导弹横飞、硝烟弥漫。突然，3枚导弹穿透中国驻南斯拉夫大使馆主楼5楼，直穿地下室。3名中国新闻界的记者当场捐躯，使馆内20多名工作人员受伤，整个中国驻南斯拉夫大使馆一片狼烟。

5月8日下午，中国外交部副部长王英凡紧急召见美国驻中国大使尚慕杰，奉命就中国驻南斯拉夫大使馆遭北约导弹袭击一事向以美国为首的北约提出最强烈的抗议。同时，中国全国人大外事委员会和全国政协外事委员会分别发表严正声明，对以美国为首的北约袭击中国驻南斯拉夫大使馆表示极大的愤恨和最严厉的谴责。

美国驻中国大使尚幕杰灰溜溜地接收中国外交部抗议的同时，美国东部时间5月7日深夜（北京时间5月8日），中国常驻联合国代表秦华孙向全球发表谈话，强烈谴责北约袭击中国驻南斯拉夫大使馆，并指出中国已要求安理会主席召开紧急会议，讨论这一问题。事件发生后4个多小时，美国东部时间5月7日午夜（北京时间8日上午11时30分），应中国方面的要求，联合国安理会召开紧急会议，就北约导弹袭击中国驻南联盟大使馆事件举行非正式紧急磋商。秦华孙大使宣读了一项书面声明，指出北约轰炸中国大使馆公然违反了联合国宪章、国际法及国际关系准则，对此中国表示强烈谴责和愤怒。

5月8日下午，北京大学、清华大学、北京师范大学、北京航空航天大学、中央民族大学、首都师范大学、北京理工大学等首都10余所大学的学生高举“反对霸权，反对侵略”、“捍卫主权，还我使馆”、“强烈谴责美国的霸权主义行径”等横幅，来到美国驻华使馆门前游行示威，愤怒宣读抗议书，对以美国为首的北约野蛮轰炸我驻南使馆的暴行，表示强烈的愤慨和抗议。广州、沈阳、上海、成都等高校学行都依法举行了声势浩大的示威游行，并向当地美国领事馆递交了抗议信。

也就是当天，一架航班从意大利秘密飞往中国北京首都国际机场，高盛的董事总经理保罗·沉斯培走了下来，他的目的是必须完成高盛总裁保尔森制订的绝密“汉克计划”。沉斯培一下飞机就有一种不妙的感觉，在南斯拉夫跟欧洲街头看到的华人的愤怒已经蔓延到了北京。

美国人狡辩轰炸中国驻南斯拉夫大使馆是误会，然而这种托词只会更加激起中国人的愤怒。持有意大利护照的这位沉斯培在这个敏感的时候飞抵北京，最重要的任务就是要拿下中国石油石化的私有化业务，这是美国财政部长、保罗·沉斯培的前高盛老板鲁宾给总统克林顿打出的一张政治牌。

早在 1999 年 4 月，中国国务院总理朱镕基访问美国前夕，克林顿就从白宫打来了电话，透露出朱镕基访问美国期间，中国加入世贸组织的中美双边谈判可以结束，签订最后的双边协议。朱镕基在中央政治局会议上非常兴奋地大发感慨：“我们已经谈了 15 年……黑发人谈成了白发人。是结束谈判的时候了。”

然而，让国人大跌眼镜的是，朱镕基的美国之行并没有拿到克林顿的协议。

当克林顿向财政部长鲁宾征询是否跟朱镕基签订协议的时候，鲁宾告诉克林顿，美国谈判代表会与中国在谈判桌上耗下去，直到美国可以得到中方更多的让步为止。朱镕基刚回到北京，一份未经认可的《中美联合申明》却突然出现在了美国商业代表办公室的官方网站上，这份申明迅速地刺激了中国企业的神经，美国人在中国加入世贸组织的谈判过程之中简直就是趁火打劫。

失望的美国之行让中美世贸双边谈判的压力全部转移到了中国的肩上，中国接下来的谈判只能成功，不能失败。朱镕基说的都是实话，15 年的谈判，中国没有时间再谈 15 年。高盛的这位前老板是个地地道道的生意人，他坐上美国财政部长的宝座，依然在思考怎么通过世贸谈判从中国捞到更多的好处。

石油石化是中国经济发展的重要保障，这一块的利益中国政府是不会轻易让步的，但是只要美国政府掌握世贸这一张牌，美国人就还可以从中国政府手中搞到更大的买卖交易。保罗·沉斯培在跟意大利政府斡旋私有化埃尼集团的时候，鲁宾正是保罗·沉斯培的顶头上司大老板。

保罗·沉斯培在罗马登机之前还反复跟高盛美国总部确认，得到的答案是跟中国政府的世贸谈判没有退路，只能成功，这一次北京之行一定要拿下石油石化私有化项目。保罗·沉斯培一走到北京街头，身上顿时感到一阵阵的寒意，完全没有5月的温暖，中国人的愤怒让保罗·沉斯培不寒而栗。

南斯拉夫大使馆的轰炸让本就因世贸谈判未妥的中国人更加怒不可遏。更让保罗·沉斯培惊讶的是时任中国国家副主席的胡锦涛迅速发表电视讲话，支持愤怒的中国人合法抗议美国人的暴行。国家主席江泽民在政治局会议上言辞激烈，并引用毛泽东的话说："美帝国主义不会消亡。"

中美关系进入冰点，希望在谈判桌上跟中国耗下去争取更多利益的鲁宾一下子蒙了。

中美双边世贸谈判被贝尔格莱德的轰炸湮没了，中国人在谈判桌上要求的不再是出口退税等世贸谈判焦点利益，而是步步紧逼要求克林顿政府交出大使馆轰炸的真凶，中国人民需要事实的真相，美国人想要的利益滚一边儿去吧。

1999年5月28日，美国财政部长鲁宾接受美国有线电视新闻网（CNN）访问时很失望，他再也没有让克林顿在谈判桌上跟中国人耗时间，而是抨击美国国会参、众两院外交委员会主席，这两人联名致函总统克林顿，建议中止跟中国加入世贸的谈判，这样的行为是不正确的。鲁宾可以说是声嘶力竭地强调中美应努力完成这项谈判，和中国保持接触符合美国的全面利益。

保罗·沉斯培从鲁宾的电视讲话中能够看得出克林顿政府跟中国政府的冷却只是暂时的，尤其是国家主席在一番激烈的言辞之后主张"忍辱负重"，很显然，高盛在敏感时期派出保罗·沉斯培这位有着丰富私有化经验的老将跟中国政府接触，前老板鲁宾身为克林顿财政掌门人，一定有胜算筹码。

在1999年4月6日，《朱镕基总理与克林顿总统会谈》中已经明确：中美两国元首互访期间在能源和环境问题上达成的共识正得到落实，双方将在环保和能源领域签署一系列合作协议并愿意继续共同努力，推动中美在能源和环保领域的互利合作取得更大的成果。这就是鲁宾的胜算筹码。

早在1997年10月江泽民访美的时候，中美双方就在华盛顿签订了《中美能源与环境合作倡议书》，倡议书规定，为了可持续地满足能源需求并保护环境，中国将积极支持开展有关领域内的国际合作，并在公开、公平、互惠互利的原则下，欢迎对中国的国际投资及开展各种形式的经济技术合作。中国将继续进行能源政策、管理体制和能源价格方面的改革，以便进一步改善能源与环境项目的贸易和投资环境。

中美元首商洽好的倡议书还提出，美国能够提供在成本上有竞争力且高度有益于环境的能源技术，美国政府将寻求某些方式，帮助促使私营部门参与中国能源领域的发展。美国政府可以考虑的步骤包括对美国贸易开发署等计划进行适当的法律授权。

1997 年的倡议书已经明确像高盛这样的私营企业可以参与中国石油石化的私有化改革，1999 年洽谈能源问题，也就是以鲁宾为首的白宫智囊们进一步从中国捞好处，为高盛搞定中国石油石化业务铺路。

在战争的硝烟、愤怒的抗议以及毫无休止的争吵背后，保罗·沉斯培正跟中国石油天然气集团进行深入洽谈，由高盛担任中国石油天然气集团股份制改造，并负责海外上市。因为在 1997 年 10 月江泽民访美之后，高盛就已经成功将中国移动推向了海外资本市场，中国移动从 1997 年 8 月开始的股份制改造到 10 月的上市，仅用了短短 2 个月时间。这样的奇迹一定也能在中国石油天然气集团实现。

保罗·沉斯培重复着当年在意大利的招术诱惑着中国政府管理层。高盛有中国移动的成功私有化经典原型，保罗·沉斯培有着意大利的经验，这些让中国政府的管理层相当为难，到底是民族大义重要还是一个月前朱镕基总理跟克林顿的短暂会谈重要？主权第一还是世贸谈判第一？

4. 割裂中国石油石化棋局

愤怒跟较量交替刺激着脆弱的中美关系，保罗·沉斯培拿出一份庞大的私有化计划。

高盛提交给中国政府部门的方案为：将中国北部包括大庆油田、新疆克拉玛依油田等油田，剥离出最优良的十多家，将这些油田资源整体打包作价 4000 亿海外上市。而南方的山东、河南、江苏、江汉四大石油区域与中国石油天然气总公司割裂开来，单独成立中国石化集团，也单独海外上市，这样一来，中国石油跟中国石化形成南北划江而治的割裂局面。

一个怪异的掺沙子方案出现了，南方中石化的炼油厂资产装入了中石油，中石油因为地域划分而不得不将南方的油田资源划给中石化。这样一来，以长江为界，南北划江而治，将中国石油石化这个庞然大物分割开来，打破石油石化一家垄断，这是高盛给出的一个合理解释。很显然，中国要加入世贸组织，如果在石油石化能源市场垄断，外资机构针插不进、水泼不进的话，朱镕基总理在访问美国重申的中国两国元首达成的能源合作意向就成为空谈了。

高盛就是要在中国重演意大利旧事。欧洲市场曾经最有希望成为垄断者的埃尼集团在私有化之后，失去了机会，影子操控手高盛已经跟 BP、埃克森美孚结成盟军，埃尼集团再也没有机会成为市场的老大了。

中国也不能有垄断市场的老大。

美国财政部长鲁宾，克林顿他们一再拖延中美世贸双边协议的签订，目的就是要在中国市场赚取更多的利润。美国的资本之手要在中国能源改革的时候，伸进中国的市场。

这是美国人惯用的伎俩，高盛在完成美国人干掉能源对手的庞大计划。

美国人在中国能源市场玩的手法其实已经非常老套，高盛的董事总经理保罗·沉斯培也不只是在意大利一帆风顺，在俄罗斯的石油石化私有化中他也立下了汗马功劳。

1989 年，美国驻苏联大使小杰克·F·马特洛克向美国白宫建议：如果能说服苏联政府在能源生产领域改善外国投资环境，那么它就能够吸引国外大量资金，不是作为外援，而是作为投资资本。这对各方面都有好处：苏联会赢来高效的能源生产和不断增加的外汇收入，西方投资可获得丰厚利润，世界会保持更加稳定的能源价格，使所有消费者受益。然而，只要苏联政府继续对石油天然气实行中央控制，上述一切就不会发生。所以，苏联政府应该使其石油天然气从加工到分配都由富于竞争力的企业来管理。一开始，它们的性质可能还是国营的，但如果将其改组为合资股份公司，将来就会很容易走上私有化的道路。关键是戈尔巴乔夫是否愿意取消中央集权对经济的控制。

欧美石油商人口中的“地下共产党员”恩里克·马太伊跟苏联合作的时候，苏联通过埃尼集团修建的石油输出管道，用石油天然气跟东欧的盟友们换取粮食和工业品，石油是苏联单一的贸易出口业务。欧美的资本大脚插进了苏联的石油，苏联政府就无法掌控握有贸易命脉的石油工业，那么苏联在食品跟工业品方面就会出现危机，苏联势必大举外债应付国内的民生需求，苏联就会出现经济恶化局面，经济的崩溃只是时间问题。

戈尔巴乔夫无法拒绝欧美贪婪的资本，苏联在小杰克·F·马特洛克十一年的等待中凋零了，世界冷战在戈尔巴乔夫向苏联国民宣布解体的那一刻结束了。转眼之间，苏联的 300 多家国有石油公司在私有化的浪潮中消失了，高盛成为俄罗斯私有化的军师。更为夸张的是世界上最大的天然气生产者、国有天然气垄断企业——俄罗斯天然气工业股份公司 60% 的股份，以 2000 万美元的超低价出售给了俄罗斯的私人集团。普京接掌俄罗斯政权的时候重估这 60%股份的价值：1190 亿美元！

意大利到俄罗斯，保罗·沉斯培居功至伟，战火纷飞的 1999 年 5 月 8 日，保罗·沉斯培成了飞赴北京，主导中国石油石化改革的不二人选。一切没有意外，中国石油、中国石化股份制改造后推向了海外，私有化迈出了第一步。私有化中石油中石化是保尔森“汉克计划”的第一步，整个“汉克计划”的核心就是私有化中国核心国有企业。

欧美商人的腿在高盛拿出的改革方案之中伸进来了。

高盛 1999 年成功上市的董事功臣、操纵全球油价的亲密盟友、BP 石油的总裁约翰·布朗爵士近水楼台先得月，BP 石油以战略伙伴身份斥资 45 亿元购买中石油约 35 亿股，占当时中石油流通股的近 20%。BP 石油在抛售中石油股份的过程之中净赚 75 亿元。

中石油让 BP 石油大赚一把的机会在中石化中同样获得，BP 石油以 28.62 亿港元购买了中石化 18 亿股。当然，这一次高盛为了实现美国石油商人的梦想，在中石化私有化的过程之中拉上了埃克森·美孚、壳牌两家大腕，三家世界级石油石化大亨作为中国石化的战略投资者几乎买走了中石化全球发售股票的一半。

三家石油石化大亨通过资本市场渠道，在中石化里面掌握了绝对的资本话语权。

高盛将盟友伙伴悉数拉入中石油中石化，欧美的石油商人们现在有机会了。拥有了话语权的欧美石油商人们开始跟中石油中石化大大方方地进行市场控制交易：BP 获准分别与中国石油和中国石化在广东省和浙江省合资各建立 500 座加油站，埃克森·美孚和壳牌获准分别与中国石化在广东省和江苏省各合资建立 500 座加油站。随后，BP 与中国石油签订了在福建设立 800 座合资加油站的协议，而中国石化也与埃克森·美孚签订了在福建设立 600 座加油站的协议。

中国最大石油石化巨头在高盛私有化策划下，流动资本完全落入欧美石油大亨之手后，美国人开始动用法律来约束中国的石油石化巨头了。2002 年美国国会一致通过《萨班斯—奥克斯利法案》，这个是美国证监会用于监管在美国上市的公司的硬性法律条文，意味着中国石油跟中国石化的体制、控制环境、风险评估、控制活动、信息与沟通、内部控制、会计等监管权掌握在美国人手上。

《萨班斯—奥克斯利法案》完全超越了法律的管辖权，凌驾于中国的《证券法》、《会计法》、《公司法》等中国人民代表大会立法表决通过的法律之上，这是对中国立法主权的公然侵犯。美国人可以堂而皇之地以法律为借口，将中石油中石化的商业机密公开化，中石油中石化在 BP、壳牌、埃克森面前再无商业机密可言。

上市的合约在手、美国国会的法律高悬，高盛最忠诚的盟友 BP 石油在 2004 年 1 月 12 日跟 2 月 11 日两天抛空了手上所有的中石油中石化股票，要真正踏足中石油中石化的零售终端，通过股份合作的方式正式瓜分终端销售市场。

2004 年 11 月 18 日，BP 石油跟中石油合资的成品油零售企业中油碧辟石油有限公司在广州宣布成立，合资公司分布在广东省的 500 个加油站零售网络，双方股权比例为中国石油占 51%，BP 石油占 49%。同期，中石化也和 BP 石油在北京宣布成立中石化碧辟（浙江）石油有限公司。BP 石油的腿伸到了工业经济发展最迅速的东南沿海。壳牌、埃克森的合作也在一步步按照计划实现。在欧美石油商人掌握资本话语权跟分食零售终端之后，中石油中石化再也没有称雄全球的机会了。

5. 中航油中了谁的圈套

2004 年 12 月 5 日，中国南方阴雨绵绵。

中国湖北省黄冈市浠水县竹瓦镇宝龙村陈家坟场，新加坡“打工皇帝”陈久霖跪在杂草丛生的坟前，将三炷香插到坟前，悉悉索索的小雨淋透了陈久霖单薄的衣服。

陈久霖虔诚地在坟前三叩九拜，眼角的泪水和着雨水稀里哗啦地滚落下来。望着眼前的坟茔，陈久霖的脑子里不断闪现出新加坡人的愤怒、日本人的狠毒、高盛的阴辣。陈久霖祷告着：乞求祖宗能保佑自己逃过劫难，昔日的荣光可以抛舍、未来的锦绣可以放弃，只要自己能够平安、好好地活着。

佛香寥寥，陈久霖的电话突然嗒嗒地响起。

陪同陈久霖的人都很紧张地看着这位秃顶的宝龙村大亨，这位宝龙村第一位北大高才生的面部生生地抽搐了两下，陈久霖伸到衣兜里的手又缩了回去，这个电话就是要自己的命，不能接。

“儿子，接吧。”73 岁的老父亲拍了一下跪在地上的陈久霖的肩膀。

电话是新加坡警察总部商业事务局打来的，内容很简单：我们希望你回新加坡接受调查。

陈久霖很沮丧地说出两个字：好的。

父亲看着儿子悲痛的表情，扶起陈久霖：“儿子，我们回家。”

看着中风躺在床上不能言语的老母亲，陈久霖紧紧地抓住母亲的手。一直闭着眼的老母亲突然睁开眼睛，盯着陈久霖沧桑的脸，眼角滚落着泪水。父亲不知道刚才在祖坟前那个电话是谁打的，也不知道儿子到底有什么麻烦，但他知道这一次儿子走了，不知道下次见面是何时。

沉闷忧伤笼罩着最后的告别宴席。

父亲抓着陈久霖的手，半晌无语，突然端起酒杯向儿子敬酒，陈久霖再也忍不住，眼泪再次哗啦啦流下来，他紧紧地抓住父亲的手安慰老人："我本身是一个农民的孩子，大不了过几年再回来陪您老人家种田去。希望您健康长寿，能等到那一天！"

喝完父亲的送行酒，陈久霖马不停蹄地直飞北京首都国际机场。在首都国际机场，陈久霖接到了数个电话，朋友们担心陈久霖这次会一去不复返，甚至劝慰陈久霖别去了，新加坡警察说是配合调查，去了肯定就要被逮捕。

陈久霖坐在候机大厅，思前想后，这一次自己被人算计了，让自己、让自己的祖国声誉扫地，这一次自己飞赴新加坡，接受警察的调查也要找出在背后算计他的可恶之人。陈久霖悲怆地向关心自己的亲朋好友发了一首打油诗："风萧萧兮易水寒，壮士一去兮不复还。人生本有终归路，何须计较长与短。"

2004年12月7日晚上8点，陈久霖登上了北京首都国际机场飞抵新加坡樟宜机场的班机。靠在窗边，望着霓虹闪烁的首都夜空，陈久霖顿感孤独，自己曾经是在新加坡的中国人的骄傲，没想到开始就钻进了高盛的蜜糖陷阱，这是一场阴谋，高盛联手日本人绞杀中国航油的国际阴谋。

陈久霖，这位湖北农民的儿子，以每年4000万的年薪成为新加坡的打工皇帝，有龙筹大班的美誉，新加坡人喜欢叫陈久霖陈大班。这个大班的称号最早起源于明清往来的西方商人，商船上的一把手管理者叫做大班，新加坡人多为明清移民，所以这个称号在老人们口中流传。陈久霖真正的职务是中国航油集团副总裁、中国航油集团旗下新加坡上市公司CEO。

在新加坡，陈久霖可是位家喻户晓的人物，中航油新加坡的办公楼24小时都有人上班，在新加坡只要提到中国人的不夜城，一定指的是中航油的办公楼。在陈久霖的办公室悬挂着跟政要诸如尼克松政府国务卿，那位毛主席时代撮合中美建交的和平大使基辛格、新加坡国父李光耀的合影。

陈久霖在新加坡还有一个称号：航油大王。

这可不是吹出来的，在陈久霖担任中航油新加坡上市公司总裁前，这个公司一直处于休眠状态，差点就关门了。陈久霖靠着20万美元，在1997年2%进口航油的市场份额基础之上，1998年就提升到了84%。随后更是如坐火箭一般，1999年达到90%，2000年达到92%。也就在1999年，新加坡最大的华文媒体《联合早报》给陈久霖冠以"航油大王"的称号。2001年中航油新加坡上市公司绝对垄断了中国航油海外进口市场，市场份额达到100%。

龙筹大班陈久霖的头上顶着航油大王的桂冠，在新加坡风云一时，活跃在新加坡各大讲坛，他经营的中航油案例被搬进了新加坡 EMBA 的课堂。一切都风调雨顺，直到那一天。

2003 年 3 月 27 日，陈久霖的邮箱里面收到一份邮件，邮件是中航油贸易一部副主任纪瑞德发的，纪瑞德向陈久霖建议公司可以通过投机期权交易获利。

荣宠一时的陈久霖回复很简单："如果有利润就批准"。

陈久霖大班将投机石油期权交易的赌注压在美国跟伊拉克的战争上，早在 2003 年 2 月，美国布什政府就已经做好了攻打伊拉克的全盘计划，准备从土耳其方向向伊拉克进攻，目标直指伊拉克北部储量惊人的油田，为了顺利借道土耳其，美国人向土耳其支付了巨额的买路钱，价码由最初的 40 亿美元增至最后的 260 亿美元。

美国人的目的很明确，战争就是为了石油。

美伊战争一触即发，国际油价变化万千，每桶 34.5 美元的石油到 2003 年 3 月 21 日已经跌到了每桶 24.5 美元。美国人再也坐不住了，3 日后的 3 月 24 日，美国人动手了，飞机大炮直扑伊拉克，国际油价迅速回升。

陈久霖在给纪瑞德回复邮件的第二天，也就是 2003 年 3 月 28 日，欧佩克的油价上涨到每桶 27.23 美元。以前一直嘴上功夫了得的伊拉克总统萨达姆熊包一个，在战场上是节节败退，美国人步步紧逼，萨达姆输掉战争不可避免。

2003 年 4 月 7 日，美军攻入伊拉克的首都巴格达，欧美的石油交易商们非常乐观，一致认为美伊战争将很快结束。美伊战争让美国再次尝到了攻打石油输出国的好处，不需要从美国空运石油，就地解决战争中的石油耗费，这样一来，美国国内的内原油库存上升，一直闹着减产的尼日利亚部分停产的油田重新开工，国际油价开始下跌，尽管 2003 年 4 月 4 日，欧佩克曾召开各国部长会议，决定每天减产 200 万桶，但由于减产量低于市场预期，国际油价未升反跌。

陈久霖看到了战争跟石油的魔力，即使在石油输出组织欧佩克的限制下，石油的价格也一直徘徊在 25 美元一桶的价格，投机石油期权交易应该可以获得丰厚的回报。身为新加坡上市公司的中航油遭遇了第一个投机对手：高盛集团。

没有任何悬念，中航油的第一笔期权投机赚钱了，做多期权的中航油从做空对手高盛手上狠赚了一笔。高盛这一次贡献给中航油 200 万美元的投机收益。陈久霖没想到交易员们的投机赚钱方式这么快，也就默认了交易员们接下来的疯狂。

陈久霖一直没有研究明白，高盛怎么会在中航油第一次投机的时候就送上了200万美元的大红包，是高盛愚蠢吗？不可能，高盛是欧美最大石油投机交易所洲际交易所的大股东，玩石油期权交易简直就是中航油的祖师爷，怎么可能输给中航油呢？

沉浸在投机快感中的航油大王陈久霖很快就得到一个好消息，自己当选了"亚洲经济新领袖"，约旦国王阿卜杜拉二世将在约旦死海之滨舒奈接见自己，还要跟中航油签订合作意向协议。

新加坡《商业时报》把中航油评选为新加坡股市表现第一名，从创建到2003年，连续7年营业额平均每年增长222%。中航油独领风骚！中航油股票的股东年度总回报率高达346.3%，名列新加坡600多家上市企业的首位。

荣誉、鲜花、掌声，还有外籍交易员们兴奋的表情让陈久霖迷失了方向。陈久霖万万没有想到，高盛第一次给中航油贡献的200万美元的大红包只是诱饵，一个更大的圈套正在等待着龙筹大班钻进去。

小布什发动战争是为什么？

石油，对！小布什是石油商人的儿子，虽然他老爸是前总统，但在上任之前他们是做石油生意的，小布什攻打伊拉克就是要帮石油商人搞到更多的石油资源，搞到石油资源后干吗？交易，卖个好价钱。

陈久霖其实还算是个聪明人，他不信邪，高盛做空的时候会亏钱，国际大腕怎么会看错行情呢？也许中航油第一次做多期权只是短暂的运气，高盛做空期权那是有历史数据作为支持的。陈久霖全面考察了一下国际油价的历史数据，参照了过去21年来的平均价格，2003年还是在非战争的情况下。即使第二次海湾战争时的油价也没超过每桶50美元，那么高盛做空的大方向绝对正确。

2003年年底，中航油期权交易策略改变，将之前做多的买权交易反过来做空卖权交易。澳大利亚人杰拉德·里格比(Gerard Rigby)和黎巴嫩人阿布达拉·卡玛（Abdallah Kharma）是中航油期权交易的操盘手，这两位曾分别供职于雪佛龙旗下的嘉德士石油公司和BB energy公司，各拥有14年和18年的交易经验。两人在短短几天时间就将中航油的仓位拉高到空头200万桶。

拥有200万桶空头的中航油心理也有点犯嘀咕，尤其是部分合约马上到期，未来怎么操作，陈久霖心理有点没谱，要想重组这200万桶的空头合约，对于中航油来说简直就是个烫手的山芋，陈久霖决定找恩师帮忙。

2004年1月21日，陈久霖跟J.Aron公司的代表坐到了一起。

J.Aron公司在中国又叫杰润公司，这家公司是高盛属下的商品交易公司，一直是高盛最赚钱的部门，一度为公司贡献了2/3以上的利润，在衍生品市场交易上，杰润在全球也堪称大腕级人物。中航油第一次200万美元的大红包就是这家杰润公司贡献的，准确来说，杰润是中航油期权交易的对手之一。

陈久霖找到对手出谋划策，主要看重杰润丰富的交易经验，还希望通过协商将空盘合约套现。这不就意味着中航油再从高盛口袋里赚钱吗？陈久霖太大意了，找对手出谋划策无异于与虎谋皮、自掘坟墓。

双方的见面在热烈而友好的气氛中进行。

陈久霖对杰润这个朋友很是开诚布公，非常坦率地向杰润透露了中航油的全部期权组合，包括跟其他交易对手的期权交易信息。这可是期权交易绝密中的绝密，可以说是最高的商业机密，在中航油除了交易员外，只能是少数签订保密协议的人才能看到。

于是，中航油的对手杰润不费吹灰之力就通过谈判获得了中航油的绝密交易信息。杰润在得到中航油提供的信息后，异常的兴奋，当即答应帮助中航油拿出一份重组报告，也就是下一步的操作计划。

杰润秉承了高盛一贯雷厉风行的作风，拿到中航油的绝密信息之后，通宵达旦地给中航油出点子想办法，5天时间就搞出一份中航油重组整体期权组合的市场建议书。

2004年1月26日，陈久霖跟杰润公司的代表再次坐在一起，双方达成“1月重组协议书”。根据国际掉期交易者协会主协议的条款，双方在2004年3月左右有多宗的交易涉及石油卖出和买入期权，主要是亚洲类型的期权。

陈久霖非常满意，跟着大师高盛的指导做。

陈久霖这会儿就犯浑了，为了小利而忘记了大局。战争就是为了石油商人的利益而打的，石油不涨价怎么赚钱？高盛跟壳牌、BP联手开设洲际交易所，就是要在石油涨价的过程之中获利，杰润怎么可能帮助中航油做空赚钱呢？

高盛又开始表演了。唱多石油，国际油价不断上涨。

拥有200万空头的陈久霖在拿到2004年一季度财务报表的时候傻眼了，在高盛唱多油价的时候，澳大利亚人跟黎巴嫩人却在不断增加做空的仓位，到2004年3月28日，中航油的财务报表上再也看不到投机期权赚钱的影子了，摆在陈久霖面前的账册显示，中航油已经出现了580万美元的账面亏损。

停止投机还是改变策略?

陈久霖将杰拉德·里格比和阿布达拉·卡玛以及中航油的七人风险管理委员会成员召集到了办公室，集中讨论是否继续交易或者改变策略。中航油的不夜城灯火通明，久议难决。第二天，风险管理委员会主任钟燕玲（Cindy Chong）和交易员杰拉德·里格比前往陈久霖办公室，提出了展期的方案。

展期在国际期权交易中的准确用语是挪盘。也就是说，自己将之前做空的期权给买回来，之后将原来的合约盘位关闭，改成出售期限更长、交易量更大的新期权。只要有一点期权常识的人都知道，每次挪盘均成倍扩大了风险，尤其是做空的期权，一旦价格上涨，那么挪空盘的风险就不断翻倍扩大。

油价在呼呼地上涨，陈久霖的思维还停顿在高盛送大礼的阶段，答应了澳大利亚人的建议，进行挪盘。为了翻本，进一步做空，加大做空的仓位。到2004年6月时，公司因期权交易导致的账面亏损已扩大至3000万美元。

陈久霖再次想到了曾经的大师。

这一次陈久霖的心里很不是滋味，这次中航油的对手是个日本机构。日本三井住友银行可是日本顶级的大机构，财大气粗，中航油有高盛这样的对手已经很头痛了，再来一个日本财团，那就更头大了。陈久霖希望在1月友好的合约重组洽谈之后，高盛旗下的杰润能够站在自己一边，出谋划策力挽狂澜。

陈久霖非常虔诚，对杰润的代表很谦卑地说："中航油主要从事一般的商品贸易活动，在衍生产品交易方面没有什么专业知识、技巧和经验，杰润是这方面的市场领导者，希望能够得到杰润专业的指导。"

杰润的代表一看陈久霖这次是亏大了，态度也很谦和，言之凿凿地给中航油提出了5条极具诱惑性的所谓建议：

（1）其对重组后的预测是客观、准确及可靠的。如果遵照重组协议，公司甚至可以在较大的油价波动范围内获利或者至少收支平衡。

（2）按照中航油的目标和风险承受能力，重组协议相对于以前的期权组合是适当的和正确的；与市场上其他的衍生品组合相比，重组后的期权组合没有较高的风险，或者重组后获得的优势对于油价上涨较少"敏感"。

（3）重组后，中航油包销的部分期权的可取消条件，可显著降低公司所面临的风险；

（4）对中航油来说，重组是零成本的。

（5）杰润向中航油建议出售的买进和卖出期货的条款可以抵御油价上下波

动的风险。

杰润的5条建议让陈久霖心中再次激动，有了高盛最赢利部门的权威建议，中航油再亏也亏不到哪儿去，一旦亏了，中航油可以将双方会议上的口头内容跟建议书内容往法官面前一摆，杰润还不是吃不了兜着走！

陈久霖反复地斟酌了杰润提出的5条建议，心里很有底，杰润一旦骗了中航油，那高盛的信誉就没有了。陈久霖一直梦想着将中航油打造成为中国的第四大石油集团公司，在全球的竞争范围里，跟壳牌、BP、埃克森·美孚在一个锅里吃饭，他在跟杰润代表把酒言欢的时候，忘记了杰润是自己的对手的旗下公司，只有干掉中航油，杰润才有更大的利润，才能击垮陈久霖的第四石油豪门梦想。

陈久霖跟杰润的代表再次坐到了签字台前，就中航油跟杰润进一步重组期权组合的事宜双签订了"6月重组协议书"。陈久霖拿到协议书之后，按照杰润的药方开始抓药，结果国际油价还在一个劲地攀升，中航油只有继续加大做空的仓位，否则亏损巨大。

有杰润指点迷津，陈久霖开始狂赌。

2004年10月，陈久霖自己也很诧异，在杰润的专业理论指导下，在澳大利亚人跟黎巴嫩人的操盘下，中航油持有的期权总交易量已达到5200万桶，中航油每年进口才1500万桶，很显然3个月的期权交易已经超过中航油三年的进口总和。更为夸张的是，这天量的石油期权合约分散在2005年和2006年的12个月份。其中2006年3412万桶，占总盘位的79%。

油价21年没有超过50美元的历史在2004年10月被击碎了。美国纽约交易所的油价在突破每桶50美元之后依然没有调整的迹象，上升的趋势非常强劲。中航油面临一个难题，油价在大幅上升，一直做空的中航油需要支付的保证金也在急剧上升。

慌乱之中，按照杰润的指导，中航油再次开始挪盘。2004年9月，中航油决定从当年38美元出货，将看空的目标价位调整到2006年的平均43美元。意味着只要石油价格继续上涨，中航油只有一个选择，那就是增加保证金等待石油价格跌下来。

骑虎难下的中航油净资产只有1.5亿美元。

2004年10月10日，中航油生死攸关，账面亏损达到1.8亿美元。当时中航油的流动资金只有2600万美元，原本是第三产业的期权投机，一下子成了中航油的主业。在9月的挪盘后，陈久霖将原准备用于收购新加坡石油公司的1.2亿银团贷款，以及6800万美元应收账款，全部打入期权交易保证金账户。

油价突破50美元大关之后，陈久霖完完全全陷入了恐慌，中航油所有能调动的资金都调动到保证金账户里了，这个时候的保证金账户还有8000万美元的缺口。也就是说中航油已经没有钱来追加保证金了，那么只有一个选择，那就是亏钱斩仓。现金已经耗光的中航油在两次挪盘后身陷绝境。

6. 石油豪门梦就这样破灭

高盛出手了。

两次重组谈判和蔼的杰润代表脸上再也看不到笑容，留给中航油只有赔钱滚蛋一条路。不过高盛太了解中航油的底细了，也许航油大王陈久霖在绝处还真能逢生，中航油是中国在海外市场的一面旗帜，政府也许会出手相救。

陈久霖秘密飞抵北京，在中航油集团的高层会议上号啕大哭，希望集团能够出手相救。

中航油集团很快拿出 3 条救助方案：

一、集团提供 2.5 亿美元资金支持。

二、跟国际石油公司合作，让它们接盘。

三、从国内石油公司融资。

中航油集团出资的话，那么油价必须跌下来，否则整个集团就得陪葬。国际石油公司怎么可能接盘呢？当时全球 21 家金融机构和跨国石油公司分析 2005 年、2006 年的价格最高不会超过 40 美元，明显低于中航油 2004 年 9 月在杰润指导下的挪盘平均期权销售价 43 美元。

国内石油公司融资是个问题，高盛的同盟军 BP 抛售了中石油的股票之后，又抛售了中石化的股票，让国际投资者对中国的石油企业突然之间看不懂。更重要的是中石油这样的大佬也需要钱，2004 年 8 月，高盛就主导了中石油的 16.8 亿美元。

2004 年 10 月 26 日，高盛将铁哥们，自己间接持股的日本三井能源风险管理公司推向前台，让日本三井能源风险管理公司出面，正式向中航油发出违约函，催缴保证金。万般无奈的中航油在接到日本三井能源风险管理公司的函件后的两天中，被迫在 WTI 轻油 55.43 美元的历史高价位上实行部分斩仓。这样一来，以前的账面亏损一下子变成了实际亏损 1.32 亿美元。至 11 月 8 日，公司再度被逼斩仓，又亏损 1 亿美元。

2004 年 12 月 1 日，也就是陈久霖回湖北老家祭祖的前五天，亏损达到 5.5 亿元，中航油破产了，航油大王打造中国第四石油豪门的梦想彻底破灭了。2004 年 12 月 8 日，凌晨 1 点，飞往新加坡的航班刚一着陆，陈久霖就被新加坡警方收押了。

在飞往新加坡的飞机上，陈久霖就隐约感觉到期权投机失败是高盛的阴谋。

是陈久霖将中航油的绝密信息交给了对手旗下的杰润，到底杰润将中航油的绝密信息透露给日本哥们没有，已经很难找到证据了。

2004 年 9 月，也就是中航油第二次挪盘期间，日本三井住友银行给中航油发放贷款 1480 万美元，用于支付中航油欠三井物产旗下的三井能源风险管理公司和高盛旗下的杰润公司的债款。并在 2004 年 9 月，中航油把与上海浦东国际机场进出口公司的一笔 1326 万美元燃油交易所得转入公司在三井住友银行的户头，以此为抵押取得三井住友银行 2004 年 11 月发出 1350 万美元信托的收据。

这一切的一切都是高盛跟日本人的圈套。

三井住友银行和三井物产是三井财团的两大支柱，三井住友银行既是三井物产的大股东之一，又是三井物产开展贸易业务的主要结算银行。陈久霖只要仔细推理一下就能明白，高盛是三井住友银行的大股东，三井住友银行是三井物产的大股东，三井能源风险管理公司是三井物产旗下的公司，很显然，高盛才是三井能源风险管理公司的真正老板。三井能源风险管理公司作为名义上中航油的第一大对手，杰润作为第二大对手，事实上中航油面临真正的第一大对手就是高盛。

2005 年 3 月 16 日，中航油将杰润告上了法庭，称因杰润的误导在期权交易中蒙受巨额损失，要求对方作出赔偿。但随后，高盛发表了针锋相对的声明，说中航油的索赔要求毫无根据。起诉最终无果，以中航油撤诉告终。

2005 年 6 月 9 日，陈久霖等 5 名中航油（新加坡）公司的高官被正式提起控告，陈久霖面临包括发布虚假消息、伪造文书、涉嫌内线交易等在内的 15 项指控，最高将可处以 94 年监禁以及 25 万新元的罚款。几天之后，陈久霖在筹措到了 200 万新元（约合 120 万美元）的保释金后保外候审。

2006 年 3 月 15 日，陈久霖在新加坡法院就 6 条罪名认罪，包括 2004 年串谋欺诈德意志银行，并伪造财务文件、发表虚假或误导性的声明、从事内线交易、没有及时向新加坡交易所披露公司蒙受巨额亏损等。3 月 21 日，新加坡初等法院对陈久霖作出判决，陈久霖必须服刑四年零三个月，同时遭罚款 33.5 万新元。

绝密信息就是期权交易之中的生命，陈久霖完全将自己的命运交给了自己最大的对手，高盛掌握了对手的绝密，躲在后台，通过日本人将中国的航油大王推向了万劫不复的深渊，陈久霖欲跟欧美石油商人在一个锅里吃饭的设想也只能永远成为梦想了。

7. 普京的“心病”

炮声震天、硝烟滚滚。

2008 年 8 月 7 日，北京奥运会开幕前 10 小时，东欧位于格鲁吉亚跟俄罗斯北奥塞梯加盟共和国之间的南奥塞梯首府茨欣瓦利，火箭弹从天而降，满天火尾狐，隆隆的炮声中硝烟四起，民众慌乱逃窜。

欧洲安全与合作组织（OSCE）观察员瑞安·格瑞斯特和斯蒂汶·扬听到隆隆的炮声，快步跑到大门口，两人简直不敢相信眼前的一切，疯狂的格鲁吉亚士兵用火箭弹和大炮每隔 15 秒到 20 秒向南奥塞梯的平民区扫射一次。

瑞安·格瑞斯特非常失望地朝斯蒂汶·扬望了望：“哥们，战争要开始了，看来我们是不能舒舒服服坐在电视机前看北京的奥运了，不能为我们的健儿们加油鼓劲了，倒霉，该死的格鲁吉亚人，这不是一个好日子。”

斯蒂汶·扬苦苦一笑，刚刚走出英国皇家军营，就被欧洲安全与合作组织给安排到了格鲁吉亚负责监督南奥塞梯局势的苦差事，南奥塞梯嚷嚷着要独立都 20 多年了，尤其是美国承认科索沃独立之后，俄罗斯人就开始高调支持南奥塞梯独立，这显然是要削弱站在美国人一边的格鲁吉亚的势力，进一步巩卫东欧影响力。

瑞安·格瑞斯特迅速转身，打开了电脑，在键盘上飞快地将自己观察到的情况向欧盟驻第比利斯的外交官们作了情况简报，担心俄罗斯出兵南奥塞梯地区，格鲁吉亚跟俄罗斯交火难以避免，局部战争将在东欧打响。

2008 年 8 月 8 日上午，中国国家主席胡锦涛在北京宴请前来北京参加 2008 年北京奥运会的 110 多位元首级领导人的时候，格鲁吉亚统一事务国务部长雅各巴什维利在记者招待会上志得意满地跟记者侃侃而谈，甚至高调地表示格鲁吉亚希望在最短时间内控制南奥塞梯全境。

8日晚上，北京奥运会开幕式在鸟巢隆重举行，格鲁吉亚总统坐在电视机前向国民发表电视讲话，宣布格鲁吉亚军队已完全控制了南奥塞梯首府茨欣瓦利，为了提防俄罗斯军队入侵，格鲁吉亚已决定撤回驻扎在伊拉克的2000名本国军人。

俄罗斯总理普京坐在鸟巢的观众席上，阴沉着脸耐心地等待俄罗斯代表团进场，当俄罗斯代表团缓缓走进鸟巢的时候，普京站起来朝代表团挥手致意。致意之后，很快，普京就离开了北京，回到俄罗斯。9日，俄罗斯陆军总司令博尔德列夫命令俄第58集团军坦克、炮兵、摩托化步兵，以及侦察部队向茨欣瓦利集结，并命令第58集团军和航空兵以火力压制方式，格鲁吉亚跟俄罗斯正式交火。

阿塞拜疆人站出来了，以战争的不可抗力，阿塞拜疆国家石油公司停止继续从巴统港和库勒维港出货。

一直联手阿塞拜疆、格鲁吉亚在石油上跟俄罗斯唱反调的土耳其人也愤怒了。

三个国家因为一条通往里海的石油管道连在一起。2006年7月开始运营的巴统港和库勒维港连接格鲁吉亚首都第比利斯到土耳其的杰伊汉港石油管道，西方人将这条管道成为和平管道和能源走廊，这条能源走廊每天经土耳其境内运送120万桶原油，这条走廊也使得俄罗斯失掉了对里海油区“出口阀门”的地位。

这是一条敏感的神经。

阿塞拜疆人停止从港口出货，欧洲人开始恐慌，国际原油价格开始上升，纽约商业期货交易所在俄罗斯跟格鲁吉亚开战的当天，9月原油期货上涨1.16美元。

轰炸石油管道、原油涨价，整个欧洲人都将被激怒，俄罗斯将在欧洲人的愤怒中被迫停战。俄罗斯看透了阿塞拜疆的心思。俄军副总参谋长安东尼·诺戈维辛当天在莫斯科向全球媒体表示，俄军未轰炸包括通往土耳其地中海港口在内的输油管道。当天，俄罗斯驻阿塞拜疆大使瓦西里·伊斯特拉托夫也在新闻发布会上表示：“我们知道来自阿塞拜疆的能源出口管道经过该地区。我们知道它对阿塞拜疆有多重要。俄罗斯没有任何破坏该出口管道运营的计划。”

能源走廊的真正老板是英国人跟美国人。高盛的超级盟友BP拥有能源走廊30.1%的股份，阿塞拜疆国家石油公司Socar拥有25%的股份。美国雪佛龙和康菲公司以及挪威国家石油公司、高盛操控的意大利埃尼集团和法国道达尔公司都是能源走廊的老板，能源走廊作为中海地区高质石油的新来源，是俄罗斯油源供应的最大竞争对手。

2008年4月28日，希拉里在与奥巴马持平的时候，曾将一份秘密的调查报告公布于众。揭露高盛联手BP等机构炒高油价，让美国的对手俄罗斯，以及经常跟美国人对抗的委内瑞拉富了起来。希拉里指责石油商人为了自己的利益，操纵石油价格疯涨，这已经威胁到了美国人的国家利益。

希拉里的指责让代表石油商人利益的小布什忐忑不安，也让高盛很不爽。一个大胆的决策出炉了，那就是将尖刀插到北极熊的身后。

格鲁吉亚是美国人最佳的筹码。格鲁吉亚人冲动地将150辆坦克开向了南奥塞梯，俄罗斯的集团军天上地下直扑过来。美国人没有出一兵一卒，盟友阿塞拜疆的一招停止港口出货，就将北极熊俄罗斯给推向了欧美的风口浪尖。

石油让俄罗斯迅速崛起，战争让俄罗斯成为欧洲人的敌人，能源走廊在阿塞拜疆停运的逼迫下，俄罗斯人不得不考虑到即将在石油出口生意上付出更大的代价，停战还是商业谈判？能源走廊完整地保护下来，这是欧美人跟俄罗斯人竞争的能源筹码，就是要让石油真正控制在欧美人手上。

俄罗斯开始坐下来谈判，格鲁吉亚人这下子慌神了，战争已经让格鲁吉亚倾尽了国家财力。这就是美国人的目的。美国总统布什在2008年9月3日宣布，自俄格冲突爆发以来，美国已向格鲁吉亚提供了近3000万美元的人道主义援助，美国还准备帮助格鲁吉亚重建家园，美国将提供10亿美元的经济援助，财政部长保尔森将继续负责协调美国和国际金融机构共同展开的援助行动。

通过格鲁吉亚与俄罗斯的战争，美国已经从经济上掌控了格鲁吉亚。这是布什在下台之前为石油商人、为美国能源做的最后一件影响深远的大事。格鲁吉亚成为美国人插在外高加索地区的一把尖刀，更重要的是美国掌控了石油蕴藏量非常丰富的里海边的桥头堡，遏制俄罗斯进一步掌握里海石油，中亚诸国的经济命脉就攥在了美国人的手里。

跟美国人叫板的伊朗一直在里海寻求石油机会，这样一来，美国人不费吹灰之力，通过俄格战争就进一步卡住了伊朗的经济命脉，里海区域的中亚各国也就不会站到俄罗斯一边，俄罗斯要想崛起也就难了。美国这一招让在石油疯涨的过程中暴富起来的俄罗斯疲于奔命，陷入纷繁的地缘政治较量之中，美国人从此可以通过能源走廊心安理得地生活。

8. 高盛的里海尖刀

2008年8月11日，俄格战争硝烟正浓的时候，欧洲复兴开发银行就大声呼吁尽快解决格鲁吉亚冲突。如果战争一直持续下去，欧洲复兴开发银行在格鲁吉亚的投资将受到损失。在最近，欧洲复兴开发银行通过购买股份、长期融资和贸易担保向格鲁吉亚银行业投资了1.5亿美元。

欧洲复兴开发银行在布什宣布追加对格鲁吉亚的经济援助之后，很快就将1亿美元贷款划拨到格鲁吉亚银行，给格鲁吉亚银行划款的还有世界银行的私营融资机构国际金融集团，金额也是1亿美元。

欧洲复兴开发银行跟国际金融集团都是美国人掌控的世界银行的分支机构，世界银行的掌门人是小布什亲自点将任命的高盛前副总裁罗伯特·佐利克（Robert B. Zoellick）。

说起这位罗伯特·佐利克那是有点意思。2001年1月11日当选总统布什提名的美国贸易代表前，佐利克先后担任过老布什总统参加七国集团首脑会议的私人代表、外交部顾问、负责经济的副国务卿、白宫办公厅副主任等职，可以说佐利克是布什家族的两朝元老。老哥们不想干那种名义上掌管经济的副国务卿，一直想接替财政部长斯诺掌舵美国财政部，斯诺下课后，佐利克以为自己是十拿九稳的财政部长，没想到小布什没有将父亲留给自己的老臣推向财政部长的肥缺，而是直接从华尔街点将，将高盛总裁保尔森提任美国财政部长。

佐利克心里很是不爽，2006年6月15日，这位美国国务院的二号人物将一份辞职报告递到小布什的办公桌上，辞职原因没有写，只是轻描淡写地告诉小布什，自己已经找到了东家，就是刚刚上任的财政部长保尔森的老东家高盛。在之前，佐利克担任过高盛的顾问，高盛的董事罗杰斯听闻佐利克要辞职不干，就想方设法要将佐利克拉到高盛，美林也想将这位两朝元老拉过去，高盛董事会快速利用周末在北京召开董事会，抢先一步将佐利克拉入高盛。

佐利克到高盛报到，高盛董事会太清楚这位两朝元老的人脉关系，直接将佐利克推到主管国际事务的副董事长宝座上。在佐利克的名片上还有两个职务：董事总经理和高盛集团国际顾问委员会主席。罗伯特·佐利克进入高盛后大展拳脚，除了与欧洲和美国的客户打交道外，还不断在中国、东南亚、印度、中东、俄罗斯和拉丁美洲的金融市场业务和投资方面为高盛大刀阔斧地开拓市场。

小布什有点后悔把这位不苟言笑的老臣放回到华尔街，佐利克有两个喜欢的位置，一个是财政部长，一个就是世界银行行长。这位在贸易领域为华盛顿立下汗马功劳的老臣给赖斯打下手是有点屈才，但是保尔森也是自己的哥们，在财政方面有目共睹。小布什希望有机会帮助佐利克实现自己的梦想。

佐利克在高盛副董事长位置上干得热火朝天兴趣正浓的时候，世界银行传来了丑闻。世界银行行长保罗·沃尔福威茨（Paul Wolfowitz），就是美国前副国防部长、伊拉克战争的主要设计者之一的那位爷，在任职期间违反规定为其在世界银行工作的女友加薪的丑闻引起了内部工作人员的强烈不满，欧洲国家借机要求沃尔福威茨引咎辞职，并提出要公选世界银行行长。

小布什给佐利克打了个电话，说：“兄弟，你的机会来了。”

佐利克从各大报纸网络看到了欧洲人的不满，众人对这个世界银行行长的位置现在是虎视眈眈，小布什能够逆流而上？佐利克在高盛是顺风顺水，还有哪里比高盛更好呢？

小布什没有跟佐利克开玩笑，直接提名并任命佐利克担任世界银行行长。欧洲人很不高兴，小布什态度强硬：“下一任我还任命美国人。”小布什没有任命下一任世界银行行长的机会了，高盛的副董事长罗伯特·佐利克将办公地址搬到了世界银行。

佐利克指挥着旗下的金融机构通过贷款的方式，掌控了格鲁吉亚最大的银行格鲁吉亚银行。这家银行包揽了格鲁吉亚1/3的存款，是格鲁吉亚改革开放最大的金融支持机构，掌控了格鲁吉亚银行就等于掌控了格鲁吉亚未来的发展命脉。

罗伯特·佐利克挺进格鲁吉亚以后，高盛成了最后的赢家。

高盛在爆炒油价中不小心让俄罗斯人借机发了横财，俄罗斯的暴富成了美国的威胁，高盛在美国政局相当被动。这次俄格战争一来，能源走廊的阿塞拜疆停运计划就让俄罗斯人成了千夫所指的对象。高盛老伙计佐利克通过贷款掌控格鲁吉亚，将北极熊俄罗斯拖入疲于奔命的边界争端之中，经济上形成掌控格鲁吉亚局面的美国也就可以更好地保障能源走廊，高盛影子操控的埃尼集团跟盟友BP、埃克森·美孚就能长久地从里海获取更大的能源利益。

9. 低级的中国猴戏

战争跟经济像两把刀遏制着俄罗斯，高盛在中国却是重复上演着猴戏。

2008 年 10 月 17 日，也就是美国两位总统候选人奥巴马跟麦凯恩在进行最后的电视辩论，跟泼妇骂大街一样相互指责，为白宫那一把总统交椅争得难分难解的时候。中国南方深圳证监局一纸公告，让中国的资本市场震惊，玩命力捧奥巴马主政白宫的高盛在中国摆开了期权对赌的绝世杀局。

深圳证监局的通报很简单，勒令上市公司深南电整改风险极大的期权对赌合约。没有任何具体的信息披露，一直秘密进行的深南电对赌合约一下子曝光了。深南电在跟谁对赌？怎么个赌法？

猜测、质疑、谩骂，深南电的股东们异常惊讶。

这一次深南电在重蹈中航油的覆辙，他们是在玩火自焚。很简单，深南电这一次的对手正是那位将中航油置于死地的高盛全资子公司、高盛的利润奶牛——杰润。

深南电还有点羞羞答答，很不好意思地说，自己做的是套期保值。

太蒙人了，套期保值这说法太文雅了，深南电跟下手阴毒的杰润玩的就是原油场外的期权对赌，跟中航油当年巨亏的对赌没有区别。这一次杰润的对赌让深南电有点头晕眼花，在吃完一根小小的冰棍之后，转眼就是一根大棒，随时准备打死深南电。

看看深南电羞答答公布的对赌协议吧：

第一份的有效期为 2008 年 3 月 3 日至 12 月 31 日，双方规定当原油浮动价（每个决定期限内纽约商品交易所当月轻质原油期货合约的收市结算价的算术平均数）每桶高于 63.5 美元时，深南电每月可获 30 万美元的收益；当每桶浮动价低于 63.5 美元且高于 62 美元时，深南电每月可得（浮动价 – 62 美元 / 桶）×20 万桶的收益；当每桶浮动价低于 62 美元时，深南电每月则需向杰润公司支付与（62美元/桶－浮动价）×40万桶等额的美元。

第二份的有效期是从2009年1月1日至2010年10月31日，并且赋予了对手杰润一个优先权，也就是杰润可以在2008年12月30日18点前宣布是否继续执行第二份合约。第二份确认书的基准油价较第一份每桶提高了3美元，当每桶浮动油价高于66.5美元时，深南电每月可以获利34万美元；当油价每桶介于64.8~66.5美元时，深南电每月可获得“(浮动价–64.8美元/桶)×20万桶”的收益；当油价每桶低于64.5美元时，深南电每月付给杰润“(64.5美元/桶－浮动价)×40万桶”等额的美元。

问题出现了，如果说油价上涨到200美元一桶，也就是高盛那个疯狂分析师默提的预言价位，深南电20万桶对赌石油每个月只有30万美元的收益，一旦低于规定的62美元的时候，深南电可就赔大了，只要下跌1美元，深南电每个月就要赔偿40万美元,如果石油不值钱了,深南电整体赔给杰润的将达到1.28亿美元。

当然石油价格为零那是天方夜谭，中航油的陈久霖都说过，石油不可能永远往上走，总有下来的时候。希拉里揭露了操纵石油价格的阴谋，石油暴涨的真相揭露出来，高盛转身就调整了天价报告，油价立刻降了下来，100美元、70美元甚至50美元、30美元以下。

三岁的孩子都能看明白，这个对赌有点欺负人，赚钱的时候深南电的上限是30万美元，即使在每桶63.5美元到62美元这个区间，深南电也只有20万桶的赢利基数；一旦低于62美元，杰润是以40万桶的基数在算账的。

深南电在2008年11月之前，在账面上获利240万美元，然而深南电香港兴德盛有限公司只收到了210万美元，10月份杰润赌输的30万美元没有打到深南电的账户之中。10月份深南电遭到证监局的稽查，已经成为惊弓之鸟，赶紧停牌想办法给监管部门以及股民一个交代。

这时候深南电发现自己有点上当了，高盛跟自己签订对赌协议的时候疯狂唱高油价，后来希拉里都发火了，高盛还说油价要上涨到200美元一桶，现在好了，油价没有上升到150美元一桶，就开始掉头向下，尤其在2008年10月13日，高盛突然掉转枪口开始唱空油价，将2008年年底的油价目标从115美元调整为每桶70美元，并将2009年的预期从120美元调低为86美元。高盛还提出了更为悲观的一个预测，国际油价可能在2008年底跌至每桶50美元。

高盛的石油报告影响着华尔街的大佬们，也影响着全球的油价。深南电有点发蒙了，高盛在支付了210万美元之后突然唱空油价，一旦油价跌到50美元，那么深南电一个月就要赔给杰润480万美元，这样一来深南电苦苦熬过7个月赚来的210万美元还不够赔杰润一个月的一半。

深南电胆战心惊。

两份合约一旦继续执行下去，深南电将亏损上亿美元，净资产将近18亿元的深南电公司将亏掉一半。即使深南电全部赌赢，杰润一年也只支付360万美元，依然不足油价50美元亏损一个月输掉的多。

2008年10月21日，慌乱之中的深南电发布公告，宣称该公司与美国高盛集团有限公司的全资子公司杰润（新加坡）私营公司签订的期权合约，未按规定履行决策程序、未按规定及时履行信息披露义务及涉嫌违法，中国证监会已要求其限期整改。尤其是在2008年3月12日，深南电有关人员在未获公司授权下与杰润公司签订了两份合约的确认书，其期权主协议和附件因部分条款存在分歧，尚未签订。

杰润怎么也没有想到深南电会发布这样一则公告，很显然，深南电要反悔不想履行合约，只要将合约推到个人头上，即使油价跌到每桶30美元，那么杰润根本拿到不到大笔的赌款，杰润是相当地生气，10月份的30万美元也就不敢再给深南电打过去，一旦深南电拿到钱后马上毁约，杰润注册地在新加坡，法律上可就麻烦了。

杰润恼羞成怒，2008年11月6日，杰润向深南电去函，认为深南电10月21日的公告是向杰润申明，深南电有意不履行第一份确认书和第二份确认书项下的交易，这样的行为是深南电违约，杰润不会继续支付10月份的对赌赔款，从发出函件开始双方终止交易，交易项下的所有义务予以解除。

深南电早就盼望杰润终止合同，为了确保杰润不节外生枝，2009年1月10日，深南电复函杰润，表示深南电从未作出无意继续履行交易的表示，既然杰润公司不干了，那深南电就勉为其难接受杰润的条件，交易终止。

深南电故作镇静的同时，深知中航油就倒在高盛的手上，杰润不可能这么爽快就不干了，更何况之前已经向深南电子公司香港兴德盛有限公司支付了210万美元，杰润肯定要就交易终止来找深南电以及香港兴德盛有限公司的麻烦。

杰润果然不是个善茬，接到深南电的确认函后，马上又给深南电发函，希望深南电按照商业合同的规定，赔偿交易终止的损失。深南电不得不故作姿态地回函不予接受。杰润开始对深南电的新加坡以及香港公司下手，眼看杰润步步紧逼，深南电不得不接受杰润提出的以商业方式解决争议，进行和谈。

深南电在一相情愿中等待杰润的和谈。

在利益面前，没有朋友，赤裸得令人毛骨悚然。2009 年 12 月 29 日，深南电再也无法掩盖跟杰润的谈判结果。深南电说，从 2008 年 3 月 12 日与杰润签订的期权合约终止后，深南电收到杰润的来函，双方的和谈已经破裂，杰润要求深南电立即支付因违约而给杰润造成的损失 7996.29 万美元，以及产生的利息 373.70 万美元，合计 8369.99 万美元。

这是一笔巨大的赔偿，按照现在人民币兑换美元的利率计算，深南电至少要掏 5.6 亿元以上的腰包。杰润这一次没有耐心了，态度非常强硬：如果公司不全部支付前述款项，杰润公司保留诉讼的权利而不再进一步通知。

深南电跟法律顾问金杜律师事务所的律师磋商之后认为，不认可杰润关于违约责任主题以及责任承担方式的意见，交易相关损失及应由何方承担责任等文体尚不确定。对于杰润主张的损失及利息，深南电不予认可。

尽管深南电表现出强硬的态度，但是当初杰润一忽悠，深南电就跟杰润签署了繁杂的对赌协议。国资委一位官员异常失望，拿着厚厚的合同文本叹息，全英文的对赌协议，不用说完全理解，可能深南电董事会成员压根都没有读完。国资委甚至全文翻译了对赌协议，从法理上没有发现问题，深南电的强硬背后又是那样的虚弱。

杰润在跟深南电反复交涉后提出：可以分 13 期免息付款，只支付 7996.29 万美元。

深南电麻烦大了，净资产虽然有 19.41 亿元，货币资金仅有 3.42 亿元，要赔偿杰润的款项，势必会大量亏损。杰润为啥这个时候跳出来跟深南电没完呢？高盛的一贯风格就是干掉一切对手，只要抓住机会，会将对手往死里整。

杰润的强硬无疑给国资委一记耳光。

2009 年 10 月，国资委副主任李伟曾在中央党校下属的《学习时报》发表文章，主题就是关于央企投资衍生品的。《学习时报》代表着党中央的声音，在全党、全国都有举足轻重的地位，李伟的身份也非常的特殊，文章称，央企投资金融衍生产品业务普遍发生浮亏和损失，当然首先要从企业自身找问题，但也与国际投行恶意兜售带有欺诈性的、设计复杂的高杠杆产品有很大的关系。

国资委甚至专门成立了一个调查小组，调查非合同文本之外的一些陷阱问题。李伟在《学习时报》上愤愤不平："在一定程度上说，中国企业遭遇金融衍生产品投资滑铁卢，一些国际投行是罪魁祸首。"国资委的愤怒溢于言表。

中国企业自身的问题自然不必说，中航油愚蠢地陷入高盛的陷阱之后，深南电依然重蹈覆辙。从中国企业深陷国际投行欺诈陷阱的过程看，不难发现一个致命的问题，那就是中央企业在海外拥有大量的子公司、孙公司甚至曾孙公司，最长的关系链条长达六层，华润、招商局等大型央企身后，在海外的这一类公司每家都超过五百家。令人惊讶的是，我得到的一份未曾公开的文件显示，很多央企由于海外离岸公司太多，都不计入财务报表，这一类公司不出问题之前，成为利益输送的甬道，一出事，马上就想到了祖国母亲的怀抱。

现在好啦，杰润撕破脸皮了，还钱还是打官司？我听到一个非常遗憾的信息，国资委对于杰润的对赌合约，找不到致命的法律漏洞，深南电赔偿杰润在法理上是赖不掉的。不过，深南电只要赔偿杰润，那对国资委来说就是一记耳光了；不赔，杰润可不会同意。

高盛总是喜欢通过要挟做大生意。

深南电的赔偿最后演变将是一场更大的交易，高盛不会那么目光短浅，要在法庭上跟深南电过意不去，那样一来也就是跟中国的国资委过意不去，赔钱国资委没有面子；不赔钱，杰润就做了亏本买卖，那最后的解决办法就是深南电就不赔钱了，中国政府给高盛一个更大的投资项目，那样一来，两全其美，高盛为深南电项目买了棺材，换来了更大的交易。

杰润跟深南电的交易背后，跟深南电一样羞答答以套期保值的幌子大搞对赌的中国企业一个接一个地倒下了，中国远洋亏损39.5亿元、东方航空亏损62亿元、中国国航亏损68亿元。在一连串的亏损名单背后，都有一个中国人熟悉的身影：杰润。中国的企业被杰润的猴戏耍得团团转，把自己的钱袋子都看丢了。高盛的利润奶牛在中国航运领域叱咤风云，赌局环环相扣。航运企业陷入亏损的泥潭，再也难以称雄全球。

10. 高盛为什么在中国养猪

华尔街穿皮鞋的精英到中国养猪？笑谈？不，高盛就在中国干这事儿。

杰润跟深南电打得难分难解的 2008 年 8 月，高盛的手已经伸向了中国的养猪业，一场全中国人要为高盛猪买单的庞大计划开始了。福州市养猪协会会长郑谋铨听说高盛在中国养猪，到 2008 年 8 月已经听了一年。一开始，郑谋铨也就是风闻而已，可是慢慢地他就觉得不对劲，福建省生猪三大产区福州、南平、龙岩不断有猪场卖出高价，都是几千万的交易金额。

谁在给猪场出高价？

郑谋铨没有整明白神秘的收购人，倒是看到一个事实，那就是南平有 3 家养猪场被人收购、龙岩也有 1~2 家，福州 1 家，这三个产区都是福建省、市生猪直控基地，为了将生猪产业做大做强，做成地方支柱产业，政府对三大产区的直控基地进行资金、政策等方面的支持。这些神秘资金一旦收购养猪场，只要不亏损，拿到政府的资金就是纯利。

收购方慢慢地浮出了水面，名字非常的陌生：美国艾格菲集团。这家公司之前是美国纳斯达克上市公司，盘子非常小，在纳斯达克基本上是混不下去的烂公司。2006 年，江西三个哥们盯上了这家公司，他们创办了一家不足 3 亿元的江西百世腾饲料公司，他们希望借壳美国艾格菲集团走上资本市场。

百世腾在 2007 年 8 月，通过注入南昌百世腾、上海百世腾以及广西汇杰饲料公司，成功在纳斯达克实现借壳梦想。百世腾借壳美国艾格菲集团后，最高市值 6 亿美元，后来一路回落到 3 亿美元左右。百世腾到底多大，净资产 1 亿美元多一点。在百世腾借壳的时候，给投资者许诺，到 2009 年要实现 100 万头生猪销售的计划。

100 万头生猪销售可不是百世腾 1 亿美元净资产就能完成的。不过很快有一个美国大佬出现了，他就是高盛。在百世腾的股东名单中，高盛持有 5.2 万股百世腾股票，占总股本的0.16%。实在太少了，简直不值一提。高盛为啥要买这么少的百世腾股票？这个公司对于中国人来说都是相当的陌生。

郑谋铨纳闷的事情很快就有了结果，百世腾开始在福建、湖南等养猪大省大规模并购养猪场。动辄几千万元的并购资金，很显然不是百世腾能够拿出来的。百世腾一直遮遮掩掩说是有外国资金支持，到底是谁呢？百世腾还没有说，中国的动静就闹大了。

百世腾的收购遭遇到了中国政府的警觉，原因很简单，背后有高盛的身影。高盛的人突然跳出来，很是义愤填膺，说高盛没有人在养猪。这是一个非常有意思的回答，华尔街的犹太人到中国几十年，对中国的汉字游戏很了解。这个也得归功于高盛之前的董事长保尔森，他在位的时候，到北京68次，经常出入紫光阁。

2004年，高盛入股肉制品企业雨润集团，2006年又以20.1亿元成为中国最大的食品企业双汇集团的大股东。收购养猪场之后，高盛在中国就完成了一个完整的产业链布局：生猪养殖、食品加工销售。生猪养殖需要粮食，高盛玩粮食期货是中国人的师傅，还有一个更重要的是生猪期货。

中国地大物博，养猪的地方也很多，无论百世腾也好，高盛也罢，他们收购一百万头也好，两百万头也罢，都不会触及到垄断的红线。高盛养猪可不是对猪一瓢一瓢地喂养大，流淌着犹太人血液的高盛自然要运用资本杠杆。用粮食期货杠杆，可以轻松击垮中国新希望这样的超大型饲料企业，只要在期货市场把新希望这样的企业打成中航油跟深南电，高盛之外的养猪场成本就要扶摇直上。

猪肉一刀一刀地卖出去，那太愚蠢了。

生猪期货就是一个更大的游戏工具，在期货方面，中国航运业悉数让高盛屠杀，在生猪交易市场上，中国养猪企业跟食品加工企业，没有航运业这样相对集中的优势兵力，各个击破更为容易，可以说中国企业跟高盛玩生猪期货，毫无还手之力。

中国重庆有一个猪霸，控制生猪量在220万头左右，将重庆70%的生猪市场攥到自己手上，他控制的生猪可供13亿中国人吃两天。重庆猪霸的控制模式很简单，甚至可以说粗暴得没文化，就是黑社会手法。不过猪霸不高兴的时候，他就涨价，老百姓就要每斤猪肉多掏两毛钱。

猪霸令人可怕的是，他涨价两毛的直接后果就是拉动中国生猪指数上涨，重庆是中国养猪大省，在生猪指数中跟中国股市的大盘蓝筹一样，只要价格波动，就能决定大盘的走势。猪霸的情绪决定的不是重庆一个地方，而是全中国，他一不高兴，中国的物价指数也就会上走。物价指数是央行动用调控工具的风向标，那可是关系到全国的货币政策，货币政策又将决定各个行业的兴衰浮沉。

福建、湖南跟重庆一样，都是养猪大省，高盛的胃口绝不会满足百世腾这样的小公司，通过金融杠杆，操纵粮食期货达到操纵粮食以及生猪养殖成本，通过操纵生猪期货，达到操纵生猪价格，进而放大金融杠杆，操纵中国的消费指数，中国的货币政策的风向标就会失灵，中国货币调控就会有失水准，到时候更多的产业陷入高盛的陷阱之中。高盛的最终目标就是做空中国。

11. 藏身"碳"背后

2009年12月9日，哥本哈根贝拉中心会场入口，解振华怒火冲天。

解振华的身份是中国国家发展和改革委员会副主任，这一天的身份是哥本哈根联合国气候变化大会中国代表团团长。解团长在国内是副部级的高级官员，无论走到哪里都是前呼后拥。这一天，解团长刚走到会场门口，一位满面微笑的丹麦小伙子就将解团长给拦下了，让解团长马上重新办理胸牌，美国代表没有排队，从后面呼呼地窜到前面，要进场了。

解团长压着怒火，重新办理了一张专用于各国代表团成员的粉红色胸牌，再次走到安检口，丹麦小伙子又把解团长给拦下来了。解振华被拦下来已经不是一次两次了，这是第三次被拦下来。丹麦方面最后让解振华进入会场，可是整个会场已经骚动不已，不少人开始摸出报纸，不少人的脸上满是愤怒。

12月8日，英国《卫报》报道了一猛料，当全球代表们坐在贝拉中心会场的时候，美国、英国跟丹麦等几个工业发达国家在背后开了小会，这些国家已经共同起草了一份名为"丹麦提案"(DanishText)的决议草案。

美国人炮制的这份"西方密约"一曝光，让参加哥本哈根气候大会的各国代表团哗然，这简直就被美国人玩弄了。哥本哈根大会是一个全球的大会、一个平等的大会，怎么能够几个国家私底下就整个密约出来呢?

美国人一直不在《京都议定书》上签字，因为《京都议定书》规定，碳排放由发达国带头减排、发展中国家无须强制减排的精神，亦即"共同但有区别"的原则。"丹麦提案"一反《京都议定书》的规定，设定人均排放标准，发达国家可以比发展中国家多排放一倍的温室气体，即从现在起到2050年，发达国家可人均累积排放2.67吨温室气体，而发展中国家人均只可累积排放1.44吨。

1840年之后，西方列强对中国那是想怎么凌辱就怎么凌辱，想修改合约就修改合约，如果反抗，那就不是打屁股那么简单，都是大炮轰击。一百多年过去了，老美跟英国人的脑子还那么古董，居然背地里玩小动作。不用说中国不答应，全球人民都不答应，老美跟英国佬发展了几百年，排放的差不多了，现在以中国为首的发展中国家要兴工业，他们就修订游戏规则？

美国佬的用意再明显不过，中国对美国出口太大，工业需要抑制，否则就真的成了老大。

西方密约的如意算盘打得很好，将应付气候变化的融资拨款大权交给了美国佬主导的世界银行，准确地说，是高盛人掌管的世界银行。掌管金钱永远掌握着主动，一旦丹麦提案通过，英美集团就拥有特殊权利，它们可以根据它们意识里，发展中国家的表现来决定是否向其提供资金援助。

太儿戏了，美国人的算盘太明显了。

七十七国集团轮值主席、苏丹常驻联合国副代表迪亚平站出来了，义愤填膺地陈词："七十七国集团坚决反对该草案中的内容，在这个时刻，七十七国集团将努力推动哥本哈根大会取得成果，我们不能承受谈判破裂的危险，但是，我们不会签署不平等的协议，我们也不能让世界上 80% 的人口继续承受苦难与不公正待遇。"

12 月 10 日，中国人不高兴了。

当天上午的会议上，大会主席康妮·赫泽高开场白一说完，中国代表团副团长、国家发改委气候司司长苏伟就举手要求发言。"我前天来到会场已经 very unhappy(非常不高兴)，昨天更是 extremely unhappy(极其不高兴)，希望情况不会再坏下去。"苏伟是为解振华三次被拒会场之外发火，西方的记者们嗅到"中国代表不高兴"。

西方密约已经成为英美集团的小算盘，中国代表团没有像七十七国集团那样指责"丹麦提案"，但是中国代表团已经从大会现场发现了苗头。不高兴的苏伟继续抗议说："大会的标志中不应只有《联合国气候变化框架公约》第 15 次缔约方会议)的'COP15'，而没有《京都议定书》缔约方第五次会议'CMP5'标识。"

根本哈根会议不仅仅是开 COP15 会议，还有一个重要的会议就是 CMP5。美国人一直没有在《京都议定书》上签字。尽管美国代表团非常慷慨地在哥本哈根承诺，发达国家每年提供 100 亿美元的资金援助，但是按照西方密约的内定，这个钱还是掌握在高盛人手上，到底给谁还不一定呢。

100 亿美元到底能够节能减排多少呢？苏伟的英文有着浓重北京口味，在发音的时候甚至有讲故事的幽默效果，苏伟很不高兴地给一百多个国家的代表们算了算账："100 亿美元平均到全世界发展中国家人民头上，每个人大约只有 2 美元，2 美元在丹麦不够买一杯咖啡，我英文不好，coffee 说得听起来像 coffin（棺材），2 美元也不够买棺材板儿的。"

买棺材已经很不错，苏伟说得没错，人家英美集团就是不给你买棺材板儿的机会。

"丹麦提案"中最致命的就是将融资拨款的权力交给世界银行。前面讲过世界银行是由高盛的老人控制的，哥本哈根会议从一开始就是一个陷阱，所有的发展中国家跑到丹麦，让美国佬当猴儿耍。背后庞大的经济链条上，高盛已经取得了完全的主动，无论以中国为首的发展中国家怎么挣扎，最后都要将大把的碳利润拱手让给高盛。

2006 年，高盛以 2300 万美元收购了芝加哥气候商品交易所 (Chicago Climate Exchange)10% 的股权。芝加哥气候商品交易所成立于 2003 年，是全球第一个，也是北美地区唯一自愿性参与温室气体减排量交易并对减排量承担法律约束力的先驱组织和市场交易平台。说白了就是二氧化碳信用交易场所。

高盛看准芝加哥气候商品交易所，很简单，芝加哥气候商品交易所将来的交易量超过 10 万亿美元，而且布局非常的合理。2004 年，芝加哥气候商品交易所在欧洲建立了分支机构——欧洲气候交易所、2005 年与印度商品交易所建立了伙伴关系，此后又在加拿大建立了蒙特利尔气候交易所。

成为芝加哥气候商品交易所的老板后，高盛盯上了中国。

2009 年 3 月 9 日，香港商品交易所突然任命了一名叫安姬斯的女人为新的法律及监察主管。香港商品交易所主席张震远非常开心，企图通过任命安姬斯成为连接中国及国际商品市场的桥梁。张震远当天侃侃而谈："法规遵循对于交易所的诚信是十分重要的。安姬斯女士的加盟将会进一步加强我们管理队伍的实力，有助于港商交所未来的发展。我们非常高兴拥有丰富经验的她成为我们团队的一份子。"

安姬斯可是高盛的人。加盟香港商品交易所之前，安姬斯是芝加哥气候商品交易所高级副总裁及监察主管，负责监察该交易所及芝加哥气候期货交易所的法律事宜，当中包括交易所对内及对外的商业发展、企业、监察、知识产权及人力资源事宜。

放着芝加哥气候商品交易所高级副总裁的位置不坐，不远万里到香港。这个女人之前是美国洲际交易所的法律主管及助理监察主管。洲际交易所是高盛操纵能源期货的平台，2008 年的石油神话就是高盛通过洲际交易所这个平台完成的做庄对倒游戏。安姬斯可谓高盛的股肱之臣。

安姬斯到香港后信心爆增："在香港设立商品市场绝对是交易所行业的大势所趋。我对港商交所的前境感到非常乐观。"因为安姬斯在洲际交易所的时候，主要负责发展该交易所于美国及英国监察事务政体内的监察法规计划。在哥本哈根会议之前，安姬斯在香港商品交易所一个重要的推动就是打通中国市场，跟欧美市场对接。无疑是为了芝加哥气候商品交易所跟洲际交易所打通中国市场的桥梁，香港商品交易所将成为高盛在香港的棋子，也是渗透中国市场的棋子。

高盛在洲际交易所做庄石油，芝加哥气候商品交易所目标很明确，那就是将来做庄操纵气候期货产品。到时候，只要中国企业需要碳指标，不好意思，就要去芝加哥气候商品交易所购买，那个时候，废气的价格超过石油，再也不是神话。

平台是做庄的窝子，气候商品交易跟玩股票一样，需要交易的经纪商。高盛也铺平了道路，持有碳信用交易商 Blue Source LLC 公司 10% 的股份。这样一来，高盛可以通过 Blue Source LLC 跟中国以及更多发展中国家的企业进行碳指标交易，高盛自己可以在身后，继续重复类似石油的操纵游戏。

一切的平台都搭建好了，高盛真正的游戏开始了。

奥巴马，高盛一手捧出来的黑人小伙子，是该为高盛带来回报了。高盛为了让总统先生给自己谋利，已经准备了五年。2005 年，时任高盛首席执行官的保尔森起草了一份环保政策的文件，报告非常忧虑地提出，"仅靠企业自律是不足以解决气候变暖问题的。"保尔森非常明确地建议政府采取"碳排放总量管制与交易制度"。

无论是政府管制还是交易制度，在美国没有能源安全法案。当交易所、经纪商都搞定后，高盛开始积极游说民主党的议员们，游说奥巴马出台方案，来确保"碳排放总量控制和交易体制"。

高盛的算盘很精准：政府给电力和重工业等温室气体排放企业一定 CO_2 排放配额，如果企业想排放更多 CO_2 就必须从市场上购买排放额。如果企业实施了减排措施，用不完分配到的排放额，就可以把余下的配额在交易市场上出售。当然，高盛希望法案中能够明确，为了更好地市场化，应该在全美建立一个碳交易市场。

高盛的碳交易市场不是已经准备好了吗？奥巴马在 2009 年 6 月，以通过清洁能源来提振经济的借口，蒙骗众议院通过了《清洁能源与安全法案》。法案的一个重要条款就是设置美国主要碳排放源的排放总额限制，法案还建议成立一个全美的碳交易市场，在那里，众多公司可以有交换自己的碳排放权利。

好啦，现在都搞定了。

回到哥本哈根的现场，最后要取得的王牌就是让世界银行掌握资金命脉。无论是中国还是印度，只要你是发展中国家，只要你搞工业，只要你的能源是煤炭等大量排放 CO_2 的燃料，你国家的企业就要进入高盛的庄窝子。奥巴马甚至还提出一个侵犯国家主权的要求，为了监督碳减排，中国企业需要接受国际核查。

饱受进场窝囊气的解振华一下子站出来了，自主减排不能接受国际核查，这是主权问题。在主权问题背后，以高盛为首的美国利益集团，它们更看重的是商业机密，它们喜欢玩这一招，借着核查的名义刺探机密。一旦接受核查，中国企业再无商业机密可言，那个时候高盛可以将中国企业玩弄于股掌之间，就碳排放一个问题，中国商业就再无秘密。

12. 中国怎么就得罪了欧洲

2009 年 1 月 28 日，万家灯火神州共庆的正月初三，中国人还沉浸在家人团聚的美好时刻。此时的美国国会山却是纷纷嚷嚷的。

距离奥巴马宣誓就职的日子仅仅过去了 8 天，新上任的民主党人总统，在白宫的屁股还没有坐热，就开始张牙舞爪地实施对付中国的计划。

这一次是高盛操刀，印度人密谋。

2009 年 1 月 28 日，美国国会众议院表决通过了总额达 8190 亿美元的《美国复兴与再投资法案》。该法案规定资金用于公共建筑或公共设施的建设、改造和维修时，所有钢铁都必须为美国制造。但以下情况例外：购买美国钢铁不符合公共利益；美国钢铁数量不足或质量不够；购买美国钢铁将导致项目成本增幅超过 25%。

美国人这个《美国复兴与再投资法案》是什么意思？遏制中国钢铁出口。

中国政府为了刺激经济的持续健康发展，提出了 4 万亿刺激方案，钢铁产业作为工业攸关的产业，国务院还专门出台了《钢铁产业调整和振兴规划》，明确中国钢铁走出去战略。美国是中国钢铁主要进口国。美国国会山通过的《美国复兴与再投资法案》就是要遏制中国钢铁出口美国。这是一个针对中国钢铁出口的阴谋，也是一个针对中国政府 4 万亿拯救经济的巨大阴谋。

这是一个印度人的胜利，也是一个通过美国国会山夹带阴谋的胜利。

褐色皮肤的印度人拉科什米·米塔尔（Lakshim Mittal）正大口抽着雪茄，遥望着繁华的伦敦夜景，听着 CNBC 主持人兴奋地播报着美国国会山的新闻，米塔尔吧嗒吧嗒地抽了一口雪茄，笑靥如花。

米塔尔，这位爷出生在一个钢铁小老板家庭，一直追问“钢铁是怎么炼成的”这个问题，在钢铁领域像猎豹一样游走，不断上演疯狂的并购游戏。这位流淌着印度人血液的米塔尔目前已经是全球钢铁巨头米塔尔集团的掌门人。

米塔尔，一直在美国人面前捅中国人的刀子。

早在2008年1月8日，美国制造业联盟公布了题为《透视中国能源补贴：对2000~2007年的中国钢铁产业分析》的报告。这份报告出自美国康涅狄格州纽海文大学的一个名叫尤尔莎·哈莱（Usha Haley）的国际商务教授之手。这个号称经济学家的女人说从2000年到2007年，中国钢铁产业在煤炭、天然气和电力等能源价格获得了中央和地方政府271.1亿美元的补贴，违反了世贸组织的补贴协定或中国加入世贸的协议，中国大量出口钢材严重损害了美国制造业的利益。

美国制造业联盟异常激动地呼吁美国国会和政府采取强硬措施，抵制中国钢铁产品的不公平贸易行为。共和党主政白宫的时候，小布什忙着收拾萨达姆跟本·拉登，经济问题搞得一塌糊涂，美国制造业联盟的叫嚷在奥巴马上台后第八天，趁着中国人民欢度春节的喜庆日子，对中国钢铁业下手了。

美国钢铁业排名第三的钢铁大亨国际钢铁集团是美国制造业联盟的主力，与美国钢铁、纽柯钢铁三分天下。国际钢铁集团真正的老板就是米塔尔，米塔尔隐身美国制造业联盟，借助尤尔莎·哈莱小姐这一份危言耸听的报告，套上世贸组织跟美国人利益的大帽子，利用美国国会山议员们手上的投票权力，要将中国钢铁拒于美国市场门外。

2009年5月7日，米塔尔的故乡一则非常不起眼的报道，将隐身美国国会山身后狂捅中国人刀子的米塔尔给曝光在世人面前。据印度报业托拉斯报道，从2006年开始，米塔尔通过美国国际钢铁集团，累计花费416万美元公关费用，利用各种渠道对美国国会议员和政府官员施加影响，说服美国国会立法限制从中国进口钢铁，怂恿美国政府认定中国对美钢铁出口存在倾销行为。

为了这一场阴谋，米塔尔蓄谋已久。

早在2006年，米塔尔就设下了对付中国的欧洲计划。俄罗斯的翩翩骑士揣着位登全球钢铁大宝的梦想杀到卢森堡，一场你死我活的争夺战在欧洲上演，米塔尔在军师高盛的操刀下，上演反间计、合纵连横，干掉了搅局对付中国的俄罗斯大亨。

2006年年初，普京在克里姆林宫秘密接见了俄罗斯年轻的钢铁大亨阿列克谢·莫达休夫（Alexey Mordashov）。身为俄罗斯北方钢铁老板的莫达休夫非常兴奋地告诉总统普京，钢铁大腕阿赛洛遇到了大麻烦，米塔尔在2006年1月

27日突然宣布以227亿欧元收购阿赛洛，北方钢铁一直在跟阿赛洛商谈股权合作，依照阿赛洛总裁盖伊·多尔（Guy Dolle）的个性，阿赛洛肯定不会卖给米塔尔，北方钢铁最有机会成为拯救阿赛洛的白衣骑士。

在欧洲，阿塞洛可是钢铁行业响当当的大腕，非常年轻、非常庞大。这家成立于2002年的年轻大腕是由法国、西班牙、卢森堡三家钢铁公司合并而成的，是欧洲第一、全球第二，仅次于米塔尔的钢铁大亨。

高贵的欧洲大腕会被印度人拿下？

惊讶、疑惑，还有一丝莫名的兴奋，总统普京盯着一脸兴奋的莫达休夫。

普京对眼前这位年轻的钢铁大亨很了解，北方钢铁位于俄罗斯伏尔加格勒州切列波维茨市，是俄罗斯最大的私人控股钢铁公司。莫达休夫跟普京所在的统一俄罗斯党关系密切，北方钢铁前副总经理列维金目前是俄罗斯交通部部长。莫达休夫甚至在2005年还出面收购了俄罗斯独立电视台，克里姆林宫通过莫达休夫之手掌控了独立传媒。

统一俄罗斯党执掌俄罗斯，普京需要在每一个行业打造一面俄罗斯的旗帜。钢铁产业垄断在印度人米塔尔跟阿赛洛手上，如果北方钢铁跟阿赛洛联手，那么俄罗斯人将成为全球钢铁老大的控制人，俄罗斯单一石油贸易的格局就可以逆转，俄罗斯钢铁在欧洲市场就更具有竞争力。不过阿列克谢·莫达休夫说得太专业，普京没整明白什么叫白衣骑士。

翩翩白衣骑士迎面而来、美女注目，这是武侠梦境。莫达休夫很耐心地给总统大人解释了一番白衣骑士：其实很简单，当一家公司成为其他企业的收购目标后，如果收购方是对手企业，那就会不怀好意地干掉被收购的公司。被收购的公司管理层为阻碍对手的恶意接管，就会去寻找一家哥们公司进行合并，这个哥们公司就是传说中英雄救美的白衣骑士。

普京经莫达休夫一番解释，也认为这是俄罗斯钢铁坐上老大的好机会，对年轻的莫达休夫不断地鼓励，甚至告诉莫达休夫关于收购的反垄断审查，政府肯定全力支持，一定要将当前的老大米塔尔干掉。普京将俄罗斯钢铁称雄的希望寄托到了莫达休夫身上。

莫达休夫从一开始就成了棋子。

2006年1月27日，阿赛洛的总裁盖伊·多尔还沉浸在击败德国钢铁大亨克虏伯、成功收购加拿大钢铁巨头多法斯科公司（Dofasco）的辉煌的境界里，没想到一大早就收到一个邀约收购请求，对手正是 2005 年成功收购美国国际钢铁集团，目前全球钢铁老大的米塔尔。

227 亿欧元的价码，相当具有诱惑力。

盖伊 · 多尔的心里很是不爽，阿赛洛在欧洲绝对是老大，在全球也是第二，刚刚收购了多法斯科公司，只要阿赛洛再攻下两城，就能追赶上米塔尔，谁才是未来钢铁领域最后的老大，还不知道呢！一切都还没有到见分晓的时候，米塔尔现在收购阿赛洛，这简直就是羞辱阿赛洛的管理层无能。

3 天后的 2006 年 1 月 30 日，多尔在巴黎召开新闻发布会，对米塔尔大肆嘲笑跟羞辱，面对电视台的话筒，多尔轻蔑地嘲笑道："阿赛洛制造贵族香氛，米塔尔生产的却是大众用的科隆香水，我不希望阿赛洛的股东接受印度人的 monkey money。"

monkey money，猴子钱。

多尔将米塔尔向阿赛洛股东支付收购的资金比喻成猴子钱。

米塔尔同一天在随后的巴黎新闻发布会上听闻盖伊 · 多尔侮辱性的嘲笑，依然保持着微笑。这是典型的种族地缘歧视。不错，米塔尔横跨美国和新兴市场，主要提供中低档钢材，阿赛洛的市场集中于欧盟，产品以较高档的钢材为主，这一次科隆香水就是要用猴子钱干掉贵族香氛阿赛洛。

印度人要吞掉阿赛洛？

米塔尔举家迁往欧洲，拼命地要挤进欧洲的上层社会，没想到多尔的嘲笑让整个欧洲哗然。一向孤芳自赏，自认为高贵的欧洲人迅速组成统一阵线，站到了多尔一边，声讨印度人米塔尔恶意收购阿赛洛。

法国人对米塔尔的恶意收购很反感，在阿赛洛，法国的影响力将决定大股东卢森堡的最终决定，米塔尔急忙跑到法国经济部。在法国经济部的大楼，米塔尔没有直面多尔的猴子钱嘲笑，而是非常巧妙地将收购阿赛洛的真实目的告诉了法国经济部长布勒东，希望能够联手阿赛洛对付中国钢铁的低价倾销。

布勒东很是错愕，中国钢铁出口在中国加入世贸组织谈判的过程之中反复磋商，中国政府跟欧盟也一直在努力消除双方的分歧。尽管米塔尔的收购计划缺乏工业发展方案，但是他巧舌如簧，打动了布勒东，于是布勒东向总理德维尔潘汇报的时候说："米塔尔总裁只想通过收购，领导一家欧洲大公司对付中国钢铁产业的发展。"

收购阿赛洛对付中国人？将欧洲人当成印度人对付中国人的棋子？法国总

理德维尔潘不想让欧洲人拿了米塔尔的猴子钱成为印度人的棋子。2006 年 1 月 31 日，德维尔潘公开站出来，力挺高傲的多尔，将拒绝印度人米塔尔恶意收购行动提升到国家利益的高度，鼓动阿赛洛持股人发扬经济爱国主义，抵制米塔尔的恶意收购。

米塔尔希望借口对付中国跟欧洲人拉进关系，没想到让法国人很失望。

法国人的愤怒不是因为米塔尔要对付中国人，而是阿赛洛在中国的布局已经超越了米塔尔，阿赛洛跟中国的莱钢集团正在火热恋爱，胜算颇大。尤其是 2005 年 11 月 7 日，阿赛洛在北京跟联合国开发计划署签订了谅解备忘录，阿赛洛将全力支持联合国开发计划署在山东省、江苏省、青海省和四川省的项目。莱钢集团项目就在备忘录范围之内。

阿赛洛跟莱钢集团的恋爱过程中还得到一个绝密的好消息，山东省政府正在筹划莱钢集团跟济南钢铁合并，这样一来，新合并的莱钢集团将一举成为山东第一大钢铁集团，在中国的规模仅次于宝钢集团，成为中国钢铁老二。阿赛洛入股莱钢集团成功，就将与宝钢集团共享中国钢铁的天下。

这个时候，法国人不想阿赛洛成为米塔尔的棋子，更不想将阿赛洛到嘴的中国肥肉让印度人叼走。

2006 年 2 月 1 日，作为阿赛洛总部的父母官、阿赛洛最大股东的卢森堡政府也对米塔尔单纯利用收购阿赛洛来对付中国钢铁的恶意收购感到反感。这一天，卢森堡首相容克尔专程跑到法国巴黎，与法国总统雅克・希拉克（Jacques Chirac）会晤，深入讨论对策。

希拉克微笑着问容克尔，米塔尔是想做大做强阿赛洛还是利用阿赛洛呢？容克尔当然明白希拉克的意思，欧洲人怎么可能成为印度人的棋子？容克尔冷静地说："这不是爱国不爱国的问题，关键问题是收购计划很糟糕，没有工业发展计划，没有管理规则，没有拉近两种企业文化的措施。"

容克尔到最后出人意料地抛出一句话："面对恶意收购需要非善意的对策。"

法国财政部长布勒东甚至向阿赛洛的总裁盖伊・多尔放话，可以采取出售或者分拆阿赛洛的优良资产、增加企业的负债额以提高企业的杠杆比率、向阿赛洛股东发放额外的红利等毒丸计划轰走居心叵测的印度人米塔尔。

13. 法国妖姬魅倒众生

米塔尔并没有被吓退。

拿下阿赛洛，米塔尔志在必得！他搬来了破解毒丸计划的高手——高盛。

金融奇才约尔·扎维（Yo ë l Zaoui）是高盛欧洲的掌门人，高盛总部指定约尔·扎维帮助米塔尔搞定阿赛洛，成功完成米塔尔的欧洲计划。商场如战场，约尔·扎维对中国兵法颇有研究。他分析，现在欧洲人想通过阿赛洛独享中国市场，一旦阿赛洛跟中国的第二大钢铁集团联手，那么美国想通过反倾销来制裁都非常困难，瓦解欧洲人是米塔尔的当务之急。

高盛的一份欧洲公关计划呈报到米塔尔的办公桌上。

第一步，拿下高傲的法国人，约尔·扎维告诉米塔尔必须拿下总统希拉克。

拿下总统希拉克？米塔尔很惊讶，约尔·扎维的想法听起来是异想天开，现在欧洲人对印度人很反感，希拉克跟卢森堡首相容克尔秘密会晤，就是要鼓动阿赛洛的股东站出来反对米塔尔的收购，这个时候怎么可能搞定希拉克呢？

一定能搞定希拉克的，扎维信心十足。

米塔尔在巴黎香榭丽舍大街乔治五世饭店跟扎维密谋公关人选，扎维推荐给米塔尔一个美丽的法国女人——安娜·梅欧（Anna.Mayo）。这位颇有魅力的法国女人是公关公司Im Age Sept的总裁，在巴黎的财经界跟政界很有影响力，不少官员以及大亨都是这个女人家庭晚宴的座上宾。

梅欧第一个攻下的，是全球奢侈品巨头法国巴黎春天集团的总裁弗朗索瓦·皮诺（Francois Pinault）。皮诺是法国富豪榜上的第三名探花郎，他虽然出生于木材商人家庭，但是曾经在军队服役的他热心政治运动，非常具有政治远见，1974独具慧眼支持财政部长吉斯卡尔·德斯坦参加总统竞选，帮助德斯坦如愿坐上总统宝座。

皮诺将德斯坦推上总统宝座的第一件事情就是，将希拉克推荐给德斯坦，顺利担任法国总理的希拉克组阁法国政府。2年后，希拉克解散了总理内阁，挂冠而去，单独组建保卫共和联盟并任主席，参加巴黎市长竞选。皮诺看好希拉克这位爷将成为法兰西的灵魂人物，决定跟希拉克深入交往，两人成为莫逆之交。

梅欧拜访了在家休闲的皮诺，将印度钢铁商人的儿子米塔尔介绍给了这位奢侈品大亨，皮诺迅速被米塔尔疯狂的并购经历吸引，两人都出生在并不富有的商人之家，两人都是靠着一路打拼才成就了今天事业，同为英雄惺惺相惜，皮诺顿时对米塔尔有了好感。

米塔尔笑眯眯地搂住扎维的肩膀："兄弟，谢谢你，梅欧是个了不起的女人。"就这样，一直跟总统称兄道弟，引领欧洲潮流的奢侈品大亨皮诺跟米塔尔成了莫逆之交。皮诺非常坚定地支持米塔尔的并购计划，还以独立董事的名义率先加入米塔尔公司的董事会，并为米塔尔敞开了自己的关系网。

法国财经工业部正副部长、国民议会和参议院经济委员会和金融委员会主席、报纸社论评论员、阿赛洛公司众多工厂所在地的议员和在野党地方主席，甚至已卸任的前财政部长、前工业部长和前电信部长……在梅欧跟弗朗索瓦·皮诺的帮助下，欧洲的大门向米塔尔敞开了，他马不停蹄，到处见面拉关系。

扎维全面分析了米塔尔欧洲计划的问题症结：多尔反对米塔尔纯粹是地域种族歧视，欧洲人是为了联手中国人降低欧洲成本，更大限度地跟美国人竞争，尤其是从美国制造业获取利润。目前皮诺跟法国总统希拉克的私人关系还不足以让希拉克站在欧洲人的对立面来支持米塔尔，希拉克马上要访问印度，米塔尔必须借助印度政府搞定希拉克。

米塔尔直飞新德里。

米塔尔一回到祖国怀抱，就让印度朝野激情四溢，全都声援米塔尔收购阿赛洛。印度商业部长卡迈勒·纳特更是亲笔致信欧盟贸易专员曼德尔森，希望欧盟不要对米塔尔收购阿赛洛加以阻挠。米塔尔还特地拜访了总理莫汉·辛格，莫汉·辛格对盖伊·多尔的狂傲相当生气。

2006年2月20日，法国总统希拉克飞抵新德里，对印度进行国事访问。莫汉·辛格敦促正在印度访问的法国总统希拉克，公平对待米塔尔对阿赛洛的收购案："我希望，此事会有一个公平的决定，兼顾所有利益相关方。"

印度总理都发话了，希拉克相当不好意思，在之后召开的联合记者发布会上，希拉克针对莫汉·辛格的谈话，专门作出回应："法国不反对非欧洲企业收购欧洲企业，但欧洲人为自己的就业问题以及他们的未来着想，是合情合理的事。"

阿赛洛总裁多尔有点发蒙，希拉克的态度怎么有点儿缓和？多尔到现在还不知道高盛的金融奇才扎维正在米塔尔背后出谋划策，全面瓦解阿赛洛的欧洲政局联盟。多尔决定启动毒丸计划，提高股息以及增加50亿欧元的现金分红来对抗扎维的各个击破策略。

扎维一眼就看穿了多尔的毒丸计划，米塔尔在美国上市，并且是美国国际钢铁集团的实际控制人，只要美国政府放行米塔尔并购阿赛洛的反垄断审查，那样就会给欧洲各国带来压力，让它们不能再借口反垄断审查来延缓米塔尔并购压力。

2006年5月15日，美国反垄断审查放行米塔尔收购阿赛洛。

扎维的美国之手顿时让米塔尔欧洲计划峰回路转。

米塔尔在获得美国人反垄断审查放行之后，决定通过提价收购来增加对阿赛洛股东的诱惑。2006年5月18日，米塔尔在巴黎宣布对阿赛洛收购的报价由190亿欧元提高到258亿欧元。也就是说米塔尔对阿赛洛的收购由之前每股28.21欧元提升到每股37.74欧元。

阿赛洛当天在巴黎股市暴涨8.88%。

扎维又给米塔尔支招，提高收购价格诱惑的是股东，米塔尔一定要给政府以及阿赛洛管理层一个定心丸。在宣布提高收购价的同时，米塔尔宣布只要阿赛洛公司接受其收购条件，米塔尔家族可以放弃在两者合并后组成的新集团中拥有绝对控股权，新集团可以将总部设在阿赛洛公司总部所在地卢森堡。这一招打消了卢森堡人担心米塔尔将搬走阿赛洛的卢森堡总部以及卢森堡钢铁工人失业的顾虑。

高盛太了解欧洲人了，当初私有化埃尼集团的时候，高盛已经摸准了欧洲人高傲背后利益的脆弱。米塔尔一提价，法国、比利时和卢森堡的金融管理部门马上就站出来故作清高地宣布，原则上同意米塔尔对阿赛洛发起收购行动，不过这场收购有时间限制，收购期限是5月18日至6月29日，这期间米塔尔搞不定阿赛洛，那就别怪欧洲人没有给印度人面子了。

14. 反间计击退俄罗斯大亨

俄罗斯大亨莫达休夫傻眼了，难道欧洲人不给自己英雄救美的机会?

俄罗斯人的机会来了，多尔的毒丸计划让高盛瓦解了，多尔再也坐不住了，决定联手一直洽谈的俄罗斯人莫达休夫。

莫达休夫领导的俄罗斯北方钢铁曾在乌克兰与米塔尔争夺里沃罗格钢铁集团。里沃罗格钢铁集团是东欧钢铁业私有化进程中的最后一个大项目，集团财务状况非常好，有充足的矿石供应，临近黑海港口，拥有便利的交通。北方钢铁顽强狙击,最后米塔尔不得不多掏 20 亿美元。现在阿赛洛要跟北方钢铁联手，这将对米塔尔造成不可逾越的收购障碍。

2006 年 5 月 27 日，阿赛洛与北方钢铁发表联合声明，宣称两家公司已经合并。

联合声明宣称，北方钢铁的控股股东莫达休夫将把其拥有的北方钢铁和其在意大利卢基尼钢铁公司价值 12.5 亿欧元的股份全部转入阿赛洛名下。作为交换，莫达休夫将获得 2.95 亿股阿赛洛股份。这样一来，新成立的联合钢铁集团的市值将比现在的阿赛洛市值高出 130 亿欧元，俄罗斯年轻的钢铁大亨莫达休夫也将因持有新集团约 32% 的股份而成为第一大股东。

这是一场令世界震惊的联合。

多尔非常高傲地宣称，米塔尔收购阿赛洛只是数量驱动，跟阿赛洛的发展策略不相符。多尔多少还是给了米塔尔一点面子，没有揭露米塔尔收购阿赛洛的真相。多尔解释阿赛洛跟北方钢铁合并的理由，认为北方钢铁跟阿赛洛在地域和行业中存在互补性，因此两家公司如果合并成功，将会成为全球钢铁行业新霸主。

一直屈居全球第二的大腕阿赛洛终于可以利用反击米塔尔收购的机会，推进跟北方钢铁的合并。北方钢铁跟阿赛洛 2005 年的财务数据显示，一旦两家公司合并，新成立的集团其年销售额将达到460亿欧元，总产量将达7000万吨，占据22%的国际汽车用钢铁市场份额，远远超过米塔尔所公布的281亿美元和4920万吨，以及8%的市场份额。

这下，莫达休夫将一举坐上全球钢铁老大的位置。为了拯救阿赛洛，为了成就俄罗斯克里姆林宫打造钢铁巨无霸的构想，莫达休夫这位翩翩白衣骑士宣布，新成立的钢铁集团董事长跟首席执行官的宝座将留给阿赛洛的董事长约瑟夫·金希（Joseph Kinsch）和首席执行官多尔，自己仅出任新集团公司的非执行总裁。为了彻底击垮米塔尔的信心，多尔还继续实施毒丸计划，宣布将通过派发股息和公开收购的方式向阿赛洛的股东回馈76亿欧元的现金。

联手俄罗斯人?

米塔尔震惊了，莫达休夫这匹来自北方的狼不是一个好对付的主儿。阿赛洛的董事长金希的一番羞辱让米塔尔如鲠在喉。金希抨击米塔尔是一个植根于印度的企业，而俄罗斯年轻钢铁大亨莫达休夫是一个“真正的欧洲人”，阿赛洛跟北方钢铁的合并并非是为了抵御米塔尔收购那么简单，而是质量的天作之合。

阿赛洛的举动让高盛顿时紧张起来，俄罗斯人一旦成为钢铁老大，尤其是莫达休夫这样紧跟统一俄罗斯党的克里姆林宫亲信，这将对美国的制造业带来不可估量的麻烦。石油的价格上涨已经让俄罗斯人开始蠢蠢欲动了，普京甚至驾驶战斗机巡视边疆，这是在对美国人示威。阿赛洛联手俄罗斯人就是要跟美国人站到对立面，欧洲人敢吗?

政治是敏感的利器。

扎维再次向米塔尔献计，要想彻底改变以法国为首的欧洲反对势力，那么米塔尔必须来一招围魏救赵的策略。阿赛洛曾经击败了德国钢铁大亨克虏伯，成功收购加拿大钢铁巨头多法斯科公司（Dofasco），德国人虽然没有持有阿赛洛的股份，但是德国人可以影响欧洲的政治动向。

于是米塔尔高调宣布，只要收购阿赛洛成功，米塔尔就将阿赛洛控制的多法斯科公司转让给克虏伯。

扎维围魏救赵策略可谓一箭双雕，阿赛洛董事会中的德国董事被瓦解，站到了董事长金希和首席执行官多尔的对立面，曾经铁板一块的阿赛洛董事会开始内讧。米塔尔承诺将多法斯科公司转让给克虏伯，让德国政府非常得开心。克虏伯为了做大钢铁产业，特地聘请了高盛为财务顾问，出售钢铁产业之外的第三产业。

德国政府站出来公开力挺米塔尔收购阿赛洛。英国就更不用说了，现在美国财政部长保尔森的老东家高盛在操刀米塔尔收购阿赛洛，美国反垄断审查已经通过，英国人没有理由站到美国人的对立面。再说了，米塔尔欧洲总部设在英国，英国人更应该站到米塔尔一边了。

扎维决定更进一步，动用弗朗索瓦·皮诺庞大的商界网络，将俄罗斯人跟阿赛洛的联合上升到欧洲跟莫斯科的政治高度上来。皮诺思前想后，将一大批影响总统跟法国内政的商人介绍给米塔尔，其中包括跟希拉克私交甚笃，法国政、军、商三界被誉为“白眉大侠”的法国军用飞机大佬，达索集团第二代掌门人塞尔热·达索；跟法国内政部长，后来的总统萨科齐是铁哥们的法国工业企业顶梁柱布依格集团掌门人马丁·布伊格。

高盛在权衡米塔尔的财务实力之后，决定为米塔尔收购阿赛洛资金储备法国力量。弗朗索瓦·皮诺不负众望，又将法国兴业银行董事长达尼埃尔·布东和法国 AGF 保险公司总裁让·菲利浦·蒂埃里拉到了米塔尔阵营。

让·菲利浦·蒂埃里在扎维的鼓动下，非常替米塔尔卖力，甚至在公开场合发言，如果阿塞洛与俄罗斯北方钢铁合并，谁才是真正的管理者呢？

让·菲利浦·蒂埃里非常巧妙地抨击北方钢铁跟阿赛洛合并其管理将成问题。很快，让·菲利浦·蒂埃里又将问题上升到政治操纵上来，此言一出，欧洲的政治家和阿塞洛多数股东开始担忧，甚至害怕阿塞洛将受到莫斯科政治家操控。

高盛选择了法国兴业银行，很快就获得了兴业银行 80 亿欧元的贷款支持。法国兴业银行持有欧洲证券交易所 3.5%的股份，欧洲的政客们为了各国企业上市的利益考虑，也不得不看看兴业银行的面子。

高盛为了确保欧洲证券交易所这一张牌能够威慑到欧洲的政客们，又要瓦解阿赛洛小股东阵营，于是高盛决定使用中国人三十六之中的反间计，将阿赛洛管理层跟小股东对立开来。扎维找到了持有阿赛洛 1.3%股权、持有欧洲证券交易所 10%股权的大股东对冲基金雅典资本（Atticus Capital）总裁罗特席尔德。

罗特席尔德的豪爽出乎高盛跟米塔尔的意料。

罗特席尔德给阿赛洛总裁多尔写信，表达对阿赛洛管理层拒绝考虑米塔尔提出的收购的不满。罗特席尔德在信中强调：“我们认为该交易存在引人注目的行业和财务上的好处，对于一个需要整合的行业来说，它将带来协同和战略上的益处。”罗特席尔德措辞严厉地敦促阿赛洛管理层考虑该项收购，并举行谈判，否则雅典资本将通过法律捍卫自己的利益。罗特席尔德还向米塔尔提供了 100

亿欧元的收购资金支持。

2006年6月9日，欧盟委员会有点蒙了。

这一天，欧盟分别收到北方钢铁跟阿赛洛交易的两份文件。第一份文件来自阿赛洛,内容是收购北方钢铁。第二份文件来自北方钢铁,内容是收购阿赛洛。欧盟委员会发言人乔纳森·托德（Jonathan Todd）有点哭笑不得：不得不就此项交易进行了两次通报，因为哪家公司将取得控股权尚不清楚。

高盛看到了绝佳的机会，提出了修改收购报价以及董事会席位更改。就在北方钢铁与阿赛洛在欧盟自摆乌龙，搞蒙欧盟的这一天，米塔尔将收购价突然提高到283.8亿欧元，10%的提价让阿赛洛的小股东们异常兴奋。更让北方钢铁感到意外的是，米塔尔将要求占有阿塞洛73%的股份要求一下子降低到了43%;在董事会构成方面,接受阿塞洛占4席,米塔尔占3席;在管理层组成方面,同意先由阿塞洛任命首席执行官。

是该站出来给俄罗斯人致命一击的时候了，米塔尔的幕后军师高盛高调亮相。

高盛公开亮相的第一件事情就是大张旗鼓地动员阿赛洛的中小股东维护权益，对抗以多尔为首的公司管理层的反收购决定。高盛写了一封长长的信函给阿赛洛的股东们，在这封信中，高盛呼吁阿赛洛的股东们就与北方钢铁合并事宜在一个月内召开特别会议，希望股东们通过特别会议争取对这一交易的表决权。

高盛的目的非常明确，就是希望中小股东们能够利用手中的投票权否决阿赛洛跟北方钢铁的联合。高盛一共向阿赛洛的50家股东发出了倡议信，甚至高调宣布争取到了特别股东大会法定的至少20%以上的阿赛洛股东的支持，统一召开特别会议。

多尔对高盛的高调嗤之以鼻，压根儿就不相信高盛已经收买了公司1/5的股东，因为从阿赛洛成立到现在，股东大会从来没有超过20%的股东参加，这一次就凭高盛的一封信就能纠集20%的股东？多尔将高盛瓦解小股东的反间计当成吹牛的玩笑，压根儿就没有放在心上。

高盛还在继续争取更多的阿赛洛小股东。只有阿赛洛7.4%股份的法国金融家罗曼·扎莱斯基在约尔·扎维的游说下，站到了米塔尔一边。持有阿赛洛0.4%股权的法国保护小股东权益保护协会主席科莱特·纳维尔（Colette Neuville）也站到了米塔尔一边，这位法兰西女人手上还掌握着阿赛洛法国小股东5%的股权，跟卢森堡政府持有的阿赛洛股权不差上下。

科莱特·纳维尔以保护小股东权益保护协会主席的身份站出来力挺米塔尔，对北方钢铁跟阿赛洛的合并感到惊骇。这位法兰西女人要求阿赛洛董事会必须解释与北方钢铁的合并计划，到底比米塔尔的公开收购好在哪里。北方钢铁在哪些方面更具有优势，一家在莫斯科股市上市，由俄罗斯寡头富豪控制的企业集团的管理能比米塔尔高明多少。纳维尔态度坚决，要求俄罗斯大亨莫达休夫必须公开竞购阿赛洛，以便让股东来作出抉择。

高盛为了确保分化阿赛洛董事会的目的，扎维动员皮诺，让兴业银行跟雅典资本的两位总裁亲自去一趟阿赛洛卢森堡总部，以财团的身份瓦解董事会。两位总裁很给皮诺面子，飞到了卢森堡阿赛洛总部跟董事会成员们见面，探讨米塔尔收购阿赛洛的商业机会以及弥补双方差距的办法。

阿赛洛的董事会开始分化了，德国跟法国董事要求召开董事会商讨跟米塔尔合作的事宜，阿赛洛董事会破天荒地开了长达 5 个小时的讨论会议。更有意思的是，18 人的董事会在五个小时中并没有发生激烈争吵，而是反复比较北方钢铁跟米塔尔的方案。德国董事以及法国董事对北方钢铁每股 44 欧元的报价认为是没有依据的设想。

俄罗斯富豪莫达休夫一看高盛的围魏救赵，以及反间计已经瓦解了阿赛洛的小股东以及董事会，这样下去对于北方钢铁来说相当不利，尤其是米塔尔在不断降低持股比例，北方钢铁如果坚持 32% 的持股比例，那么阿赛洛的小股东依然会拒绝自己这样的俄罗斯寡头。莫达休夫宣布降低持股比例到 25%，希望得到阿赛洛小股东的理解，也同时告诉欧洲政客，莫斯科不会操纵阿赛洛。

2006 年 6 月 25 日，还没有等到 30 日的特别股东大会，阿赛洛的董事会就宣布缴械，跟米塔尔合作，高盛在阿赛洛的毒丸计划跟白衣骑士战略争夺中，取得了完胜，莫达休夫气极败坏地飞回了莫斯科。俄罗斯总统普京在 6 月 27 日在俄外交部举行的俄驻外使节会议上，更是指责西方在与俄罗斯进行商业竞争时居心不良，言辞激烈地强调：“俄罗斯今后要改变外交政策。”

米塔尔根本不计较普京的愤怒，对付中国的欧洲计划终于完成。高盛运用了中国人的兵法智慧搞掉了俄罗斯人，将米塔尔推向了无人争锋的全球老大宝座，米塔尔投桃报李，顺理成章地成为高盛的全球董事，以钢铁大王的身份为高盛充门面。

坐稳全球老大的米塔尔可以利用阿赛洛在巴西、非洲的矿山资源跟中国的宝钢争夺，尤其是阿赛洛入股莱钢失败之后，米塔尔更是在南非、加拿大状告中国钢铁倾销，通过南非、加拿大政府之手给中国钢铁贴上倾销的标签。米塔尔又在欧洲联手克虏伯，游说欧盟立法制裁中国钢铁企业，理由依然是倾销。2009 年 1 月 28 日，美国国会山的法案终于通过了。

米塔尔对付中国人的阴谋连成了欧美全球棋局。

风卷残云意大利，隐秘击杀中国航油王，在俄罗斯背后插尖刀，联手钢铁大王布局欧洲，不断蚕食中国企业，无论是中东还是欧洲，高盛代表着美国利益集团，他们的终极目标是中国，他们将会不断通过资本以及人脉的渗透，紧紧抓住权贵的通道，扼住中国经济的咽喉，他们将不遗余力地把中国拖入美国人的游戏之中，奴役中国是他们的理想……高盛熬死了过去的对手，击垮了现在的对手，瓦解了未来的对手。什么才是高盛的最终目的？那就是，干掉一切对手，隐秘操控全球！

CHAPTER 6

第六章

干掉一切对手

一个犹太马夫在屈辱中流浪，残酷的生活让他悟到了竞争的最高境界：秘诀就是干掉对手。

在经历1929年的生死劫难之后，高盛的接班人开始跟白宫越走越近。在竞争激烈的华尔街，高盛左冲右突。要想干掉对手，就要壮大自己。在一次私人聚会时，高盛找到了学习的好榜样。

那个曾让华尔街闻风丧胆的“债券之王”与财政部掌门人结怨，最后惨烈地死掉。对手的献血让高盛领悟到另外一条门道：打通白宫跟高盛的旋转门，就可以杀对手于无形。

在收购神秘的杰润之后，高盛开始在欧亚掀起猎杀飓风。

2008年全球金融危机，已经掌控美国财政部、美联储的高盛重拳出击，甚至不惜牺牲巨额诱饵，诱敌深入，无形之手掠过，对手尸首一片，血流满地。

1. 一个马夫的发家史

马可斯·戈德门（Marcus Goldman）当年还是马夫的时候，做梦也没有想到，自己居然开启了一扇通往辉煌之路的大门。2009年，带着巴伐利亚犹太人血脉的高盛已经走过了140个春秋，生死沉浮。140年后的今天，曾经的小店成为掌舵美国白宫、操控全球金融的华尔街最伟大投行。

公元66年，当中国的大汉皇帝汉明帝正坐在龙椅上大封藩王，大搞石窟艺术的时候，耶路撒冷一场可怕的屠杀阴谋正在向犹太人袭来。贪婪的罗马总督弗洛鲁斯为了霸占总督府所在地恺撒里亚犹太圣殿财产，在希腊跟犹太人的混战中渔翁得利，恶意挑拨希腊人跟犹太人。弗洛鲁斯借助希腊人之手，以总督府所在地恺撒里亚犹太圣殿附近的通路系希腊人地产为由，唆使希腊人阻挠犹太人进入教堂。犹太人万般无奈，希望身为父母官的弗洛鲁斯出面调解，弗洛鲁斯两头通吃，在接受犹太人贿赂后，又唆使希腊人在教堂附近侮辱犹太人。

希腊人的刁难和侮辱激怒了犹太人，双方开始大打出手。耶路撒冷及巴勒斯坦各地的犹太人奋起抗争，弗洛鲁斯借助雇佣军对犹太人疯狂杀戮，仅恺撒里亚的犹太人就有2万人被杀害。

哪里有压迫，哪里就有反抗。新仇旧恨促使全巴勒斯坦的犹太人举行武装起义。

罗马军团攻入耶路撒冷，烧杀掳掠，屹立586年的圣殿再度被毁，仅留下外墙残垣，即今日所谓之“哭墙”。报复性的屠杀之后，罗马帝国将犹太地区易名为“巴勒斯坦”，意即“非利斯人”，为希伯来民族之古代世仇，以示羞辱，并禁止犹太教，将神殿旧址改建为罗马神庙。

犹太人祖国沦亡，犹太人被禁止在巴勒斯坦居住，只准每年于圣殿焚毁之日入耶路撒冷哭墙凭吊。从此，犹太人被迫流散各地，西班牙、德国、俄罗斯、美国等地成为犹太人最集中的流亡地。他们一直在压迫和歧视中忍辱繁衍，至公元1948年以色列建国，共计流亡1800余年，此乃历史上所谓的“大流亡”。

1805年10月14日，法国皇帝拿破仑击败普鲁士军队，控制了今天德国大部分地区,拿破仑颁布的《拿破仑法典》在德国成为基本法,按照拿破仑的意思，应该保障犹太人的政治权利，这段时间德国犹太人兴起了“犹太人解放运动”，主张对当地政府效忠，并尽社会责任及义务。用德语代替希伯来文，以适应现代化的要求，甚至主张把安息日由周六改制为周日，以便更近于其基督徒邻舍。拿破仑被称为“犹太人的解放者”。

普鲁士十年报仇。

1815年6月18日，军神拿破仑最后一次豪情万丈地检阅了自己的军队，在山呼海啸一般的“皇帝万岁”吼叫声后，拿破仑很快就听到了枪炮声，一条狭长的山谷顿时硝烟弥漫，杀声震天。这就是世界近代历史上发生在比利时的滑铁卢大会战，拿破仑所率法军被英国、普鲁士联军击败。

拿破仑兵败后快速撤回巴黎，在万民泪流满面的挽留下，拿破仑依然伤感地摘下头上的皇冠，宣布退位。犹太人开始倒霉了，欧洲各国恢复反犹措施，以南德各邦更加严厉，如巴伐利亚的犹太人不准进城、各乡镇对犹太家庭户数设限、犹太男子结婚后必须搬离居住地……加上南德工业落后，犹太人根本没有任何生存机会，于是大举移民美洲。

牛贩子的儿子马可斯·戈德门在这时被迫离开自己在巴伐利亚的家园，开始了流浪生涯。

1848年，戈德门到了美国，可是他什么也不会。倒是小时候跟父亲贩卖水牛的时候看过别人拉马车，这属于体力活，没有任何的技术含量，初来乍到的戈德门开始在美国拉马车。不久，他在费城遇到一个流浪到美国的德国姑娘，俩人坠入爱河。得到爱情滋润的戈德门决定不再干那种低三下四的下贱活儿，攒了点钱后就开了一家小店，自己当老板。

1869年，戈德门带着老婆孩子迁移到纽约曼哈顿南部松树街，在一条紧靠煤矿滑道建筑狭窄的地下室，挂牌成立了马可斯·戈德门公司，经营借据的经纪业务，公司除了老板马可斯·戈德门外，仅有一名在殡仪馆上班的兼职记账员。

摇身一变成为经理的戈德门每天早上出门的时候都会穿着一身干净的礼服式外套，戴着高高的帽子，游荡在商铺林立的地段，一般马可斯·戈德门都会选择信誉和实力都不错的商人进行交易。将需要现金周转的珠宝商、皮革商手上持有的本票用现金买下，将本票放在帽子里，然后继续满大街跑业务，当然也会在这个过程之中将越收越多的本票转卖给他人赚钱。

这是一个非常赚钱的买卖。举个例子，如果某珠宝商需要 5000 美元，但是手上没有现金，那么该珠宝商就写一个类似借据的条子：承诺凡是持有本人开出的借据，也就是所谓的本票，在规定的时间内找到开票人，就可以拿到 5200 美元。持有本票的商人们有时也会赶上急着用钱的时候，这时候很难立刻找到开票人，那么这些商人就会将这些收据卖给戈德门，戈德门再拿去卖给别的有钱人，有钱人要想赚取中间类似于利息的 200 元差额，就要给戈德门支付一定的提成，一般 1 千美元可以提到 5 美元。

每年有 500 万美元交易量的戈德门能够赚取 25000 美元。在跑街拉业务的过程之中，他认识了同样来至巴伐利亚的沙克斯，并将自己可爱的小女儿嫁给了这位小老乡。1882 年，戈德门将沙克斯拉进公司，业务突飞猛进，于是戈德门决定跟记账员出身的女婿合伙，给女婿一部分股份。但是女婿没有资本，戈德门就借给沙克斯 1.5 万美元，于是，沙克斯就成了马可斯 · 戈德门公司的第一任合伙人。

同时，公司改用两人的姓氏 Goldman 和 Sachs 合起来命名。这就是目前我们所知道的高盛（Goldman Sachs），高盛的合伙制历史开始了。

马可斯 · 戈德门跟老乡的联姻拉开了合伙人制度的序幕，也拉开了华尔街财团联姻的序幕，在两家联姻后的 50 年历史中，高盛的合伙人都是姻亲关系，典型的家族企业。到了 1885 年，也就是萨姆 · 沙克斯成为合伙人后第三年，马可斯 · 戈德门又让自己的儿子亨利 · 戈德门跟另一位女婿成为合伙人，将公司正式改名为高盛公司。

不过亨利 · 戈德门可不怎么争气，在第一次世界大战期间差点将高盛带向死亡的边沿。

狂热的犹太基因正在吞噬亨利 · 戈德门的理智。

1914 年 6 月 28 日上午 9 时正，19 岁的波斯尼亚青年普林西普在萨拉热窝刺杀了主张吞并塞尔维亚的奥匈帝国皇储斐迪南大公夫妇。巴尔干半岛的火药桶随着皇储的毙命而引爆，历史上称这一瞬间为萨拉热窝事件，热血青年一剑封喉，却将整个世界拖入了混战的局面。

7 月 23 日，奥国在获得德国无条件支持下向塞尔维亚发出了最后通牒，包括拘捕凶手、镇压反奥活动和罢免反奥官员等，塞国除涉及内政项目外悉数同意。不过，奥国依然将行动升级。就在这个时候，德国知悉俄国的军事动员，德皇要求俄国停止并迅速备战。

7月28日，奥匈帝国向塞尔维亚宣战。

7月30日，俄国动员出兵援助塞尔维亚。

8月1日，德国向俄国宣战，接着在3日，向法国宣战。

8月4日，德国入侵保持中立的比利时，比利时对德国宣战。

同日，英国考虑到比利时对自己国土安全的重要性和早前为了确保比利时的中立，而在1839年签署的伦敦条约，于是向德国宣战。

8月6日，奥匈帝国向俄国宣战，塞尔维亚对德国宣战，意大利宣布中立。

8月12日，英国向奥匈帝国宣战。第一次世界大战全面爆发。

德国人向曾经残酷屠杀犹太人的俄国人宣战，高盛老板亨利·戈德门顿时来了精神，这个以德国犹太人血统自居的商人恨不得立刻回到德国，立即投身于战场，亲自跟俄国人贴身肉搏，将屠杀犹太人的刽子手沙俄皇帝尼古拉二世剥皮抽筋。这时的亨利·戈德门已经不再注重自己的商人身份，整天发表支持德国人继续战斗的言论，抨击以俄国为首的同盟国。

亨利·戈德门的小妹夫萨姆·沙克斯此时正在欧洲跟英国著名投资银行克莱沃特的大股东亚历山大·克莱沃特一起在乡间别墅垂钓，无论是亚历山大·克莱沃特还是另外一个合伙人赫曼，都是纯正的英格兰人，他们都站在英国一边。克莱沃特可是高盛打入欧洲市场的忠诚合作者，战争让英国人感觉到了犹太人亨利·戈德门是个危险人物。

沙克斯感觉到事态不妙，立即赶回到纽约，苦口婆心地劝说这个大舅子，希望能够让他回心转意，将心思重点放在生意上来。尤其是这一次战争可以说是以俄国、法国、英国为首的同盟国群狼对阵德国、奥匈帝国寥寥几个协约国，尤其是意大利临阵倒戈，加入同盟国，萨姆·沙克斯看不到大舅子强烈支持的德国的胜算在哪里。

JP摩根在纽约发起向英国贷款5亿美元的战争筹款计划，雷曼兄弟这样的犹太人公司都已经加入到了这个计划之中，华尔街只有高盛还没有加入，沙克斯苦口婆心地向大舅子分析战争的局势，痛诉苦难的发家史，如果不是不少日耳曼人的排挤，自己的父辈们也不会流浪到美国，希望亨利·戈德门支持协约国阵营。

可惜沙克斯的大舅子就是一门心思支持德国，一点儿都不听沙克斯的。没有亨利·戈德门的投票，合伙人一致同意的高盛准则连沙克斯都没有办法执行。

最后妹夫跟大舅子的关系变得剑拔弩张，亨利·戈德门还是一如既往地发表支持德国的言论，抨击同盟国。即便是在美国人宣布参战后，亨利·戈德门依然我行我素，言辞犀利。

恶果来了。

合作了 20 多年的英国伙伴克莱沃特发来了电报，告知高盛，现在处境很危险，英国政府已经发出警告要将克莱沃特列入黑名单。英国赫伯特·亨利·阿斯奎斯内阁将亚历山大·克莱沃特本人找到政府，一句话都没有说，直接将高盛跟德国银行之间的电报摆在亚历山大·克莱沃特的面前。赫伯特·亨利·阿斯奎斯内阁无疑是在警告克莱沃特，现在高盛跟英国人做生意是为了支援跟英国人打仗的德国人，就是不怀好意。

英国人对高盛下手了，英国中央银行出手冻结了高盛与克莱沃特进行的外汇业务，并切断了高盛在伦敦的许多业务往来。为了维系跟克莱沃特的关系，高盛在伦敦一直没有设立分支机构，就是避免跟克莱沃特进行直接竞争。现在好啦，萨姆·沙克斯苦心经营的欧洲市场在大舅子亨利·戈德门的狂热好战之中完全丢失了。以 JP 摩根为首的华尔街商人在支持英国为首的同盟国背后，为了帮助协约国筹集战争资金，获得了大量的政府债券发行业务，赚得盆满钵满。

战争在持续进行，高盛彻底地被孤立。亨利·戈德门在德国人被打垮后离开了高盛，萨姆·沙克斯不得不收拾大舅子留下的烂摊子。战争跟血统交融，高盛走上了歧途……

2. 危险的绝顶天才

1928 年 12 月，高盛再次走到了疯狂的边沿。

第一次世界大战后，亨利·戈德门离开了高盛，萨姆·沙克斯也慢慢地将高盛的管理权交给两个儿子。没有了战火硝烟的美国经济快速繁荣，高盛也在美国经济的振兴过程中缓过劲儿来。萨姆·沙克斯在拯救高盛的过程之中挖到一个天才人物，也为高盛的再次劫难埋下了致命隐患。

威迪奥·凯琴斯（Waddill Cafcbings），是萨姆·沙克斯在哈佛大学的老同学，也是老朋友。这位爷当过律师，在 JP 摩根时正好赶上第一次世界大战，主要负责摩根的军火跟军需物质的采购。凯琴斯的口才非常好，在华尔街的人际关系很不错，高盛挖过来就是希望能够在证券包销业务上有所作为。

凯琴斯一到高盛，就对交易性业务很感兴趣，尤其是看准了零散资金空间。1928 年 12 月，已经成为高盛合伙人的凯琴斯成立了高盛交易公司。高盛公布了在高盛交易公司的公开持股，让投资者一下子对高盛产生了极大的信任感，高盛交易公司发行的股票受到狂热的追捧。

一切都出乎意料。

高盛交易公司原计划发行 4000 万到 5000 万美元的信托计划，其中高盛合伙人出资 1000 万美元。相对于 2000 万美元的合伙人资本来说，高盛合伙人这一次对已经成为最大合伙人的凯琴斯来说是绝对信任的。

投机性信托股份在一天内卖完了，疯狂还在继续，计划发行的额度远远超越了 5000 万美元，不得不改变发行计划，将面值 100 美元的发行额度调整到 100 万股。发行的过程之中，凯琴斯打包将高盛交易公司发行的 100 万股转让给高盛，高盛公司 90% 以上的股权在每股 104 美元的价位出售，通过这么一转手，高盛马上赚取了 360 万美元。

100 万股并没有挡住美国人的热情，很快凯琴斯就感觉到 100 万股太少了，再次将发行额度增加到600万股,募集资金高达6亿美元。到了1929年2月7日,挂牌交易的这只股票飙升到222美元以上，凯琴斯突然有点迷失方向了，看着火箭般飙升的股价，高盛开始自己买入这只股票。

1929年7月，高盛交易公司成立了另外一家信托公司西纳德亚，持有西纳德亚40%的股份，高盛也持有西纳德亚10%的股份。投入大笔资金购买高盛交易公司发行的股票后，凯琴斯决定发行西纳德亚另外50%的股份，没想到这一次更为疯狂，发行量是计划量的7倍。每股17.5美元的发行价一挂牌交易价飙升到36美元。

高盛交易公司跟西纳德亚的成功让凯琴斯冲昏了头脑。

西纳德亚成立一个月后，凯琴斯马上成立了蓝桥公司，这个公司比西纳德亚公司更大，持有蓝桥公司86%股权的西纳德亚再次玩了新花样，投资者可以不用掏钱,直接用手中持有的别的公司的股票跟蓝桥公司的股票交换。价值1.42亿美元的蓝桥公司，高盛合伙人只投入了2000万美元，结果发行了5亿美元。

凯琴斯的疯狂让高盛的合伙人顿时有一种高处不胜寒的感觉。他们担心，这会不会太疯狂了?

“你们的问题，就在于没有想象力。”凯琴斯严厉地批评了他的合伙人。

此时的凯琴斯得意忘形,失去了敏锐的触觉,危机犹如暴风雨一般猛烈袭来。

那位在中国坑蒙拐骗发家的孤儿总统胡佛上台之后，美国经济顿时陷入了混乱状态，股市更是失去了理智。1929年3月，美国联邦储备委员会对股票价格的高涨感到了忧虑，宣布将紧缩利率以抑制股价暴涨。

美联储的警告反而让癫狂的美国商人们肆无忌惮。美国国民商业银行的总裁查尔斯·米切尔从自身利益考虑，不顾美联储的警告，决定向股市中增加资金投入以避免下跌，但是像威迪奥·凯琴斯这样的股票经纪商和银行家们仍在极力鼓动人们加入投机大军。

“如果连擦鞋匠都在买股票，我就不想再待在里面了。”美国总统约翰·肯尼迪的父亲约瑟夫·肯尼迪看着疯狂的股票，隐隐约约感觉到市场不对劲，太热了，赶紧在高位抛售股票。老爷子不愧为哈佛大学的高才生，第一次世界大战前在哥伦比亚信托银行当总经理，这家信托银行后来在高盛的操刀下，跟欧文信托银行重组，至今仍是高盛最好的客户。

听从美联储警告的约瑟夫·肯尼迪抛售股票一下子成为百万富翁，马上转身好莱坞。华尔街的商人们对这位曾经的哥伦比亚信托银行总经理大肆嘲笑，他们并没有细细品味约瑟夫·肯尼迪的擦鞋匠理论。眼光独到的约瑟夫·肯尼迪在1934年被罗斯福总统任命为新成立的证券交易委员会(美国证监会的前身)第一任主席。在1929年股市胜利大逃亡之后，这位爷为儿子约翰·肯尼迪以及整个肯尼迪家族聚集了大量财富，成为美国十二大家族之一，最后将儿子送上总统宝座。

威迪奥·凯琴斯还在嘲笑约瑟夫·肯尼迪的时候，美国的股市开始拉肚子了。

1929年10月21日，纽约证券交易所开市即遭大笔抛售，全天抛售量高达600多万股，潮水般汹涌的抛售，让整个市场陷入恐慌，以致股市行情自动记录器到收盘1小时40分后才记录完最后一笔交易。

10月23日，形势继续恶化，《纽约时报》指数下跌31点。

10月24日，这一天是股市灾难的开始，历史上著名的“黑色星期四”。早晨刚刚开市，股价就如决堤之水轰然下泄，全天换手1289.5万股。纽约数家主要银行迅速组成“救市基金”，纽约证券交易所总裁理查德·韦尼亲自购入股票，希望力挽狂澜。

10月25日，胡佛总统发表文告说“美国的基本企业，即商品的生产与分配，是立足于健全和繁荣的基础之上的”，力图以此刺激新一轮的投资。然而，过了一个周末，一切挽救股市的努力都白费了。

10月28日，史称“黑色星期一”。当天，纽约时报指数下跌49点，道·琼斯指数狂泄38.33点，日跌幅达13%，这一天，已经没有人再出面救市。

10月29日，最黑暗的一天到来了。

早晨10点钟，纽约证券交易所刚刚开市，猛烈的抛单就铺天盖地席卷而来，人人都在不计价格地抛售，经纪人被团团围住，交易大厅一片混乱。道·琼斯指数一泻千里，股价指数已从最高点386点跌至298点，当天股市创造了1641万股成交的历史最高纪录。这是纽约交易所112年历史上“最糟糕的一天”。

天才威迪奥·凯琴斯傻眼了。

高盛交易公司发行的股票曾经飙升到了326美元，现在股灾来了，股价立即从天上落到地狱，每股才1.75美元。由于发行的是信托股票，高盛在遇到市场上抛售的时候必须全部买入，也就是说跌的越多，高盛需要支付买入的资金就越多。326美元的股票到现在，基本上已经不值一分钱了。

高盛负债3000万美元，合伙人资本基本亏光。

持有高盛发行的股票的投资者亏损在3亿美元以上，高盛的门口天天都有愤怒的投资者在示威静坐，法院的传票更是雪片般飞进了高盛的办公室。经过10年的努力才树立起来的信誉，就这么毁于一旦了。

凯琴斯还没有死心，他找来了加入高盛22年的西德尼·温伯格。凯琴斯给温伯格出了一个拯救的法子：发行两年期的可转换债券用来还债，以及进一步投资股票市场。在刚刚经历了股市崩盘之后，凯琴斯的想法无异于痴人说梦。

稳健的温伯格并不认同凯琴斯的做法，这次大危机之后，他一直保持着保守的经营作风，用了整整30年，才使惨败的高盛恢复了元气。

3. 高盛偷师 IBM

不管有多少次徘徊在悬崖的边缘，高盛依然能够扭转败局，如今已是一个市值数百亿美元的公司。这就奇了怪了，为何历次遭到灭顶之灾，高盛仍然能够化险为夷？我们从下面一个小故事讲起。

1968 年的某一天，高盛的一位交易员接到了某机构客户的一笔交易委托：买入 50000 股某家公司的股票。这可是当时少有的大单，在高盛的交易大厅引起了一阵骚动。交易员执行完指令就兴冲冲地出去吃午饭了，回来的时候发现桌子上有一大摞秘书留下的粉红便条，都是让他尽快给那个刚刚下单的客户回电。他急忙打回去，那边声音都变了：“我……我犯了一个大错，这次我肯定要被炒鱿鱼了！”原来,那位客户把卖出指令错误地下达成了买入,更可怕的是——他本来应该是卖出 50000 股而不是买入 50000 股！晴天霹雳。高盛的交易员马上找到当时高盛的首席合伙人李维并向他汇报了情况。李维问他：“是我们的错还是客户的错？”他如实回答：“是对方的错。”李维又问他：“他们是不是一个好客户？”他同样如实回答：“是好客户。”李维很快作了个决定：“既然他们是我们的好客户,那么让我们把他们变成我们更好的客户。这次交易错误算我们的,我们来埋单。”

这就是高盛有名的“14 条规则”的第一条：我们要把客户的利益永远放在第一位。我们的经验证明，只要我们能够很好地服务于我们的客户，我们自身的成功将会随之而来。

事实上，客户至上的高盛理念是温伯格从 IBM 偷学来的。

1947 年年初，温伯格在一次晚宴上跟 IBM 的创始人托马斯·沃森（Thomas J. Watson）坐在一个桌子上，推销员出身的沃森对身边这位投资银行家有所了解，尤其是在“二战”的时候，温伯格被罗斯福委任为物资供应局局长，帮助罗斯福搞军需物质的供应，可以说美国将士在战场上的胜负有一半掌握在温伯格的手上。

温伯格对旁边的这位沃森也有耳闻，在任职罗斯福政府的物资供应局局长的时候，欧洲的前线不断地发来电报，要求采购计算机。托马斯·沃森的企业IBM被指定为军用物资的供货商和军火生产商，“二战”期间IBM的产品被源源不断地运往欧洲。

看着一批批IBM的产品运到前线，身为粮草运输大总管的温伯格却搞不懂计算机到底是做什么用的。战争年代也没时间跟托马斯·沃森请教，现在沃森就坐在旁边，西德尼·温伯格忍不住问：“托马斯，你生产的计算机到底干什么用？”

沃森本来正想借此机会给温伯格好好推销一番，没想到高盛的人自己上路了。这下沃森开始施展自己的推销才华，他告诉温伯格，计算机可以将非常复杂的业务进行简单化处理，能够让信息更加集中保密，让管理程序化等，温伯格当时就被托马斯·沃森给侃晕了。

温伯格最后拍了拍沃森的肩膀：“托马斯，给我搬几台到公司吧。”

沃森在晚宴上成功将IBM的电脑卖给了总统的红人，华尔街大名鼎鼎的温伯格，这是IBM打通金融市场的第一步。高盛的示范作用将成倍地扩散，华尔街就是全球金融市场的时尚秀场，通过华尔街，IBM要将电脑卖向全球。

没过几天，沃森将一个大盒子送到了伦敦办公室，上面写着IBM几个字。伦敦主管沃治·博克围着大盒子转了一圈，看了看周围同样茫然的同事，挠了挠光秃秃的脑袋，走开了。对这个突然送过来的盒子，博克每天上班都会围绕着它转一圈，那个时候还没有恐怖炸弹一说，只是好奇。

温伯格在伦敦实习的儿子约翰也很好奇，他回到家忍不住跟他老子西德尼·温伯格提起公司发生的怪事，说有人莫名其妙地送来一个大盒子，没人敢私自拆开。温伯格微微一笑，什么也没有说，过了几天飞到伦敦，让人打开盒子，原来里面是一个灰色的铁质盒子。

大家望着温伯格，他手上还在不停地捣鼓这个盒子。突然温伯格问博克：“你认为这是什么？”沃治·博克挠了挠光头，说：“不知道。”温伯格站起来学着沃森的语气说：“它将做成一件大事，它将改变一切。”

员工们都惊呆了，温伯格下令把这个怪东西装好，通电。

插头刚一插进插座，整个公司一下子陷入黑暗，停电了。温伯格望了望窗外，隔壁的街道没有停电，怎么回事？博克嘴角一丝坏笑，惊讶的员工开始小声嘀咕，这就是改变一切的大事？

温伯格跑到电梯口，着急下楼给沃森打电话兴师问罪，没想到电梯也停了。温伯格气喘吁吁地跑下楼，顶着烈日，到处找公用电话。好不容易找到电话，温伯格立即拨通了沃森的电话。

没容托马斯·沃森了解情况，西德尼·温伯格就嚷嚷开了："你卖的东西不但不能工作，还摧毁了我的一切，你告诉我，到底是做什么用的，现在公司都瘫痪了，你马上来公司让它运转起来。"

温伯格的一通撒气，没想到沃森还真从纽约飞到了伦敦，推销员出身的托马斯根本就搞不好高盛伦敦公司的电路以及电梯问题。但是作为 IBM 的老板，因为客户的一个电话，就立刻亲自飞到伦敦，这让温伯格很震惊。西德尼·温伯格决定好好了解一下这个托马斯·沃森。

托马斯·沃森，穷苦人出生，本该在课堂学习的 17 岁，却开始为生活奔波，替一家五金店老板走街串巷推销缝纫机。两年后他加入了"现代销售之父"亨利·帕森特创办的 NCR 公司。在帕氏的指导下，沃森的销售技能进步神速，职位也不断蹿升，38 岁时已成为了公司的第二号人物。

正当沃森春风得意准备大干一场的时候，却陷入了权力斗争之中，这一次的对手就是自己的老师亨利·帕森特，在跟老师较量的过程之中，沃森败下阵来。后来，离开 NCR 的沃森发现了一个机会，一家创建于 1911 年的名叫计算制表记录（CTR）的濒临破产的公司。

拥有销售经验的沃森跟 CTR 的董事们讨价还价，最后除了得到一份体面的薪水外，还得到利润的一定比例作为奖励。沃森上任后的第一件事便是向银行借贷 5 万美元，用于产品研发。当银行对 CTR 的偿债能力提出质疑时，沃森施展推销口才解释说："负债只说明过去，而这笔贷款是为了未来。"

巧舌如簧的沃森说动了银行。在度过最初的艰难时刻后，CTR 业绩开始迅速上升，老谋深算的沃森慢慢地将公司的控制权抓到了自己的手里，到 1924 年干脆把公司的名字改为国际商用机器（IBM）。

温伯格深深佩服沃森的大胆改革，更是从沃森那里获得了宝贵的经验。

沃森从来不认为推销员是下贱的职业，在 IBM，沃森为了树立销售员的自信心，要求公司上下树立起"公司的英雄是销售人员"的观念，并给予推销员十分丰厚的佣金。沃森还专门建立了一所营销学校，所有新加入的员工首先要进行销售技能的培训，教员则由 IBM 业绩最为出众的销售人员轮流担任。

沃森在企业文化建设方面更是超前，他号召职工要树立主人翁精神，他信奉员工要主动为自己的工作承担责任，能从劳动中享受乐趣。沃森还提出 IBM 的三项宗旨：必须尊重每一个人，必须为用户提供尽可能好的服务，所有的工作都应该追求最卓越的成绩。

托马斯·沃森成功了。

1933 年大危机之后，美国联邦政府成了 IBM 最大的主顾客。罗斯福“新政”的实施，政府需要大量 IBM 的机器去处理社会福利、价格控制和公众工程等计划。各大企业也因需向政府报送大量统计材料，而向 IBM 订购制表机。第二次世界大战更使 IBM 受益无穷，作为指定军用物资的供货商和军火生产商，“二战”期间 IBM 的产品被源源不断地运往欧洲。到 1947 年，IBM 的销售额达到了 1.5 亿美元以上，在美国已经跨入大公司行列。

这是一个现成的榜样。

温伯格很聪明，他很快就从托马斯的经历中为高盛总结出克敌制胜的绝招：客户至上。

4. 合伙人的秘密游戏

这是一个很平常的早晨，员工们啃着面包走进办公室，高盛的会议室异常压抑。

高盛联席执行官史蒂芬·弗里德曼突然将合伙人们召集到会议室开会，大家到了会议室才知道首席执行官鲁宾刚刚从华盛顿返回纽约，已经接受了总统克林顿的任命，担任国家经济顾问。合伙人们很是沮丧，高盛的律师都当上了国务卿，西德尼·温伯格影响了四届总统，鲁宾怎么就一个顾问的虚名呢？

鲁宾之前已经有过专职律师约翰·福斯特·杜勒斯侍候过美国的三位总统，成为白宫三朝元老的高盛人。西德尼·温伯格更是罗斯福总统新政的坚定支持者，差点还被派到莫斯科担任美国驻苏联大使。之前进入白宫的高盛人都是实权拥有者。

不值得，合伙人搞不明白鲁宾跟着克林顿干什么。

鲁宾的心思只有老朋友史蒂芬·弗里德曼了解，当初鲁宾跟弗里德曼被选定为高盛的掌门接班人的时候，没有人看好这一对：交易员跟银行家的组合。事实证明两人合作非常的默契，鲁宾跟弗里德曼往往能想到一起去，这一次弗里德曼知道，鲁宾这是在为担任财政部长进行热身。

26年了，看惯了的同事们马上就要告别了。

鲁宾的眼里闪烁着泪花，强装微笑地看了看合伙人，又开始埋头吃盒饭。

弗里德曼开始向合伙人介绍鲁宾的决定，鲁宾还在埋头吃着早餐，这是他妻子朱莉亲手给他做的。就在昨天晚上，朱莉还是不敢相信他的丈夫鲁宾会离开处于上升期的高盛，甚至给他做好了今天的午餐，让鲁宾带着到办公室吃。

从华盛顿回到纽约，鲁宾跟弗里德曼探讨过，弗里德曼非常的失落，但是他很清楚鲁宾需要一个更大的舞台去施展他的才华，老朋友了，弗里德曼没有朱莉那样的儿女情长，他痛快地支持鲁宾的决定。

鲁宾边吃早餐边听弗里德曼对合伙人解释鲁宾的离去以及对鲁宾的情感。鲁宾突然推开早餐，很动情地说："26年了，高盛是我生命的基础，离开是很困难的，公司的管理层的确可以出色地领导一个国家，而不仅仅是一家投资银行。"

弗里德曼非常理解鲁宾的话，老掌柜西德尼·温伯格跟美国的四届总统关系密切，在华尔街赢得了不少人的尊重，在实业界更是推崇备至，通用汽车等超大型公司都聘请老掌柜担任董事，那个时候老掌柜身兼一百多家公司的董事，每年有一半的时间参加这些公司的董事会等活动，当然这些公司也成了高盛最忠诚的客户。

领导一个国家，那是更好地为高盛服务。

鲁宾后来跟合伙人们一一握手道别，希望高盛的老朋友们能够精诚团结。最后鲁宾握住弗里德曼的手，弗里德曼有点局促了，尴尬地微微一笑，说他已经失落得麻木了。

鲁宾成功坐上了财政部长的宝座，成为克林顿政府搂钱的大管家。此后，高盛跟全球各地政要关系密切，欧洲的私有化项目、中国的顶级私有化项目，都被高盛拿走，甚至利用中美世贸双边谈判的筹码，高盛在那个战火纷飞的1999年，搞定了中国最大的石油石化改革项目，将一条腿深入到中国的石油天然气领域。

鲁宾的离开让联席的首席执行官位置出现空缺，弗里德曼突然感觉到有点空落落的。

弗里德曼很是失落，是否再找一位搭档？公司里面的议论很热烈，弗里德曼很苦恼这个问题，当年西德尼·温伯格从危险天才威迪奥·凯琴斯手上接过高盛，为了避免一个人独断专横搞垮公司的教训，就慢慢地形成了一个选择继承人的标准：那就是两个为公司赢利最多的合伙人共同执政。

鲁宾跟弗里德曼就是按照这个标准选出来的，直到1993年，弗里德曼依然没有发现高盛有这样的人才，尤其是离开了鲁宾后，弗里德曼觉得越来越孤独，在公司再也找不到配合默契的搭档，弗里德曼每天强装笑脸，他内心已经萌生退意。

弗里德曼更苦恼的是，一旦自己匆忙选出接班人，那将是对高盛的打击，落选的人肯定会感到失落，最后离开，这样的话就会造成人才流失，那是为竞争对手提供机会。公司有人建议依然寻找一位交易员跟一位投资银行家，史蒂芬·弗里德曼有些左右为难，人才到底在哪里？

组合考验。

弗里德曼将固定收益部主管乔恩·科尔金跟投资银行部主管保尔森组合成一对，让这两位联合起来一起负责亚洲业务。弗里德曼比较看好科尔金，同时还让这位爷跟股票部主管洛伊·扎克伯格组合负责高盛的资产管理业务。温克尔曼负责欧洲业务，科尔金还负责公司的财务。

竞争开始了，史蒂芬·弗里德曼将这几个人提升为名义上的副主席，大家都心知肚明。

高盛进入了前所未有的发展期，1993年的利润超过26亿美元，那时候微软才9.5亿美元，最大竞争对手美林才赢利13亿美元。国际著名的评级机构穆迪和标准普尔给高盛的信誉评级是行业最高的。全球的收购跟合并这种高度竞争的业务，高盛远远超越对手，占到全球份额的25%，排名第一。在交易、承销、咨询等所有投资银行领域，高盛都进入了前五名，高盛有了很多竞争对手，却没有真正的对手。

1993年高盛最赚钱，然而让弗里德曼惊讶的是，年底有一大批的合伙人选择了离开。离开的这批合伙人进入高盛的时间都不长，没有超过5年时间的，这简直不可思议。现在高盛的赢利超过一些非洲国家的整体国民收入，他们为什么离开呢？现在高盛每一个部门都在赚钱，竞争者的赢利能力明显不如高盛，他们为什么还要选择竞争者？

交易部的所有钱都买入了外汇，没有余地。这是一个危险的信号。

弗里德曼希望在赚钱的时候大家冷静一点，合伙人却并不那么认为，认为无论是大环境还是股市本身都走到历史最好的时候，高盛在自己最赚钱的时候上市，肯定能够卖个好价钱。不过弗里德曼有自己的考虑，他认为高盛获利最大的是交易业务，交易是在波动中获利，那么如此大的波动，上市对高盛的长远发展不利。

弗里德曼希望管委会拿出一个不好的赢利对合伙人以及雇员将产生的影响的评估。非常遗憾，在高盛管委会的日程表上，评估没有，连对不可避免的业绩下滑的应急方案都没有。

疯狂在重演。

赢利最大的交易部可以说动用了全部的力量豪赌欧洲的债券，一天就能赚取 8000 万美元。交易员们气冲牛斗地放言：风险指南已经不再适用，应该把它撕掉。胜利带来的盲目、冲动与无知弥漫着整个高盛，弗里德曼已经深感无法自拔，他担心，一旦遇到行情突变，高盛根本无法抽身，1929 年那血腥一幕将再度上演。

离开了鲁宾后的弗里德曼第一次感到有点高处不胜寒的孤独，合伙人已经被胜利冲昏了头脑。在 1929 年那短短几个月，凯琴斯就是因为太急功近利，差点将高盛一把搞死。现在弗里德曼想起罗马将军阅兵的时候对士兵们说过的一句话："记住，你是一个人。"是的，各个部门是独立的，高盛是一个整体，现在合伙人为了利益已经忘记了自己，忘记了高盛。

麻烦来了。

在 1993 年创造了多个第一的高盛，到了 1994 年成为下滑最快的公司，弗里德曼非常沮丧。这时候甚至有人抱怨鲁宾走的不是时候，如果鲁宾在的话，弗里德曼就会更加谨慎一点，现在只有弗里德曼一个脑袋，将会把高盛带上歧路。

1994 年 4 月，温克尔曼主管的固定收益部门以及冲动的外汇交易部门亏损 3.5 亿美元，弗里德曼非常无奈地要求交易商们控制风险水平，最后近乎哀求地跟交易商们讨价还价："只要别亏损。"

9 月 6 日，弗里德曼召开管委会例会，突然宣布退出普通合伙人，成为有限责任合伙人。全场的人都震惊了，现在高盛处于危险状态，弗里德曼的这个决定就意味着他辞去首席执行官职务不干了。众人立即反应过来，极力劝说弗里德曼不能退出。

弗里德曼摇了摇头，说自己错过了陪儿子成长，现在希望能够看着自己的孙子慢慢地长大。弗里德曼开始不断跟管委会成员谈话，合伙人很尖锐，提出高盛再也不能像鲁宾走后那样混乱了。

就在这个时候，俄国军队要撤离柏林，弗里德曼被德国政府邀请出席庆典。

这是一个特别的庆典，弗里德曼必须得亲自去。弗里德曼一直跟德国政府沟通，筹划在 1996 年将德国的电传进行私有化。为了这个项目弗里德曼跟德国人拉关系拉了很久了，这一次德国政府邀请参加这么隆重的典礼肯定不能错过。

弗里德曼飞抵柏林，参加德国人的庆典后立即飞回纽约。回到纽约的弗里德曼就看到管委会成员们的意见表，大家一致同意让科尔金参与高盛的管理。这位一直掌管高盛财务，负责交易的主管尽管曾经犯过错，但是管委会认为科尔金能够在管理上发挥主要作用。

为了平衡科尔金，弗里德曼决定将投资银行家保尔森调到乔恩·科尔金身边，通过考察，弗里德曼认为保尔森跟科尔金在亚洲业务的配合上相当不错，尤其是在跟中国政府打交道的过程之中，保尔森跟北京中南海的官员们交往频繁，甚至出入权力中心紫光阁。

在纽约市中心的一家酒店，史蒂芬·弗里德曼宣布将科尔金提升为董事长，保尔森为副主席。就在宣布这个决定之前的几个小时，科尔金给弗里德曼打了一个电话，非常紧迫，英镑期货下跌，几分钟之内高盛已经损失上千万。

已经没有雄心的弗里德曼离开了，陷入亏损焦灼之中的科尔金接过了高盛的权杖。

鲁宾跟弗里德曼这一对黄金搭档彻底离开了，高盛开始了动荡。

47 岁的科尔金跟 48 岁的保尔森走向了前台，这对同年龄段的合伙人来说是致命的打击，他们再也没有升迁的机会了，更别提什么执掌高盛大权。第一个选择离开的就是固定收益部主管、杰润公司总裁温克尔曼，他曾经跟科尔金一样站在竞选人起跑线上，但他没有想到自己跟科尔金合作愉快，最后胜出的却是保尔森。

温克尔曼的离开让合伙人开始惶恐跟迷茫，现在的高盛已经不是 1993 年的高盛了，合伙人开始陆续离开。科尔金仅仅上任一个月，就有 23 人离开，到了感恩节，将近 50 人离开。这是高盛 1/3 的合伙人啊，他们的离开对雇员是一个沉重的打击。

华尔街的猎头们带着德国银行的高管，整天守候在高盛的办公楼下，只要有人进出，他们就会上前热情地拉拢。高盛这家具有纯正犹太人血统的企业，没想到在最艰难的时刻，德国银行没有给巴伐利亚人面子，挖走了高盛 50 多名精英人才。

猎头的行动让科尔金跟保尔森震惊。保尔森开始整天坐在办公室跟合伙人沟通，声称管委会已经在教训中学到了不少东西，保证公司不会失控，交易商已经意识到市场的力量大于个人，他们已经不会长时间持有损失的头寸，会将风险降到最低。现在高盛正在着手风险控制的建设，成立风险委员会，防止新问题的发生。

眼睁睁看着合伙人纷纷离去，带走大笔的合伙资金，这对于陷入亏损的高盛来说无异于釜底抽薪。科尔金拉来了48名合伙人，只是其中一人希望专门做投资业务，这让在投资业务上亏损巨大的乔恩·科尔金左右为难，最后这位投资者也选择了离开。高盛的动荡让不少雇员在7位数薪酬的诱惑下，纷纷跳槽。

不得已，保尔森拿出了一个非常具有诱惑力的方案来挽留人才。

削减10亿美元成本，最低保证9亿美元的赢利。保尔森承诺，如果能赚取10亿美元，那么将拿出5亿美元给合伙人分30%，也就是说能够保证每个合伙人分到150万美元。这么直接的刺激，依然无法提起那些已经赚到这个价位甚至超越这个价位人的兴趣，他们还是选择了离开。

保尔森对留下来的微微一笑，是的，走的都是只能同享富贵的胆小鬼，留下来的将改变高盛的历史。这些话对于合伙人来说是那么的空洞，但这个时候保尔森跟科尔金还能拿出什么更好的承诺呢？精神上的抚慰往往比薪水更刺激人的灵魂。

在感恩节，保尔森跟科尔金决定利用签署下两年合伙协议的机会来考验合伙人的忠诚，也借此机会将那些只能同享富贵而不能承担责任的合伙人给清理掉。高盛的合伙人需要保持一致的目标，这样才能够在市场中争取更多的主动，内耗只能让对手得手。

铁打的营盘流水的兵，温伯格走了，鲁宾走了，弗里德曼走了，1/3的合伙人走了，高盛一样在竞争。但是还有能让保尔森跟科尔金暗自兴奋的苗头：鲁宾进入财政部后，更多的政府官员对高盛更加青睐了，敞开大门，高盛将来通向白宫的路就更宽更平。

鲁宾这是为高盛铺就了一条金光大道，曾经那位血红天使——迈克·米尔肯（Michael Milken）的教训还历历在目。

5. “血红天使”的示警

米尔肯，就是那位垃圾债券之父。

很多中国人对这位爷很陌生，可是在华尔街、在美国、在全球的资本市场，米尔肯是大名鼎鼎。看这个人有多牛，有一个简单的对比，中国 2004 年抓了最大的民营富豪唐万新，判刑 8 年。这位米尔肯，在那个号称人权平等的美国，1990 年 4 月 20 日，被美国司法部判决：终生禁止踏入证券业。

这就等于宣判，米尔肯一辈子都不能在资本市场上玩了。那一年，米尔肯才 44 岁，正是人生的大好年华。更让人惊讶的是，这位爷刚进监狱不久就被查出是前列腺癌晚期，也就是说基本被判了死刑。这是宿命，米尔肯家族的人都得这病，没办法了。

米尔肯的出现，曾经让华尔街癫狂，让高盛在 20 世纪 80 年代的对手德雷克斯走向死亡。

在米尔肯没有出现之前，德雷克斯在华尔街还是小字辈的投行，那个时候华尔街还是摩根、美林、所罗门以及高盛的天下。美国的中小企业想跟这些大佬们搭上关系，那太难了，融资就更别提了，因为这些小公司风险太大，说不定哪天就破产了，大佬们为了自己的名节跟颜面，不想跟虾米企业为伍。

有一天，一个加利福尼亚州的小伙子闯进了华尔街，非常年轻，仅有 25 岁，是个活力四射的阳光男孩儿。高盛之父西德尼·温伯格在那个时候刚刚进入高盛，整天就是给沙克斯家族以及其他高级合伙人端茶倒水擦皮鞋。这个被华尔街嘲笑的小孩儿米尔肯却不是擦皮鞋来了，他像一个精灵，要改变华尔街。

米尔肯瞄准了那些有前景但是被华尔街抛弃的小公司，在华尔街，这一类公司被取笑为“坠落的天使”，甚至是垃圾。在米尔肯眼中，它们才是真正值得拥有的“所有权债券”，在利率风险很大的时期反倒能保持稳定，因为其回报是与公司的发展前景相连，而不是同利率挂钩的。在市场行情下跌或剧烈动荡时往往意味着较小的风险。

华尔街的大腕们很快就看到一家名为德雷克斯的公司创建了高回报债券的包销市场，为那些新兴公司甚至高风险公司筹措资金，甚至进行“蛇吞象”的杠杆收购。华尔街大腕们讥笑德雷克斯是疯子一般的冒险，操盘手米尔肯却成为小公司的天使。

天使米尔肯的意见让购买债券的投资者总是能获得高收益，投资公司对他的判断高度信任。“我们真正的业务是给企业找到正确的融资途经。”米尔肯对那些毕业于高等学府、有着深厚背景的嘲笑者不屑一顾，“每个人都应该有获取金钱和进入资本市场的权利，是看他的能力，而不是看他的父母是谁或是曾在哪所名校就读。”

如果米尔肯同意为某项目出手，那么标购公司就会接到一封发自他供职的德雷克斯的信函，声称“有高度信心”为收购企业提供必要的资金，不用考虑收购的对象到底是巨人还是小虾米，有米尔肯出手，一定没有问题。

米尔肯开始用资本武器让华尔街疯狂。

1985 年，得克萨斯州传奇的石油商人、恶意收购家布恩・皮肯斯（Booone Pickens）瞄上了优尼科石油。米尔肯为皮肯斯筹集了大量的资金，帮助皮肯斯恶意收购优尼科。当时华尔街的大腕狄龙雷德正是优尼科石油的顾问，狄龙雷德的掌门人尼古拉斯・布雷迪（Nicholas Brady）向优尼科石油提出了毒丸计划，增加优尼科石油的负债，增加收购成本，成功将皮肯斯拒之门外。

恶意收购优尼科只是米尔肯的小手笔而已，虽然遇到阻碍，没有成功，但米尔肯名声犹在。反收购策略让优尼科石油的负债一下子增了 40 亿美元，布雷迪一气之下离开了狄龙雷德，跑到财政部去当了部长。

1986 年德雷克斯获得了 5.5 亿美元的利润，这位专门做垃圾债券的米尔肯一下子让公司挤进了华尔街前五强的大腕行列，嘲笑变成了啧啧惊叹。

米尔肯欲罢不能、德雷克斯疯狂进行着恶意收购这一招赚钱快的生意。人才成了德雷克斯最需要的资源，有了大把钱的德雷克斯在华尔街疯狂挖摩根、高盛、美林这些大腕的墙脚。

1977 年到 1987 年的 10 年间，米尔肯筹集到了 930 亿美元，德雷克斯在垃圾债券市场上的份额增长到了 2000 亿美元。昔日乳臭未干的华尔街小男孩儿，如今已经成为真正的垃圾债券大王。

备受瞩目的米尔肯成了华尔街的敌人。

状告米尔肯违法经营的人越来越多，甚至扬言要将米尔肯送上法庭。法庭于1990年确认米尔肯有罪：掩盖股票头寸，帮助委托人逃税，隐藏会计记录。最终米尔肯被判处10年监禁，赔偿和罚款11亿美元，并被禁止从事证券业。

米尔肯的坠落顿时让德雷克斯陷入恐慌，走到了破产的边沿。德雷克斯向当时的财政部发出了救援求助，此刻美国财政部部长正是布雷迪，老冤家怎么会拯救曾经的敌人呢？财政部一直没有任何动作。

德雷克斯死掉了。

鲁宾现在选择去克林顿的身边，接替了尼古拉斯·布雷迪的财政部长职位，也有这层含义。高盛的合伙人们后来才慢慢地理会到鲁宾的深意，怪不得弗里德曼虽然满眼是舍不得的泪水，最后还是支持鲁宾去克林顿身边，德雷克斯就是血的教训。

6. 白宫高盛旋转门

在美国，我不知道还有哪个公司能向政府输送这么多高官。

——布鲁金斯学会高级研究员赫斯

鲁宾看到了尼古拉斯·布雷迪一雪前耻，胆战心惊。

华尔街掌握了权力之剑，那将是可怕的毁灭，米尔肯的时代已经结束了。当克林顿再三向鲁宾征求意见的时候，鲁宾被德雷克斯的死亡震惊。血的教训就在眼前，走进白宫，是高盛前辈们一直在努力铺就的安全大道，这是一条漫漫长途，高盛跟白宫的历史可以追溯到富兰克林·罗斯福总统时代。

当年高盛交易公司的专职律师约翰·福斯特·杜勒斯（John Foster Dulles）再也不认为凯琴斯能够拯救高盛，在危机之后离开了高盛。杜勒斯在第一次世界大战后，参加出席了历次重要国际会议的美国代表团，跟美国政府的关系相当不错。离开了高盛的杜勒斯就一直在政府混，一年时间，帮助凯琴斯迅速将高盛推向死亡边沿的杜勒斯创下了高盛入主白宫的最高纪录。艾森豪威尔当上总统后，实习了一年国务卿顾问的杜勒斯，被艾森豪威尔点将担任国务卿。

不过这小子不是什么好人，1911 年参加华尔街大垄断组织，是许多大公司和银行的董事，威迪奥·凯琴斯将其挖到高盛看重的是他在美国政府的人际关系。

这坏小子坚持不承认中国、非法排斥中国在联合国的合法地位、对中国实行封锁禁运，明目张胆地进行制造“两个中国”的阴谋活动。杜勒斯还是“马歇尔计划”、“北大西洋公约”的主要制定人，直接参与组织 1950 年对朝鲜的侵略战争，他是 1957 年 3 月美国侵略中东的“艾森豪威尔主义”的主谋者之一，1958 年 7 月策动武装干涉黎巴嫩。朝鲜战争之后，英国人希望利用日内瓦会议，调解一下中美关系，约翰·福斯特·杜勒斯却向美国代表团下令：禁止任何美国代表团的人员同任何中国代表团的人员握手。

这位在1954年拒绝跟中国总理周恩来握手的高盛人，在策动武装干涉黎巴嫩后的第二年就一命呜呼了。不过杜勒斯是高盛目前为止入主白宫级别最高、影响力最大的一位。正是杜勒斯的推荐，后来享有高盛之父美名的西德尼·温伯格才有机会走近美国总统罗斯福、杜鲁门以及艾森豪威尔，成为华尔街影子总统。

当华尔街的大腕们对温伯格鼎立支持罗斯福新政不理解的时候，高盛已经成为总统最信任的朋友了。

在跟总统先生交往的过程之中，温伯格收到了意想不到的收获，30多家实业企业聘请自己当董事，那是多么稳定的客户资源啊？这一招后来还被钢铁巨人米塔尔学去了。高盛为了笼络住这个跟中国人作对的米塔尔，还将其吸纳到了董事会。

温伯格后来跟杜鲁门、艾森豪威尔更是关系密切。

第二次世界大战跟朝鲜战争期间，温伯格担任负责军工生产的委员会副主席。温伯格利用跟实业界广泛的人脉关系，给白宫充当起了猎头，四处拉拢实业界的精英为政府服务。反战人士一下子就看出了温伯格的真实目的，温伯格这样做就是为了在战争中谋求更大的利益。

在跟总统亲密接触的过程之中，温伯格总是在幕后充当参谋顾问角色，他可以很方便地给总统打电话，甚至在工作中遇到压力或者阻力，无论是罗斯福、杜鲁门还是艾森豪威尔当总统，温伯格总会得到总统先生的调停。所以在温伯格时代，华尔街的对手们没有人敢跟高盛过不去的。

1969年年初，高盛公司进来了一名新人亨利·福勒（Henry Fowler）。

亨利·福勒的到来并没有引起合伙人们的兴趣，虽然他曾从1965年4月起开始担任美国财政部部长。但现在是1968年12月20日，他已经是普通老百姓了，到高盛就是一个打工的。

风险套汇部刚到高盛3年、同为打工仔的鲁宾盯上了福勒。在鲁宾的眼里，福勒是一位非常有吸引力的人物，简直能跟高盛公司万人敬仰的西德尼·温伯格有一比。这位前财长，现在看上去不起眼的打工仔，早在罗斯福新政时期就在华盛顿工作，再往后，凡是民主党在选举中获胜，福勒都能在政府中找到工作。

政治经济学毕业的鲁宾因其祖父是民主党在布鲁克林地区的领袖，父亲是很有社会影响的律师，有着政治遗传基因的鲁宾在大学毕业之后，也曾想在白宫混个一官半职，可惜在华盛顿没有门路，只有进了高盛。福勒的到来让鲁宾蠢蠢欲动，他利用一切机会和福勒谈政治。刚到高盛的福勒卸下财政部长的爵位，多少有些孤单，鲁宾的出现让自己感到一丝快乐。

福勒将鲁宾当作哥们，专门打电话把鲁宾的情况告诉了刚刚担任民主党全国委员会财务主管的罗伯特·施特劳斯（Robert Strauss）。

鲁宾一生难忘，这位民主党的财务大总管根本就没有将鲁宾当一回事儿。1972年，刚刚被提升为合伙人的鲁宾在纽约见到罗伯特·施特劳斯，罗伯特·施特劳斯很不屑地看了看鲁宾说："如果你想参与政治，那你对我毫无用处。但如果我想募集资金，那我们应该谈谈。"

罗伯特·施特劳斯的话虽然难听，但确实说到要害，如果不是福勒的推荐，施特劳斯根本就不可能见鲁宾这样的小小合伙人。毕竟鲁宾是西德尼·温伯格的手下，施特劳斯还是给鲁宾一点面子说："尼克松打算竞选连任，所以他正集中精力于如何在参议院和众议院确保民主党人保持对国会的控制。"

"从书面介绍上看，你还不错。但现在我见到了你，我认为你并非多么重要。所以你最好努力干。"在施特劳斯一通近乎羞辱之后，鲁宾有点失望，施特劳斯在走的时候说了一句话让鲁宾终身难忘："在政治上，许多人承诺做某件事情，但很少有人真的去做。如果你不想做别人要求你做的事，那就说不。但如果你说你准备做某件事，坚持下去会使你与众不同。"

鲁宾知道自己人微言轻，要想在白宫谋求个一官半职，自己没有实力那是不行的。到了1985年，跟温伯格儿子约翰·温伯格搭档的联席首席执行官约翰·怀特黑德选择了离开。约翰·怀特黑德已经跟里根总统谈好了，去国务院料理经济方面的事务。1986年，怀特黑德的名片已经改成了美利坚合众国副国务卿的职务。

怀特黑德离开之前，高盛的另外一位合伙人丹尼尔·阿姆斯特茨已经在3年前走马上任，成为农业部副部长。怀特黑德一离开，约翰·温伯格就开始寻找接班人。鲁宾跟弗里德曼被选中成为自己的接班人。1990年12月1日，奋斗了21年的鲁宾终于大权在握。

就是这一年，高盛的竞争对手德雷克斯的死亡让鲁宾再度萌生了要打通白宫跟高盛这一道旋转门的想法，让权力中心跟高盛完完全全地互动起来。在跟白宫的官员交往的过程之中，已经身为华尔街大腕的鲁宾现在很有资格跟罗伯特·斯特劳斯交谈了。鲁宾跟施特劳斯通电话的时候，施特劳斯已经到了莫斯科，担任驻苏联大使。

在施特劳斯的牵线搭桥下，鲁宾跟克林顿搭上线了，两人相见甚欢，1992年，鲁宾告别了老朋友弗里德曼，走进了白宫，坐上了财政部长宝座。2年后，鲁宾的老拍档史蒂芬·弗里德曼也离开了高盛，2002年开始担任白宫的经济顾问委员会主席。后来当上了纽约联邦储备银行行长，因为悄悄地买入老东家高盛的股票被人揭发，最后卷铺盖滚蛋了。

2006年，弗里德曼离开了白宫，小布什的大管家又将保尔森给拉进了白宫。

在保尔森进入财政部之前，保尔森的老搭档，也就是1998年年底搞掉的联席执行官科尔金也赌上自己的家当，参加了议员的竞选，最后获得了新泽西州州长的职务。在白宫大总管，老朋友约翰·博尔顿的推荐下，在小布什三番五次的邀请下，没有太大政治兴趣的保尔森重复着老掌柜鲁宾的路，走进了财政部。

保尔森到了财政部后可谓全心全意为高盛服务，除了在雷曼兄弟生死存亡的时候学习了狄龙雷德总裁尼古拉斯·布雷迪，他甚至将影响力扩张到了海外。大家还记得那个"汉克计划"吧，高盛入股中国的工商银行就是"汉克计划"的一部分，到了财政部，保尔森更加可以名正言顺地以国家利益为借口，为老东家高盛争取利益。

2009年1月16日，吵吵嚷嚷多年的中国农业银行股份制改造终于掀开面纱。股东只有两个，那就是中国财政部跟财政部控股的中央汇金投资有限责任公司，两个股东各持股50%。一直对中国银行业最后一块肥肉虎视眈眈的外资银行一下子傻眼了，这不是中国政府100%控股吗？

2年前，中国的经济学家、政府官员以及一些愤青义愤填膺声讨政府贱卖银行的时候，当时身为高盛掌门人的保尔森正在北京实施他的"汉克计划"，联手美国运通等集团，花37.8亿美元进入中国最大的银行工商银行。这也是保尔森在高盛实施的最后一个，也是最大的一个"汉克计划"项目。

进入工商银行之后，保尔森向工商银行兜售了"7＋1"战略合作项目，工商银行的公司治理、风险管理、资产管理、不良贷款管理等都交给高盛指导，在40多次研讨会，10多次专题讲座后，高盛派到工商银行的专家们掌握了中国最大银行的全部核心机密。

农业银行也是以高盛为首的欧美财团们一直盯着的肥肉，这也是中国四大商业银行最后的改革机会，更重要的是中国农业银行的网点遍布中国大江南北，几乎在中国的每一个乡镇都能看到农业银行的网点，在终端制胜的今天，农业银行的网点具有绝对的竞争优势。

农业银行也是保尔森当初跟中国官员接触过程中，一直纳入“汉克计划”的一个大项目，没想到中国政府最后完全将股份掌握在自己手上。高盛的“汉克计划”没有实现。美国财政部长决定出来给中国政府提提醒。

2007年3月7日下午，刚刚飞抵北京的保尔森在北京首都机场，跟中国国务院副总理吴仪举行会晤，双方就5月23—24日将在华盛顿举行的第二次中美战略经济对话准备工作进行了磋商。

磋商在友好而热烈的气氛中进行。

最后商定：第二次中美战略经济对话将围绕创新和教育、中美经贸关系发展两大方面的内容开展。为了争取更多实质性的成果，保尔森前不久亲自指派有着丰富谈判经验的前美国贸易副代表阿伦·霍尔姆出任美方首席谈判代表，负责实际参与在华盛顿举行的中美第二轮战略经济对话。

第二天，保尔森在上海的期货交易所出现，身为财政部长的保尔森选择在交易所出现，背后颇有深意。在交易所，保尔森毫不掩饰对中国改革的失望：“美国所倡导的开放政策和市场化原则与中国领导人所奉行的平衡与和谐发展的理念相似。我们的政策分歧点不在于改革的方向，而在于改革的步伐。”

保尔森的演讲很动情，声称自己亲眼见证并亲身经历了中国金融业的进步，过去10年间，中国的银行业、证券业和保险业都取得了长足的发展。在一通煽情之后，保尔森话锋一转，说市场会更好地将资金投放到最具活力的经济部门和企业，政府的作用应该是为整个市场制定规则，并确保其得到遵守，而不是进行具体的投资决策。

“单单通过国内的调整，中国也能在金融改革方面取得进展，但如果允许外资参与中国的金融市场活动将会加快改革的进程，并使其带来的稳定和繁荣得以早日实现。”保尔森毫不掩饰自己在为以老东家高盛为首的华尔街投行叫屈。其实在到中国之前，保尔森在华盛顿经济俱乐部就放言，美国在银行业和其他金融服务业拥有较大的比较优势，应该推动其他国家开放这个市场，尤其是中国。

随着鲁宾、弗里德曼以及保尔森步入华盛顿，越来越多的高盛人走向权力之路，当然也有从权力之路走向高盛的，一条高盛通往白宫的旋转门已经打开，这条路不仅仅可以让高盛在美国畅行无阻，在全球各地，谁能跟白宫过不去？

一长串的名单：

金融部门总裁加里·金斯勒，曾任美国财政部副部长。

首席运营官约翰·塞恩曾任纽约证交所主席。

运营副总裁罗伯特·杰弗里曾任美国期货交易委员会主席。

投资银行部副总裁菲利普·墨菲现任民主党全国代表大会财经委员会主席。

高级副总裁安德鲁·安帕现任纽约市经济发展局局长。

副总裁马里奥·德拉基现任意大利中央银行行长。

欧盟3位反托拉斯专员马里奥·蒙提、彼得·萨瑟兰和卡雷尔·梵·米埃特均出身高盛。

旋转门后，还有一批我们不熟悉的高盛人在行走，有一天他可能出现在我们面前。

7. 流血的仕途

约翰·怀特黑德的办公室墙上挂着一个大画框。

这位爷曾经在海军服役，参加过诺曼底登陆战役、冲绳岛战役等著名的战役，也算是从枪林弹雨中走出来的硬汉子。怀特黑德现在是高盛首席执行官，后来还当上里根政府副国务卿。他有一个嗜好，那就是每天推开办公室的房门时会看一眼墙上的画框，这个画框犹如一把刀，时刻让怀特黑德警醒，高盛的对手太多啦。

画框里是一张巨大的照片，是1956年福特汽车公开发行股票的时候照的。

1947年4月，温伯格结识了亨利·福特二世，这个时候的福特二世异常悲伤，他的父亲在几年前去世，还在海军服役的福特二世就被自己的爷爷给召回了，没想到很快爷爷也去世了，福特二世转眼之间成为美国最大私有公司的掌权者。

温伯格很了解福特汽车，这家企业跟政府关系很不错，美国的总统上任之后总会去这家企业进行考察，这一次温伯格跟福特二世的见面，也得益于自己跟白宫走得近的因素。年轻的福特二世也听说过不少关于温伯格的事情，尤其是在海军服役期间，这位华尔街大亨在“二战”期间为军队提供后勤保障，军人的情义让福特二世对这位老伯颇为信任，遇到问题一定会咨询温伯格。

在跟福特二世交往的过程之中，温伯格也会到密歇根的福特家族做客，拜访福特家族的遗孀，参加福特家族的派对。福特二世想在福特汽车上市前重组一番，加强福特家族对福特汽车的控制，温伯格在怀特黑德的帮助下，花了2年时间，拿出了50套方案。

亨利·福特二世大为感动，高盛甚至连温伯格本人都没有跟福特汽车签订过任何的服务协议，但是，温伯格却在兢兢业业地为福特汽车做事。福特二世将温伯格当做自己的忘年交跟私家顾问。为了让重组工作保密，温伯格还跟福特二世约定了一些暗语。

IBM的榜样力量让温伯格无怨无悔。

1956年1月，福特汽车公开发行了6.5亿美元股票。温伯格亲自赶到了发行现场，那一天福特二世的周围站满了人。活动结束后，温伯格决定在集体合影上标上参加的机构，一共是722家，这是一个庞大的数字。温伯格在每一家机构代表下面标上名字，挂在自己的办公室。

福特汽车上市了，温伯格成了福特汽车仅有的两个外部董事之一，在此后的几十年里，福特汽车一直是高盛的大客户，中间没有出现过任何的不愉快。

有了福特汽车这样的客户，高盛也有了跟对手对抗的本钱。温伯格后来有一个习惯，那就是每天走进办公室，看到墙上的画框，总会沉思，如果722家参加发行的机构中有企业破产或者被人兼并，温伯格就会在名字上划掉。

跟温伯格合作，一起给福特汽车拿出50套方案的约翰·怀特黑德怎么也不会忘记那2年的艰辛，画框犹如一把利剑，高高地悬在高盛人的头上，有太多的人跟高盛分食市场了，高盛要想成为华尔街的老大，那就要像划掉画框上的企业一样，干掉他们。

狄龙雷德，这是一家比高盛还悠久的华尔街大腕。

当年本来为福特汽车生产零件的道奇兄弟于1919年脱离福特汽车，成为了福特的竞争对手。很遗憾的是，约翰·道奇和霍勒斯·道奇哥俩在1920年先后去世。没有了哥俩的道奇家族决定卖掉股权。1925年道奇公司开始进行管理层的收购，当时负责这个项目的机构就是这家狄龙雷德。到了1928年，狄龙雷德更是牵线搭桥，将这家公司卖给了克莱斯勒。

克莱斯勒收购道奇公司后，成为了福特汽车最大的竞争对手，狄龙雷德一战成名，在20世纪20年代成为华尔街为数不多的能跟JP摩根比肩的投资银行。

狄龙雷德在此后的发展过程中一直毫无建树，到了1985年，遇到了华尔街年轻的垃圾债券之王米尔肯，狄龙雷德在这一仗中吃了大亏。米尔肯的出现让狄龙雷德很没有面子，米尔肯支持皮肯斯恶意收购优尼科石油，一直为优尼科石油提供服务的狄龙雷德马上支招，让优尼科通过增加负债的方式，来提高收购成本，这就是人们常说的“毒丸计划”。

40亿美元的毒丸最终击败了米尔肯，狄龙雷德在这一仗中也名声扫地，狄龙雷德的总裁尼古拉斯·布雷迪最后跳槽到财政部，爬上了部长的宝座。尼古拉斯·布雷迪对德雷克斯见死不救，7年之后，狄龙雷德也走到了生命的尽头。

165年历史的狄龙雷德在1997年被瑞士银行收购了，这家百年投行成了瑞士银行的一个部门，3年之后连这个名字也没有保留下来，现在这家公司已经彻底关闭了。

成立于1923年，华尔街前五强的贝尔斯登，在1929年创造了一个不裁员的神话。那一年，高盛已经被冒险的合伙人搞得快要死掉的时候，新生儿一般的贝尔斯登充满了活力，在没有裁掉一名员工的情况下，安然度过大萧条时期，成为华尔街的一大奇迹。

在2005年到2007年之间，最受尊敬的公司调查中，贝尔斯登名列第二。中国最大的证券公司中信证券一直希望跟这家华尔街最赚钱的投行合作，两家甚至签署了相互持股10亿美元的协议。当贝尔斯登突然宣布陷入危机之中，中信证券还一片茫然，连夜商讨对策，撕毁了之前的合约。中国投行本来一条腿已经迈进了华尔街，没想到贝尔斯登巨亏32亿美元，这让中信证券进军美国的计划搁浅了。

在美联储的劝说下，JP摩根以每股10美元的价格将贝尔斯登收入囊中。一直跟高盛竞争的贝尔斯登已经成为最大竞争对手JP摩根的帐下公司，将继续成为高盛潜在的竞争对手。

2007年12月1日，在纽交所征战4年的约翰·赛恩到了美林，坐到了总裁位置上。

美林的员工对这位新到的总裁很不感冒，认为他是一个大脑袋又缺乏幽默感的家伙。当年在纽交所有“技术专家”之称的赛恩成为纽约交易所首席执行官后，给这家死气沉沉且内部冲突不断的交易所动了大手术，结束了乌烟瘴气的内斗。这家伙能拯救美林吗?

美林的员工很怀疑约翰·赛恩别有用心，他可是高盛的人。1998年他联合约翰·桑顿一起搞走自己的恩师乔恩·科尔金。在高盛的权力斗争中，赛恩站在了保尔森一边，2003年塞恩去纽约交易所多亏了保尔森的鼎力相助。这一次到美林，美林员工总觉得背后有点蹊跷，怎么高盛人跑到美林当起了掌门人?

创办于1914年的美林一直是高盛的竞争者。

现在高盛的人居然跑到美林来当头儿，难免让人有所怀疑。

美林在2008年的金融危机之中亏损500多亿美元，当美林的高管层打听到保尔森不会用纳税人的钱去救雷曼兄弟的时候，是一身冷汗。美林的高管从纽约联邦储备银行一出来，马上就给美国银行打电话，愿意将自己卖掉。全球 40 个国家跟地区都有美林足迹的华尔街大腕就这样消失了。

怀疑归怀疑，约翰·赛恩还是到了美国银行旗下的美林来了。2008 年 1 月 17 日上午，履职美林 CEO 的第 47 天，在一次恳谈会上，约翰·赛恩面对着一大群情绪激动的美林员工，宣布了一项新纪录：损失 98 亿美元。这笔巨额亏损基本上全部来自美林在次贷和相关证券上的冒险，以及由此衍生的其他损失。

约翰·赛恩不想跟每一位美林员工解释，这个时候考验一个 CEO 的标准，那就是你在一个公司能否搞到钱，让公司不再继续亏损。约翰·赛恩没有豪言壮语,6 个星期,募集了 128 亿美元的资本,开始着手处理惨不忍睹的资产负债表。

在高盛的竞争对手里，所罗门兄弟早已经消失了，第一波士顿被瑞士信贷银行在 2006 年给合并了，雷曼兄弟在老掌柜保尔森的配合下死掉了，花旗银行现在也是高盛的老伙计在掌握大权，华尔街真正跟高盛抗衡的还有一个，那就是摩根。

搞死摩根，是一个漫长而遥远的梦想，高盛人会一代一代地做下去，也许有一天真会成真。

8. 神秘的狼毒箭：杰润

“你这个白痴。”一声怒吼响彻狭窄的交易室。

在杰润交易室外行走的约翰·怀特黑德皱了皱眉头，同样都是犹太人创办的企业，杰润在华尔街充满着谩骂、粗俗不堪。在高盛还没有收购杰润之前，高盛一直向杰润提供服务咨询，杰润也偶尔替高盛做业务，可以说早年两家相互是客户，约翰·怀特黑德每次到杰润，凡是涉及客户，都是代码或者绰号，一种神秘的面纱一直让约翰·怀特黑德有点云里雾里。高盛收购杰润之后，神秘面纱依旧让世界迷茫。

2004年杰润曾在新加坡联手日本人，忽悠中航油看涨石油，巧妙设下赌局，结果把航油王无情地“击杀”了。2008年杰润企图用同样的手法搞垮深南电，只是这次是引诱深南电看跌石油，结果深圳证监会及时发现了杰润的企图，在一场没完没了的指责后，双方罢手，深南电悬崖勒马。

中国人知道了心狠手辣的杰润，可是粗俗野蛮的杰润到底是何方高人？

J.Aron公司，高盛的商品部，其实也就是高盛旗下的一个马仔而已。高盛的网站对杰润有过意味深长的宣传：J.Aron作为全球规模最大的商品交易机构之一，有能力在实物和金融领域进行交易。在商品业务领域的从业经验超过100年。

事实上，这家有着纯正犹太血统的杰润可谓历史悠久。早在1898年，由犹太人雅各布·杰润（Jacob Aron）在新奥尔良创立，主要从事咖啡交易。1910年，雅各布·杰润发现越来越多的犹太商人聚集到华尔街，于是雅各布·杰润也将杰润公司搬迁到华尔街91号。

搬家后的杰润发现摩根等公司也在做同样的业务，他们的经营范围比杰润大得多，杰润家族的合伙人商量，将公司业务扩大到橡胶、可可、兽皮以及铜业。为了能够在华尔街占据一席之地，杰润家族决定打破家族成员垄断的局面，吸纳外部合伙人。

在华尔街默默无闻地经营了 50 年后，杰润家族决定再次扩大经营范围，开始进行一些贵金属的交易。新领域让杰润的收入突飞猛进。1925 年合伙人资本 400 万美元，到了 1965 年已经扩张到 1250 万美元，可以说，这一年，杰润的规模已经达到了高盛的一半。

杰润家族有一个经商思想，那就是只希望将杰润经营成一家小型公司。1250 万美元的合伙人资本已经超出了小公司能够承受的范围，尤其是杰润家族一些年纪大的合伙人希望不要把摊子搞得太大。到了 1970 年，杰润家族决定缩小经营规模，一下子合伙人作鸟兽散，人才的流失让杰润一败涂地，合伙人资本缩减到 40 万美元。

西德尼·温伯格去世之后，高盛的接班人是加斯·莱文。莱文跟杰润的董事会主席杰克·杰润都是犹太人社团的领袖人物，同时还是西奈山医务中心的重要成员，两人关系非常好。高盛跟杰润的业务往来在莱文掌权后更加密切。杰克·杰润多次跟加斯·莱文商讨出售杰润，希望莱文能给一点建设性意见。

1976 年，莱文派怀特黑德跟杰克·杰润商洽，但是双方在杰润大量未实现利润的税收负担问题上出现分歧，杰润第一次跟高盛交易搁浅。

后来，杰润遇到了前所未有的发展机遇，全球资本市场一片春光明媚，杰润家族一改之前的保守，抓住机会拼命跟摩根等固定收益部门争抢市场，到了 1981 年，杰润创造了历史纪录，合伙人资本总额达到 1 亿美元。

这一次杰润家族是下定决心要把杰润卖掉了。

作为顾问的高盛到处给杰润找买家，怀特黑德再次成为这次交易的承办人。到底该把杰润卖给谁呢？怀特黑德反复思量，既不能将杰润这样的商品期货交易商卖给摩根等华尔街竞争对手，也不能将杰润卖给他的竞争对手菲利普兄弟公司（Philipp Brothers 或 Phibro）。

怀特黑德掌握到一个商业机密，高盛的竞争对手所罗门兄弟公司已经跟菲利普兄弟公司签订了秘密协议，菲利普兄弟公司以 5.54 亿美元的价格收购所罗门兄弟公司所有合伙人的股份，并将所罗门公司由私人合伙公司转变为公众上市公司。这是一个可怕的联合，菲利普兄弟公司已经是世界上最大的商品期货交易商，在 45 个国家交易着 160 个以上的商品品种，而所罗门兄弟公司一直跟摩根、狄龙雷德这样的大腕在一个层面上竞争。高盛奋斗了几十年，好不容易才挤入第一集团层面。如果所罗门兄弟公司跟菲利普兄弟公司联合，那高盛要想超越所罗门兄弟公司，就难于登天了。

一旦把杰润卖给菲利普兄弟公司，那就等于是让所罗门兄弟公司如虎添翼。

怀特黑德这一次可谓煞费苦心，既想遏制所罗门兄弟，又不能将杰润卖给竞争对手。怀特黑德这小子一肚子坏水儿，最后给杰润找了一个买家：英吉哈德矿业公司（Enge Hard Mineral Coporation）。这个英吉哈德矿业公司是菲利普兄弟公司的分公司，现在独立出来了，专跟老东家作对，这一次参与收购杰润，就是要跟老东家一决高下。

这是高盛最喜欢看到的场面，坐山观虎斗，等着瞧好吧，所罗门兄弟公司的麻烦要来了。

怀特黑德将双方拉到一个谈判桌上。英吉哈德矿业公司的人财大气粗，要将杰润的股份全部买走，合伙人也将以股份制的形式获得大量现金，雇员将跟公司签订 3 年的合同。股份化之后，杰润将转变成一家公众持股的公司。

英吉哈德矿业公司想完全掌控杰润，跟杰润家族谈判的时候要求公司的主要成员也要签订用人合同。这样一来，杰润身上那一层神秘面纱也就揭开了，杰润家族的成员可能随后从公司滚蛋。杰润家族的合伙人很不高兴，很抱歉地对英吉哈德矿业公司的代表说：“我们的经营哲学就是绝不告诉任何人我们赚了多少钱，赚了钱后高高兴兴地存在银行就行了。”闷声发大财的杰润家族最后拒绝了英吉哈德矿业公司。

生意没有做成，莱文觉得很没有面子面对老朋友杰克·杰润，还没有等莱文向怀特黑德兴师问罪，怀特黑德就自己找上门来了。

“加斯，我们应该将杰润收购过来。”怀特黑德已经思考很久了，现在是高盛将杰润收购过来的时候了。

杰润的税收问题已经解决，更重要的是现在的国际形势对杰润很有利。

第二次世界大战之后，美国政府依靠扩张的财政政策来刺激经济回升，以微电子、新材料为首的工业开始兴起。然而到了 20 世纪 70 年代后期，卡特坐上美国总统宝座之后，美国的对外贸易出现逆差，工业的利润增长出现瓶颈，政府继续推行扩张性财政政策，但在没有工业利润的支撑下，国内的通货膨胀越来越严重。加上伊朗爆发革命，伊朗和伊拉克开战，石油日产量锐减，油价骤升，从每桶 14 美元飞涨到近 40 美元，油价的飙升引发了全球第二次石油危机，也给低利润的欧美工业带来了沉重的打击，通货膨胀正在将欧美工业国家推向经济衰退的深渊。

怀特黑德非常清楚，在通货膨胀失控的时候，传统的投资业务诸如债券、股票包销业务、证券销售业务基本无利可图。高盛如果将杰润买过来，开展商品业务，尤其是开展储存保值商品就能够赚钱，这样一来，高盛就有证券交易业务跟商品交易业务两条腿平衡走路了。

一直依靠投行业务生存的高盛走到了十字路口，美国的通货膨胀现在已经很厉害了。怀特黑德跟其他合伙人一样，希望政府不仅能够做到继续控制通货膨胀，还能够成功消除通货膨胀。卡特总统已经无能为力，这个时候怀特黑德的老朋友里根在总统竞选中获胜，作为里根私人顾问的怀特黑德看到了希望。不过里根总统调整经济还需要一定的时间。现在如果能够把杰润收购过来，那么在通胀价格上涨期间，高盛就可以从事商品交易，通过杰润的利润来弥补投行业务等待转机期间的损失。

莱文也看到了杰润的前途，一个只有 1 亿美元资本的公司，居然能够在贵金属一项业务中赚取 6000 万美元，当年高盛 2.72 亿美元的资本才赚了 1.5 亿美元，而杰润的职员不到高盛的 1/5，低成本高利润，收购，一定要拿下。

然而，并不是所有高盛合伙人都能看得这么远的。

反感通货膨胀的合伙人马上以对杰润缺乏了解，不能作出合理的内在价值判断为由反对收购杰润。当怀特黑德提出杰润家族的报价是 1.2 亿美元的时候，合伙人起哄说这个价格太贵，干脆高盛自己成立一个商品流通部门得了。

怀特黑德有点想发火了，这群笨蛋！但他压了压火气，开始给合伙人讲道理。所罗门兄弟公司已经被菲利普兄弟公司收购了，菲利普兄弟公司是商品交易商老大，所罗门兄弟公司本来就是高盛的对手，高盛再不抓紧时间壮大自己，就来不及了。自己组建商品交易部门，耗费的财力就不说了，这么短的时间上哪儿找人去？收购杰润才是高盛通向商品交易市场的捷径。

说服了合伙人之后，高盛成功收购了杰润。

鲁宾，就是那位一直希望跟白宫走近一点的小伙子被派到了杰润。

莱文选择鲁宾执掌杰润大权，是认为这小伙子很能琢磨问题，一直在思考赚钱的方法。用人就是做生意，这是莱文的原则。

鲁宾一到杰润，莱文的老朋友杰克·杰润就从董事会主席的位置上退了下来。不过在收购谈判的时候，高盛还是给杰润的合伙人留了 6 个合伙人名额和一个管理委员会委员的席位，高盛这是给鲁宾留下一条路，借着杰润家族的合伙人，顺利完成过渡交接，让杰润在高盛手上早日走上正轨。

杰克·杰润的退出，让整个杰润陷入恐慌，鲁宾也还没有搞明白杰润的经营之道。虽然高盛跟杰润同样都是犹太人创办的企业，可杰润的交易室充满了粗俗不堪的嚷嚷甚至叫骂,这跟高盛是天壤之别。而且杰润内部的交易非常神秘，鲁宾甚至不知道杰润的合作伙伴到底都有谁，开会的时候管理层的人都跟地下工作者一样，全是数字、代码甚至绰号。

鲁宾的头都大了。

杰润的利润迅速下滑，高盛收购过来那一年利润马上减半，到了第二年就已经不赢利了。更让怀特黑德傻眼的是，以前杰润的竞争者都是小打小闹的小公司以及专业公司，现在摩根、花旗银行、化学银行等金融巨头也在这个时候大举进军贵金属市场，高盛现在的对手全是华尔街的大腕。

为了尽快掌控这家公司，鲁宾开始用掺沙子的办法，让高盛的人接手一些相关职位。杰润的老员工，尤其是那些掌握着绝对机密的交易员开始不满，摩根、花旗银行等看准了这个机会，将对高盛管理层不满的杰润交易员高薪挖走，杰润那些让鲁宾头大的经营秘诀完全暴露在竞争对手面前，精通业务的交易员立即成了杰润的可怕对手。

正在这个时候，杰润的管理层跟高盛的合伙人又闹矛盾了，杰润的管理层希望将债券套利业务划给自己，因为这项业务跟杰润的其他套利业务非常匹配。但高盛合伙人很清楚，杰润还有杰润家族的合伙人，都不想把这部分业务划归杰润管，而是想划给固定收益交易部门。最后杰润管理层的争夺失败了，杰润的老合伙人开始退出。

最后,杰润的管理委员会就剩下鲁宾一个人了。高盛意识到问题的严重性了，如果让鲁宾再折腾下去的话，杰润很可能死掉。1980 年，被高盛破天荒提升的非美籍合伙人温克尔曼被派往了杰润。温克尔曼一开始就是坚决反对收购杰润的合伙人之一，这一次没想到却被派到了杰润。这一招真够毒辣的，一旦温克尔曼搞不好杰润，那就是把高盛全体合伙人的利益当儿戏。

已经没有退路的温克尔曼有着德国人倔犟的个性，属于强硬派。他一上任就开始裁员，一年之内有一半的杰润老员工滚蛋了。在压缩人员的同时，杰润的手伸向了苏联、南非以及澳大利亚等地方，很快就跟这些地方的生意人打得火热。短短几年，苏黎世、伦敦、东京都开设了杰润的办公室。

温克尔曼带着杰润大踏步国际化，这让一直希望高盛国际化的怀特黑德很高兴。怀特黑德给温克尔曼打了一个电话，希望杰润能够扩大外汇交易业务。

在复杂多变的外汇领域，高盛没有一技之长，很难为海外的客户提供最好的服务，尤其是遇到杰润目前从事的贵金属以及咖啡业务不赚钱的时候，外汇业务是最好的补充。

温克尔曼接受了怀特黑德的建议，在贵金属、咖啡、外汇交易、石油期货等领域，杰润慢慢地成为了高盛的狼毒箭，横扫全球期货市场。让中国人刻骨铭心的那个杰润，其实就是一个新加坡分公司而已，就那么一个小小的分公司，就干掉了中国的航油大王陈久霖，让深南电陷入惶恐。相对于杰润在欧洲市场横扫英伦跟亚平宁，对中国企业的下手，那简直就是用牛刀杀鸡而已。

9. 横扫英伦亚平宁

摩根、花旗集团他们不是从杰润挖人吗?

现在杰润到了海外，避开了美国本土市场这些大佬的人才争夺战，直接跑到伦敦挖人才去了。

还是那个一直对政治敏感的鲁宾，这次由他负责杰润在伦敦的业务。鲁宾瞄上了英国经纪商西蒙·可特斯（Simon Coates），这家公司有两个经济学家大卫·莫里逊跟乔文·戴维斯，都很不错。

戴维斯是英国老首相詹姆斯·卡拉汉（James Callaghan）的经济顾问，参与过财政赤字、反狙击英镑等重大决策的制定，对英国的金融制度了如指掌。莫里逊讲一口浓重的苏格兰话，每次跟鲁宾交流都非常费劲，但就是这位让鲁宾听不懂说什么的苏格兰人，在杰润被奉为“汇率之神”。

生长在英国的莫里逊及戴维斯对英镑的问题早已看穿，尤其是第二次世界大战之后，英国的老大地位完全被美国取代，昔日用英镑结算也换成了用美元结算。英国政府一直努力找回英镑的国际地位，经济学大师凯恩斯甚至主导设计了国际金融货币体系，希望创立一个世界通行货币，以达到遏制美元霸主地位的目的。

英国的国际地位已经失去了往日的荣光，凯恩斯无法拯救不可逆转的英镑颓势。英国首相丘吉尔“二战”期间参加雅尔塔会议时，心情极为低落，已经深感英国的国际地位一天不如一天：“我的一边坐着巨大的北极熊，另一边坐着巨大的北美野牛。中间坐着的是一头可怜的英国小毛驴。”

一个国家的货币在国际上的地位，跟这个国家在国际上的地位挂钩。早年西班牙的无敌舰队横行海上的时候，到中国贸易的所有外商一律使用西班牙银币。英国取代西班牙之后，只有中国皇帝依然坚持用银子交易，当时中国的GDP远远超越英国，英国人不得不接受中国的贸易规则，结果英国国库的银子搬到了大清王朝，最后英国人不得不用枪炮来维护英镑的国际地位。

第二次世界大战之后，美国成了名副其实的霸主，美元完全取代了英镑，这个时候日不落帝国再也不可能用枪炮跟美国人一争高下，只有请来了经济学大师支招。事实上丘吉尔的话已经给凯恩斯下了必败的结论。20世纪70年代末，英镑不得不尾随美元进入管理的浮动汇率时代。

虽然凯恩斯失败了，不过英国政府一直在利用凯恩斯需求管理理论调控英镑利率。

1986年，也就是鲁宾刚刚将戴维斯与莫里逊挖到杰润的时候，英国的女首相撒切尔夫人抛出了国有企业实行私有化的执政纲领，私有化的主要渠道是通过股市向私人企业和公众出售国有股份。

英国的银行跟经纪商的分业开始进行改革，英国国内一场由自由浪潮引发的金融大爆炸在伦敦开场。

撒切尔夫人的改革让莫里逊看到了机会，在这场改革的过程中，大量的资本涌入英国，英国开始出现贸易赤字的状况，财政大臣尼格尔·劳森（Nigel Lawson）一直授意英格兰银行在公开市场抛售德国马克，试图通过压抑英镑汇率来改变贸易格局。

莫里逊力荐鲁宾买入英镑，理由很简单，现在国际上各路盯住的都是撒切尔夫人推行的改革。英镑对马克的汇率还在攀升，英格兰银行的抛售行为有一点自杀的味道，英镑升值提高了英国商品在国外市场上的价格，对英国的出口行业是极为严重的打击，这不是贸易逆差巨大的英国政府想要看到的结果。为了改变这个局面，财政部一定会宣布提高利率，这样一来国外资本就会大量流入英国。

高盛决定赌一把大的，大量买入英镑抛售马克。莫里逊的判断让鲁宾激动万分，纽约的交易员们早上5点就起床赶到了杰润的交易大厅。已经接掌高盛大权的约翰·温伯格一大早赶到交易大厅时，发现整个交易大厅已经人满为患了。

这一天，在政府颇有人脉的戴维斯已经掌握到确切消息，英国政府将放弃抵抗，英格兰银行将放弃对汇率的干预。尼格尔·劳森在撒切尔夫人的授意下，宣布政府允许英镑上浮到3德国马克兑换1英镑的汇率水平之上。

英国汇率飞涨，杰润的交易大厅掌声雷动。

大卫·莫里逊留给高盛一句至理名言：国际资本流的压倒性优势，中央银行的干预很少能够取得成功，因为经济形势决定市场的最终走势，而不是市场操纵经济形势。高盛人凭借莫里逊的名言，驾驭着马前卒杰润筹划了一个更大的阴谋。

埃尼集团，就是最有机会成为全球石油天然气老大的意大利最大的国有企业，在高盛的操刀下，进行了私有化。高盛为了拿到这块肥肉的私有化主导权，并成为埃尼的影子股东，不惜让杰润在欧洲展开一场血腥的货币屠杀。

第二次世界大战之后，邪恶轴心国之一的意大利，在墨索里尼的法西斯独裁下，千疮百孔。意大利政府为了拯救崩溃的经济，大量推行国有化，能源、邮政、电信、铁路等均为政府控股。但是到了20世纪70年代，以最大的石油公司埃尼集团为首的国有企业，开始出现利润急速下滑的现象。

国有企业的利润下滑，意大利经济则一直不景气，增长缓慢，失业增加，意大利需要实行低利率政策，以降低企业借款成本，让企业增加投资，扩大就业，增加产量，并刺激居民消费以振作经济。意大利政府不断对这些企业进行重组，为了避免贸易逆差的出现，尤其是汇率的大幅度波动带来的负面影响，意大利加入了以英镑、马克为核心的欧洲汇率体系，企图通过加入这个体系，确保意大利的金融安全。

到了1992年，意大利政府的私有化改革推进速度加快，高盛看准了意大利埃尼集团。

莫里逊出手了，他在高盛的内部刊物《高盛货币分析家》上发表了一篇欧洲宏观经济的分析文章，给出了一个非常尖锐的结论：意大利的里拉将在年底贬值。《高盛货币分析家》是向客户散发的刊物，在欧美市场影响力很大，莫里逊发表这样一篇文章，就是要给意大利政府捅刀子。

选定这个时候对意大利下手，是莫里逊已经看到了德国柏林墙倒塌后，给欧洲经济带来的致命刺激。东欧动荡不堪，苏联摇摇欲坠，柏林墙倒塌，东德跟西德统一了，政治家眉开眼笑，老百姓奔走庆贺。庆贺的鼓乐还没有停止，一直在跟德国内阁洽谈德国电传私有化的高盛掌门人史蒂芬·弗里德曼嗅到了一股不同寻常的味道，德国人的财政空了。

刚刚统一的德国财政空了？

通货膨胀、政治暴动？太可怕了。

莫里逊人精一个，看准了德国的局势。政府为统一支付了大笔的银子，现在高傲的德国人财政赤字加剧，物价飞涨已经在所难免，东德人手上没钱，物价上涨日子怎么过？刚刚跟西德人一起过日子的东德人还不闹翻天？留给德国人的唯一选择就是提高短期利率。

德国人的行为一下子打破了欧洲汇率体系的平衡，以意大利、英国为首陷入经济不景气的状况，希望维持低利率的国家来说，德国人把自己的利益放在了欧洲经济共同体之前，只要有一点头脑跟眼光的人都会马上盯着德国的马克，里拉跟英镑就会马上贬值，国际资本立即会作出选择：抛售疲软的意大利里拉跟英国的英镑。

这个时候再给意大利人捅一刀子，那意大利不得不在里拉贬值的胁迫下退出欧洲利率体系，尾随美元实行自由浮动利率。

意大利人磨磨叽叽，盯着埃尼集团这个巨大石油项目的高盛，已经嘴馋得不行了，高盛希望通过私有化，掌控埃尼。可惜意大利政府还希望让国库来操作埃尼集团的私有化。

货币是一把无形的刀。

意大利政府的不听话让高盛很不爽，莫里逊的文章就是高盛通过杰润给意大利的警示。不听高盛的，只有一条路，那就是完蛋。

莫里逊的文章很快就流传到意大利财政部长的手上，这哥儿们看完文章后气得翻白眼儿，牙齿咬得咯咯响，狠狠地将一本《高盛货币分析家》摔到地上。意大利人是该站出来说话的时候了。意大利财政部长面对新闻媒体，破口大骂杰润：杰润的研究就是一堆垃圾，里拉不会贬值。

意大利人比较克制，还好没有大骂杰润是狗屎。

莫里逊看到意大利人气急败坏，冷冷一笑，决定再给意大利敲一棍子。

意大利的一家报社记者突然收到莫里逊传真的文章复印件，这一次莫里逊更是大胆预测里拉要狂跌。第二天意大利报纸的头条标题就出来了：高盛预计里拉的汇率将降至1000。

意大利人都觉得不可能，这个基点太低估里拉的价值了。

很快，莫里逊的预言就得到了证实。德国人连续4次，将贴现率提高到8.73%。

里拉跟英镑遭遇疯狂的抛售，德国马克成了抢手货。杰润重演1986年的疯狂，抛售里拉跟英镑，买入马克。跟高盛一起抛空英镑跟里拉的，还有那个后来指正高盛操纵石油价格的犹太人索罗斯。

一瞬间，德国成了欧洲人的众矢之的。1992年9月11日，德国央行行长施莱辛格宣布，德国绝不会降低利率。

9月12日，欧洲货币体系内最疲软的意大利里拉告急，汇率一路下挫，跌到了欧洲货币体系汇率机制中里拉对马克汇率的最大下限。

大骂高盛文章是垃圾的意大利人，其实已经在9月7日和9日，先后2次提高银行贴现率，从12%提高到15%，同时还向外汇市场抛售马克和法郎，但是局面并没有得到缓和。9月13日意大利政府不得不宣布里拉贬值，将其比价下调3.5%。

杰润乘胜追击，继续抛空里拉跟英镑，买入马克。意大利里拉在13日贬值之后，仅隔了3天，马克对里拉的比价再次超过了重新调整后的汇率下浮的界限。

高盛为了教训意大利人，利用德国人的手，让意大利在里拉保卫战中白白浪费了40万亿里拉的外汇储备，万般无奈的意大利政府只好宣布里拉退出欧洲货币体系，让其自由浮动。

高盛在欧洲的货币战争之中，再次收获颇丰，仅仅外汇交易这一项，杰润就赚取了3.5亿美元的净利润。在外汇市场缴械投降的意大利政府陷入了经济危机之中，加速国有企业的私有化成了最后刺激经济的选择。高盛不但赚了外汇交易的钱，还在那一年拿下了意大利最大的私有化项目——埃尼集团。

10. 绝密杀手锏：高盛铁三角

2008年次贷危机的前夜，已经秘密抛空次贷的高盛，将裹着毒药的诱饵抛向了华尔街。

那天是华尔街再普通不过的一天，正当迈克尔·史文森（Michael Swenson）在办公室百无聊赖地看着美盘时，交易室突然嚷嚷开了，鹰派的强势领导人保尔森要进白宫了。

史文森意识到华尔街的好日子结束了，一场厮杀即将展开。

"波动是我们的朋友。如果没有波动，人们为什么需要高盛呢？为什么还要买入和冒风险呢？"史文森反复琢磨保尔森的这句至理名言。身为高盛房贷结构性产品交易小组交易员的史文森一把拉过旁边的同事乔希·伯恩鲍姆（Josh Birnbaum），两人开始在一起琢磨开了：房贷是不是有点问题了？

这俩人讨论完以后，决定跟自己的头儿菲利浦·伯林斯金（Philip Berlinski）也商量一下这个问题。这位40出头的交易员目前负责高盛在伦敦的股票衍生品交易，早前曾跳槽去美林，于2006年回归高盛并加入了房贷结构性产品交易小组。菲利浦·伯林斯金对两人的意见感到很惊喜，他非常赞同两人的观点：房贷要出问题了。

在国会山的房贷听证会上，美国住房产业督察局局长法尔孔对两房的放纵很无奈，原因是两房背后站着大量的国会议员。

这是一个危险的信号。

美国能源巨头安然集团曾在1989年至2001年间，向国会山71位参议员和187位众议员行贿。布什政府的核心人物国防部长拉姆斯菲尔德、总统高级顾问卡尔·罗夫、美国环保署副署长琳达·菲舍尔、财政部副部长彼德·菲舍尔、美国贸易代表罗伯特·佐利克都曾经拥有安然的股票。国防部陆军部长托马斯·怀特在就任前曾经是安然副董事长，持有价值1亿美元安然股票。白宫经济顾问劳伦斯·林赛曾经是安然的高级顾问。那位高盛前高管罗伯特·佐利克曾经也是安然公司顾问委员会的一员，每年可以收到5万美元的顾问费。

安然集团垮台前，每年向国会议员们行贿的资金高达250万美元，为了更好地得到议员们的保护，安然甚至希望通过行贿的手段插手国会的人事安排。丑闻曝光后，安然向国会递交了一份类似于自白书的报告，报告显示安然在“证券交易委员会人事任命”和“商品期货交易委员会人事任命”等问题上大力游说过白宫跟国会。

历史总是惊人地相似。

房利美跟房地美是两个带有政府性质的联邦住房贷款抵押融资公司。1995年以来，房地美和房利美持有的房贷每年以20%的速度增长，到2005年年底，“两房”共拥有价值1.5万亿美元的住房贷款和抵押贷款证券，超过了10大商业银行的总和。房利美的总裁雷恩斯甚至得意地宣称：“我们就是住房供给领域里的美联储。”

两房的迅猛发展得益于两家公司“专业的”向国会以及政府官员行贿，取得国会的一些政策特许，诸如财政部可以购买两家公司各22.5亿美元的债券；两房不用向州、地方政府纳税；监管机构对其资本的要求也远较银行宽松。

美国住房产业督察局更是一个怪胎，它是依靠房利美的政治力量在1992年建立的，该机构并没有隶属于美国财政部或者证监会，而设在完全没有金融市场监管经验的住宅与城市发展部。督察局的经费来自政府扶持企业，诸如房地美、房利美。在两房的鼓动下，国会通过了一项修正案，每年都要对督察局的经费进行审批，这样一来，两房可以通过国会议员的手控制它们的监管者。

史文森判断房贷市场要出问题源于督察局长法尔孔在国会山遭遇拷问。

督察局指控房利美利用会计规则将衍生工具业务的亏损转入资产负债表，同时指控房利美在1998年报告的开支仅为2亿美元，但其内部数字却表明实际应报开支约为4亿美元：房利美通过低报开支而虚报利润。

法尔孔和房利美总裁雷恩斯面对面地坐到了众院的听证会上。

法尔孔指控房利美的罪名是欺诈。嚣张跋扈的雷恩斯把国会当成了自己的办公室，很不屑地嘲笑法尔孔：“会计准则非常复杂，对其中的一些规则，专家们常常看法不一。没有事实证明房利美高管在1998年为获得红利而瞒报开支。”

雷恩斯得意地看了看法尔孔。法尔孔还没有来得及回答，房利美的支持者、议员阿瑟·戴维斯就开始咄咄逼人地质问法尔孔："会不会是这样，在你制造所有这些诽谤中伤后，就有可能削弱这家机构在市场中的地位，并且有可能削弱美国的住房供给市场？"

诽谤中伤？

法尔孔无奈地摇了摇头，作为监管者，他有权对两房的任何问题进行质问，怎么成了诽谤中伤呢？法尔孔刚要张嘴回应戴维斯，却被戴维斯打断了，戴维斯像一位诘问罪犯的检察官，他只要法尔孔用一句话作答："会，还是不会？"

法尔孔憋红了脸，戴维斯指着法尔孔的鼻子再度发问："会不会？"

看着法尔孔的尴尬，参议员哈格尔异常气愤地指着雷恩斯的鼻子说："国会创建了这家机构……可是当国会要认真监督它的时候，这家机构却花钱挑战国会的权力。我感到非常吃惊！非常吃惊！"

两房在国会山的表演跟安然何其相似！高盛房贷结构性产品交易小组迅速达成共识，以菲利浦·伯林斯金为核心，迈克尔·史文森跟乔希·伯恩鲍姆为成员的抛空房贷次级债的铁三角组合成立。抛空铁三角的设想迅速得到了高盛总裁劳埃德·布兰克费恩的支持。下手对象有两家：竞争者贝尔斯登和雷曼兄弟。

铁三角成立了，高盛还要来一招瞒天过海，诱敌深入。

贝尔斯登，有85年历史，一直靠债券投资闯进华尔街前十强的大腕，在抵押证券业务方面赢利能力超过高盛跟摩根。贝尔斯登"虚拟"地持有13万亿美元次级债以及衍生品，这比美国的GDP还要高！

贝尔斯登自有资本太少，资本充足率太低。为了筹集资金来扩大业务，贝尔斯登只好依赖债券市场和银行间拆借市场；在债券市场发债来满足中长期资金的需求，在银行间拆借市场通过抵押回购等方法来满足短期资金的需求，一般拆借周期分为隔夜、7天、一个月等。然后将这些资金用于业务和投资，赚取收益，扣除要偿付的融资代价后，就是公司运营的回报。风险越大的产品，拆借的周期越短，往往生死就在一夜间。

贝尔斯登跟高盛是交易关系，一旦高盛拒绝为贝尔斯登资金拆借，那么贝尔斯登一定会出现资金链断裂。

要将这个泡泡吹大，高盛开始大量将有毒的债券释放到贝尔斯登这样的对手身上去。

到2007年年底，高盛销售了1000亿美元的担保放贷债券。就在铁三角确定卖空的时候，高盛的住房抵押债券部发行了83种总价445亿美元的住房抵押贷款支持债券。这些债券到底有多垃圾呢？前面我们说过，权威评估机构将信用评级下调了69次。

为了诱敌深入，高盛采取了自杀式的策略。以加利福尼亚州、佛罗里达州等房地产泡沫最严重的地区的住房抵押贷款为标的资产，这些资产都是第二套放贷，一旦出现还贷压力，购房者违约的可能性最大。作为全球投行老大，高盛偏偏选定了这类资产，发行次级住房抵押贷款支持证券。数额是4.94亿美元，高盛将这类债券的风险划分为13级，高盛将风险最高、没有进行过信用评级的1400万美元自己持有，这样无疑给市场强烈的信心。

高盛这一招很管用。

作为华尔街上房产抵押债券的主要承销商和账簿管理人，有“债券之王”名号的竞争对手雷曼兄弟，将很大一部分难以出售的债券都留在了自己的资产表上，这部分资产的估值在2500亿美元以上。这些评级很高的债券，利率很低，不受投资者的青睐，卖不出去。贝尔斯登跟雷曼兄弟一样，认为高盛是个榜样，自己持有这类债券风险会比较低。

问题马上出现了，并没有一个流通的市场去确定这些债券的合理价值。要想保障这些资产不亏损或者赚钱，只有通过拆借，一旦拆借的路子被堵住了，贷款者违约不还贷，那么这些债券马上就成了废纸一张。

高盛决定先从贝尔斯登下手，拒绝为贝尔斯登提高资金拆借，铁三角开始大势做空次债。

立竿见影，贝尔斯登旗下的对冲基金在潮水般的抛空冲击下，财富灰飞烟灭，损失也达到2600亿美元。

贝尔斯登迅速倒下。

雷曼兄弟的规模远远不及贝尔斯登。雷曼兄弟总共持有的资产抵押则要高达725亿美元，受到贝尔斯登的连锁反应，也遭遇抛空，雷曼兄弟一怒将高盛告到了美国证监会。

在最后的紧要关头，高盛老掌柜拒绝拯救雷曼兄弟。

雷曼兄弟也倒下了。

在铁三角的操刀下，高盛通过卖空与次债有关的投资产品获利40亿美元，抵消了高盛用来诱敌的15亿美元的损失。高盛在抛空次债的过程之中使用连环套，获得巨额利润的背后，干掉了一个个对手，现在已经稳坐全球老大，满面春风的高盛，擦干手上的血，看着身边倒下的一片尸体：贝尔斯登、雷曼兄弟、美林、花旗银行、美联银行……

11. 欺诈门：高盛和美国政府演双簧

2010年4月16日，美国证券交易委员会(SEC)发飙了。

SEC向纽约曼哈顿联邦法院提起民事诉讼，指控高盛集团及其一位副总裁在美国房地产市场开始陷入衰退时欺诈投资者，在一项与次贷有关的金融产品的重要事实问题上向投资者提供虚假陈述或加以隐瞒，造成投资者损失超过10亿美元。

当年雷曼兄弟的总裁福尔德，曾经咬牙切齿地向SEC的主席考克斯举报高盛。考克斯气愤地在CNBC发表电视讲话，态度非常坚决，声称要向高盛等华尔街的金融大鳄发调查传票，甚至向加拿大、英格兰的金融机构发传票。到后来，考克斯的那些话却成了过眼云烟。这事儿再明白不过，考克斯就是有万丈雄心，也拿高盛没有办法，别忘了当时的财政部长可是保尔森，那位高盛前首席执行官。考克斯斗不过保尔森，在沉默中消失了。雷曼兄弟喘了几口气，也没翻过身来，终于倒下了。高盛成为了最后的赢家。很自然，高盛向市场发售次贷毒丸的阴谋也就再也没人管了。

君子报仇，十年不晚。

保尔森从财政部滚蛋了，手握抛售高盛股票得来的巨款，到处走穴。SEC开始秘密调查高盛铁三角向华尔街抛售的次债毒丸。SEC在法庭上指控，高盛设计并销售了一种基于住宅次贷证券(RMBS)表现的抵押债务债券(CDO)，高盛没有向投资者透露该CDO的重要信息，特别未向大众披露一家大型对冲基金公司对该产品做空的“关键性信息”。

SEC执法部门的主管罗伯特·库萨米(Robert Khuzami)嘲讽高盛：“这种产品是新的而且很复杂，但其中的骗术和利益冲突并不新鲜。高盛错误地允许一位能深刻影响其投资组合中抵押贷款证券的客户对抵押贷款市场做空，高盛还向其他投资者提供了虚假陈述，声称该证券的投资内容由一家独立客观的第三方机构进行选择。”

SEC指控高盛勾结的对冲基金是保尔森对冲基金（Paulson &Co）。

这是一个很有意思的对冲基金，保尔森对冲基金的老板叫约翰·保尔森（John Paulson）。此保尔森非彼保尔森，约翰·保尔森跟曾经担任过高盛首席执行官的亨利·保尔森没有任何关系。这位爷1955年出生于美国纽约皇后区一个叫Beechhurst的中产阶级小区，父亲曾经是一家小型公关公司的首席财务官。约翰·保尔森的爱好就是赚钱，在他小时候，他的外祖父就教他从超市买来大包装的糖果，再零售给他班上的同学。约翰·保尔森从哈佛商学院毕业后，去了波士顿咨询公司从事管理咨询。28岁的时候进入贝尔斯登，用了4年的时间，从最低的分析员升到了董事总经理。1994年，约翰·保尔森用自己的200万美元积蓄，雇了一个助理，和其他几家小对冲基金合租了一间办公室，创立保尔森对冲基金。

保尔森对冲基金在2007年大出风头，与对冲基金的大腕们连庄，一举赚取了数亿美元的财富，将保尔森对冲基金推向了对冲基金的顶级行列。2007年保尔森对冲基金的资产扩大到80亿美元，到了2008年超过350亿美元，甚至超过非洲一些小国全年的GDP，都可以买下一个国家。绝对不是痴人说梦，如果约翰·保尔森乐意，买一个国家当当国王玩儿也不是不可能。

SEC在法庭上指控：身为世界最大对冲基金公司之一的保尔森对冲基金，在2007年4月26日向高盛支付1500万美元，以求能构筑针对自己所选抵押贷款证券的卖空交易，保尔森对冲基金这样做是基于自己判断这些证券将出现信用问题。

SEC向法院提交的调查材料显示，遭遇指控的CDO的营销材料名为ABACUS 2007-AC1，该材料声称CDO麾下的住宅房贷担保证券（RMBS）资产由ACA Management LLC(ACA)挑选，而ACA是一家专业分析RMBS信用风险的第三方机构，营销材料没有向投资者透露保尔森对冲基金将从RMBS违约中获益，没有透露保尔森对冲基金在RMBS的挑选中扮演了重要角色。

SEC向法庭提交的证据显示，约翰·保尔森在跟高盛合作之前，一直在研究RMBS相关的CDS产品，他通过对多年的数据定量分析，结合标准普尔、穆迪等评级机构对RMBS评级调整，得出的结论是美国的房地产信贷市场，一定会在出现大面积的信誉违约事件。从2006年开始，约翰·保尔森在保尔森对冲基金旗下，成立了两只针对房地产信贷违约的对冲基金，名字叫保尔森信贷机遇基金，通过27次交易购买了各种信贷债券的CDS。

SEC这一次并没有指控保尔森对冲基金，原因是保尔森对冲基金没有信息披露的义务与责任。但高盛不一样，高盛作为产品的设计者，没有充分将产品信息提供给专业分析RMBS信用风险的第三方机构ACA Management LLC(ACA)，导致ACA不能将风险如实地告知投资者。这可就是高盛的不是了！

SEC在调查中发现，高盛副总裁法布里·托尔雷(Fabrice Tourre)设计了ABACUS 2007-AC1的交易，甚至负责营销材料的准备工作，以及与投资者进行直接沟通。托尔雷非常清楚保尔森对冲基金对外隐瞒的卖空部位，也知晓该公司在资产选择中扮演的角色。而且，托尔雷误导了ACA，让ACA误以为保尔森对冲基金的投资与ACA的利益存在密切关联。

出生在法国的法布里·托尔雷，2000年毕业于巴黎中央理工学院（Ecole Centrale Paris）数学系，翌年在美国斯坦福大学获得运筹学硕士学位。从校门走出来的法布里·托尔雷很能干，进入华尔街后，28岁那年就已经荣升高盛副总裁，成为高盛集团为数不多的少壮派之一。少年得志的托尔雷是一位非常自信又自负的人，他喜欢冒险，在陈旧的“二战”老建筑租房。尽管他很少回到老房子睡觉，可是他喜欢半夜三更与朋友们在老房子开派对，搞得邻居们经常半夜报警。

据《华尔街日报》报道，托尔雷在推销抵押债务证券（CDO）时表现得相当有信心，积极夸大这项交易的资产价值，向投资者宣称他们正试图说服穆迪投资者服务机构，提高这种CDO的信用等级。但他在设计这类产品的时候，就已经知道这类产品迟早要完蛋。

SEC调取了法布里·托尔雷的所有电子邮件，进行调查。一查一个准，这位年少轻狂的高盛副总裁，在2007年1月23日发给朋友和同事的电邮中，警告次级房贷证券市场即将崩溃，托尔雷还在电邮中异常严厉地宣称“CDO业务已经死定了”。

事实上，高盛在2004年底就创建了结构性产品相关交易部门，这个部门主要结构性产品CDO的系列营销，ABACUS 2007-AC1 只是“ABACUS”系列

RMBS产品中的一个交易品种。当时高盛运作"ABACUS"系列RMBS产品，就是预感到房贷市场的前景不容乐观，高盛希望通过系列产品寻求新的盈利模式，在竞争激烈的市场中有利可图，而又能保证高盛的市场具有专营性质。

高盛抵押贷款资本委员会（"MCC"）在2007年3月12日有一份合作备忘录，这份备忘录显示，ABACUS 2007-AC1就是高盛专门开发，用交易结构复杂的产品来保护自己，备忘录写到MCC"有能力执行复杂的交易结构，以满足多个客户的需求，目标是为我们找到关键的专营权，""ABACUS 2007-AC1这个交易，和其他类似帮助高盛在不断增长的市场保持竞争地位的更好的结构性产品都要有书面材料。"

高盛MCC部门开发的CDO事实上跟毒药毫无二致，托尔雷在给艾葛尔邮件的预测，已经不是第一次。2007年1月23日，托尔雷在给亲朋好友的电邮中，近乎狂妄地写到："系统中的杠杆愈来愈大，整幢大厦将随时倒塌。唯一有可能的生还者托尔雷站在这大楼中间，他创造了高杠杆效应及奇特交易工具，但毋须明白所有那些怪物（意指CDO）带来的影响！"

托尔雷在给艾葛尔邮件之前，已经跟美国最大的对冲基金保尔森对冲基金的掌门人约翰·保尔森（John Paulson）达成了CDO的秘密交易，那就是ABACUS 2007-AC1项目的CDO，约翰·保尔森可以通过信贷掉期合约(CDS)，有效地对高盛设计并销售的一种基于住宅次贷证券(RMBS)表现的抵押债务债券(CDO)进行卖空操作。

约翰·保尔森是怎么勾搭上托尔雷的？这事儿还要从头说起。

当时，托尔雷手上有一个潜在的大客户——德国工业银行（IKB），要搞定这个大客户可不是件容易事儿，必须得搞点有名堂的产品。恰巧这时，保尔森找上门了，希望高盛能够开发与RMBS相关的CDO。高盛的内部信件表明，当时也高盛认识到，并非每一个抵押品经理都同意应用保尔森的RMBS，并定义为低级别投资组合。但是，高盛跟保尔森对冲基金还是坐到了谈判桌上。

跟保尔森对冲基金达成合作意向之后，高盛开始接洽ACA，希望ACA作为"投资组合选择代理"为保尔森发起的CDO交易服务。高盛选择ACA，是基于ACA以前代理过无数的CDO业务。截至2006年12月31日，ACA与22 个资产总量达到15.7亿元的CDO产品组合达成了交易。

2007年1月8日，托尔雷代表高盛跟ACA的代表，在保尔森对冲基金纽约办公室开会，主题是“保尔森会晤”，这是三方第一次就即将进行的交易活动进行讨论。不过在当天的三方会议中，保尔森对冲基金的身份是交易赞助商，这个让ACA的代表有点摸不着头脑，天下没有白干的活，保尔森对冲基金在这项产品的交易过程之中，它的经济利益怎么体现呢?

ACA的代表给高盛在当天晚上就写了一份电子邮件，非常疑惑地说：“我不知道如何表达，我不会说这表现不好，一点都没有，但我认为这没有帮助，我们不知道他们（保尔森对冲基金）究竟想如何参与。你能否帮我们争取一些反馈意见？”

2007年1月9日，高盛向ACA发送电子邮件，其主题为“保尔森的投资组合”。在该电子邮件的附件内容是2006年的123个结构产品组合的RMBS评级为Baa2的证券名单。当天，ACA采取“重叠分析”的方法，并确定保尔森对冲基金以前就已经购买了相同或更低评级RMBS 123个组合中的62个产品。

SEC的证据显示，保尔森对冲基金选定的投资组合，完全是按照之前研究的既定标准：要包含大量高风险的可调整利率按揭贷款、借款人信用评级要低，以及基础房产要集中在亚利桑那、加利福尼亚、内华达等房屋刚刚经历价格猛涨的地区的RMBS。

收到ACA电子邮件后，高盛立即将这个信息告诉托尔雷：“最初的投资组合的反馈让人非常兴奋。”第二天，托尔雷给ACA的邮件主要是针对本次交易的一个“交易摘要”，其中包括对保尔森对冲基金“交易赞助商”的描述，并引用了保尔森对冲基金的一个资本结构设想，该结构名为[0]%－[9]%，即预先承诺前期损失，这部分损失将作为保尔森处理结构的一部分。

事实上，这个摘要就是高盛设置的一个障眼法。这个[0]% －[9]%在资本结构的是向ACA提供服务，并与此前与ACA的投资协议相一致。所以SEC在向法庭提交证据的时候，有理由相信这是一个以股权组合的参考。事实上，高盛公司从来没有打算预先给任何客户承担这部分投资组合的前期损失。

2007年1月12日，托尔雷又给ACA进行了电话沟通。当天，ACA的承诺委员会批准该公司作为投资组合选择代理参与ABACUS 2007-AC1项目。ACA承诺委员会的备忘录中这样描述保尔森对冲基金的角色：“对冲基金投资股票的投资者要在一个静态的夹层CDO的0-9%，在ABACUS的支持下次级住宅抵押贷款证券100%。”手写的会议记录反映讨论“投资组合与股票投资者的选择工作。”

两天之后的14日，ACA给高盛发了电子邮件，主题为“与托尔雷周五的沟通”。邮件中称ACA“希望与托尔雷没有遇到太多的对立，但这种结构看起来难以让投资者承担相应的债务。”电子邮件的最后不难理解，ACA已经了解保尔森对冲基金这个赞助交易商的利益企图，ACA在邮件中写到：“我能理解保尔森的平等观念，但我们必须确保它增强了我们的声誉。”

SEC的证据显示，2007年1月16日，托尔雷发了邮件给销售代表，截至该日起，托尔雷知道，ACA已经钻进了保尔森对冲基金投资的ABACUS 2007-AC1项目圈套之中。1月27日，ACA的代表在怀俄明州会见保尔森对冲基金的代表杰克逊·霍尔，这一次的会见明确讨论了拟议中的交易和参考组合。第二天，ACA将会议的总结发给了托尔雷，邮件最后说：“这是我的初步印象，确定约翰·保尔森希望与您签订补偿协议。”

2007年的2月2日下午，约翰·保尔森、托尔雷来到了ACA纽约办公室，讨论参考组合。针对保尔森对冲基金提交的123个组合，ACA希望大量剔除一些垃圾的证券，当天的讨论非常的激烈。

会议期间，托尔雷给自己的一名同事发了一份电子邮件，“我在ACA的办公室与保尔森会晤时，这就是超现实。”不难看出，托尔雷在ACA办公室三方会晤的时候，跟约翰·保尔森达成了作空协议，在ACA不知情的情况下，高盛与保尔森对冲基金合作，设计了相应的对冲CDS。从托尔雷的邮件可以看出，高盛不是当时的临场发挥，而是要利用三方会晤的所谓公平场合，达成双方蓄谋已久的协议。

2月2日开会讨论参考组合到2007年4月26日，三方讨价还价，123个组合一度削减到55个，后来保尔森对冲基金又不断往里塞，最后ACA妥协，挑选了90个证券组合。到了2007年4月26日，高盛完成了对ABACUS 2007-AC1总计178页的发行备忘录。该备忘录的封面提供包括ACA为“投资组合选择代理的描述。”该交易概述，总结和资产组合选择代理的所有代表的ABACUS参考投资组合是由ACA选定的备忘录的部分。

尽管高盛跟ACA的发行备忘录中没有提到的保尔森，仅提及了在交易或在选择投资组合的供参考的经济利益。但是就在当天，保尔森对冲基金给高盛支付了1500万美元，名目是ABACUS 2007-AC1产品的设计和销售费用。该产品到上市一共发售了109亿美元。

约翰·保尔森赚钱的途径是卖空对冲，在这种生意中，有人赚钱，就必须有人赔钱。2007年保尔森对冲基金在ABACUS 2007-AC1项目中获利10亿美元，自然购买这个产品的投资者就会损失10亿美元。

德国工业银行（IKB）就是倒霉的投资者之一，SEC的指控显示，IKB花了1.5亿美元购买ABACUS 2007-AC1产品，金融危机一爆发，IKB的投资全部亏光光。这一下，IKB的业绩大幅度下滑，一公布出来市场哗然，当时德国人还蒙在鼓里，根本就不知道保尔森对冲基金正在跟自己做对手盘，做空ABACUS 2007-AC1产品。德国人苦恼了，IKB迅速陷入了倒闭破产的边沿，尽管国营德国开发银行（KfW）和其他机构掏了100亿欧元拯救IKB，可是在愈演愈烈金融风暴之下，IKB最后只有卖身给美国的孤星基金。

SEC调查高盛的消息一传出来，德国人立刻沸腾了。德国总理默克尔异常激动，高盛这个坏小子，坑了IKB还不算，还在背地里设计了CDS，最后让德国银行为希腊危机买单，这下可算是遭了报应了！默克尔的发言人在2010年4月17日，立即站出来发表声明："德国金融监管局将向美国SEC索取有关资料，在仔细评估这些文件后，我们将检讨可能的法律步骤。"

德国人义愤填膺要跟高盛没完，高盛"欺诈门"愈演愈烈，华尔街"地震"，股市、期市齐齐暴跌……难道，百年高盛的死期真的快到了？

如果你真的觉得高盛就快把自己玩死了，那你就低估了这家华尔街老店的智慧。有观察家指出，在4月15日及4月16日早晨，高盛大规模买入了自己公司股票的4月份看跌期权。这些期权的行权价格分别为155美元、160美元、165美元和170美元。而在消息公布前，高盛的股价接近190美元，如果没有重大事件发生，这些价位的看跌期权就会成为虚值期权，无任何利润可图，市场鲜有参与者。然而，消息公布后高盛股票暴跌10%，让这些看跌期权价值大涨数倍：

行权价格为155美元的看跌期权从1美分上涨到4.85美元；
行权价格为160美元的看跌期权从1美分上涨到6美元；
行权价格为165美元的看跌期权从1美分上涨到10美元；
行权价格为170美元的看跌期权从5美分上涨到14美元；

也就是说，哪怕高盛的仓位只有1万元，按照上涨的幅度，盈利也高达上百万甚至上千万！放眼全球，谁不期盼自己的股票大涨特涨，有哪家公司敢做空自己？瞧见没有，这就是高手，股票跌了也能赚钱！

再看看SEC对高盛的指控，只不过是民事诉讼！记住，是美国证监会“民事诉讼”而不是司法部“刑事诉讼”！这事儿再明白不过,最后通常可能出现的结果就是是监管部门和高盛庭外和解了事。掐指算算，高盛在美国财界、政界甚至学术界可是人脉广阔,出现这种结局的概率相当大。

这下明白了吧，高盛顶多被巨额罚款，扒掉一层皮而已。事实也是如此，高盛最后尽掏45万美元认罪了事。这点小钱还不是九牛一毛，高盛早就通过做空自己预备好了。这就是高盛的“智慧”，像狐狸一样狡猾。它通晓世界各地的规则，它知道什么时候掐你的脖子，掐在哪里……

硝烟已逝，血腥犹存。

随着雷曼兄弟的倒掉，随着IKB被卖掉，随着欧元区接二连三的混乱……高盛已经成了金融游戏的终结者。它像一个老练的猎豹，时时刻刻都在寻找猎物，一旦闻到血腥味，就会迅猛地扑上去，咬断对方的脖子，等着猎物一点一点流血直到死亡，然后才开始慢慢地咀嚼……

附录一 财经郎眼：高盛的幽灵（郎咸平、李德林大话高盛魅影）

精彩摘录：

1.高盛，华尔街的幽灵，泡沫制造专家，金融核弹。

主持人：生活无处不经济，郎眼看来不寻常。郎教授，咱们今天请来的是媒体上称为最尖锐的财经作家，李德林老师，请李老师来，是因为李老师最近出了本书，叫《干掉一切对手——看高盛如何算赢世界》，写高盛的，其实我们这个节目聊到今天，半年了，聊了很多个话题，很多个问题领域，都有一个幽灵，一个华尔街的幽灵在来回游荡。（郎咸平：一直在背后操纵这一切。）这就是您说的高盛，我们看起来很熟悉，其实很多人都很陌生。

（成立于1869年的高盛集团，是全世界历史最悠久、最有权势的投资银行。从当年的马夫门面店到今天的华尔街大佬，从一间地下室、一个雇员到如今上万亿美元资产的影子操控者，高盛经历了无数次的风雨沉浮，走过一个多世纪洒满鲜血的征途，终于站在了全球金融的巅峰。从1929年起，世界上任何一次大萧条和对美国之外的国家的狙击，高盛都在其中扮演着举足轻重的角色，从高科技股到高油价，高盛主导了大萧条后的每一次市场操作。现在，高盛又要开始行动了。）

2. 郎咸平：高盛这种银行它的主要策略是什么？就是说事先布好局了，然后再过一阵子就开始狙击你。

主持人：高盛号称是泡沫制造专家，没有谁比它更会制造泡沫，也没有谁比它更会引爆金融核弹，用教授的话，金融核弹。包括最近这次迪拜危机，咱们先小小的自恋一下，咱们节目又预言正确。没什么大不了的，阿布扎比100亿美元投过来以后，早就知道它会这么做的。但是迪拜危机背后，隐性的权力和关联很值得研究。李老师最近写篇文章说迪拜危机是高盛和奥巴马的国际阴谋。

李德林：为什么我说高盛在其中是一个推手，这一次第一个跳出来对迪拜的债务延期的是日本的三井银行，这个银行的大股东之一就是高盛。

郎咸平：它们是在一起，没错。

李德林：虽然是延期半年，但是它是传递一个信号，这个信号是什么呢，我给你半年的时间是最后的期限。它没有钱了，那么其他的银行就会逼债。那么这个时候，欧洲的（银行）比如说汇丰等等这些银行，它们就来全力的找迪拜要钱，高盛他得到一个什么效果，像汇丰就疲于在追债的过程之中，而它的这把尖刀，除了中东的石油，更重要的是打击欧元区经济。

主持人：都催债，都要钱，三井也要钱，汇丰也要钱，为什么就能打击汇丰呢？

李德林：因为汇丰在迪拜的投资，除了我们现在看到的 160 亿，这个衍生品的里面，还有大量的没有暴露。

主持人：而高盛跟汇丰是冤家。

郎咸平：对，对，没错。

李德林：每一次汇丰出现问题，高盛所谓的名牌分析师，都会第一个跳出来说，它有多少风险，必须计提多少，会对它有多大的影响。

主持人：包括教授以前也谈到说，香港金管局任志刚，他不也是说汇丰的股价受操纵。

郎咸平：高盛这种银行它的主要策略是什么？就是说事先布好局了，再过一阵子就开始狙击你。然后就从中获利，它就是这么一家公司，是非常可怕的。比如说它卖空，包括你刚刚讲的汇丰银行、迪拜世界，它是怎么样，它事先是卖空。

什么叫卖空呢，就是我今天向证券公司借出一张股票，用今天的价格 100 块卖掉。明天股价跌到 70，我再买回来，还给证券公司，我是 100 块卖的，70 块买的，我就赚差价，所以高盛卖空，什么意思呢，就是赌股价跌。我让股价跌的话，它一定事先卖空一大堆股票。然后突然发布坏消息，股价哗一跌，它就大赚一笔，这是它干的事情。

主持人：所以你看所谓高盛发布这个消息，就很有意思，高盛经常发布消息，每次发布消息之后，它就会有一系列跟上来的市场运作。

郎咸平：但是高盛在美国它不敢。它就敢在亚洲、在欧洲、在中东国家玩。在美国它太害怕了。常常被抓、被罚，它只要一被抓、一被罚，马上我投降，我投降。

李德林：但是这一次你说迪拜引起的欧洲欧元区危机，比如希腊它没有直接跳出来，它是让南非标准银行，这个银行你看我们在之前很少听到它大肆的观点，没有，但是这一次它跳出来了。说这个希腊跟爱尔兰等国可能会因为它的财务问题、债务危机，退出欧元这个联盟，这是很可怕的，为什么我说高盛是在操纵这个。因为高盛它是中国工商银行的战略投资者的最大股东。现在都依然持有 133 亿股的中国工商银行（股份）。而中国工商银行同时又是南非标准银行的大股东，20% 以上。当初工商银行收购南非标准银行，就是高盛做的首席财务顾问。这一次南非站出来一说，马上欧洲人就受不了了。

郎咸平：然后它循线一追发现是工商银行，它是大股东，又开始怀疑中国了，然后又开始制裁中国了。

李德林：所以说它现在的操纵是很英明的。

郎咸平：我纠正一下，不是它现在的操纵很英明，而是它一直从 19 世纪就很英明。只是我们现在变得比较聪明一点，现在我们比较看得懂了。

3. 郎咸平：所以我觉得我们最好跟高盛自清一下，这家公司太可怕了。将来它会造成多大的危险，都很难预料，而且话说回来，你以为它只是搞金融吗？高盛什么都搞。我们中国人最重视什么东西，中国是一个喜欢吃的民族，猪肉就很重要，一个猪它占了消费者物价指数，就是 CPI 里面占了 10%。我现在发现高盛也开始在中国养猪了，控制中国的猪是不可想象的。

主持人：其实刚刚聊了那么多，你会发现，起码我们聊到高盛的两个手法。一个手法就是所谓通过这个信息的披露，或者制造一些概念。还有一个就是所谓的影子操控。它经常会扶植一些傀儡，帮它来做事情，它在幕后垂帘听政。刚才说创造概念，其实高盛最喜欢创造一些，比如说针对这些新型市场，它 2001 年的时候就创造“金砖四国”–BRIC，咱们经常聊，最近又创造一个什么“新钻十一国”，它经常给这些国家镶钻点金。

郎咸平：这些国家得意的不得了，包括金砖四国，包括什么什么十一国，被高盛一评，这个国家感觉到好像真的在国际上扬眉吐气了，哪里知道这是它的策略之一。

李德林：尤其是那个越南，越南刚成为“新钻十一国”。

主持人：马上狙击越南。

李德林：它是给它一个概念，就是把泡沫给它炒起来，最后发布一个报告。比如说高盛，越南就是一个很典型的例子，啪，经济就崩溃了。

郎咸平：我们讲话这一刹那，随时处在崩溃的前沿、边缘。

主持人：当高盛移走的时候，整个越南通货膨胀率达到 25%。

郎咸平：所以我觉得我们最好跟高盛自清一下，这家公司太可怕了。将来它会造成多大的危险，都很难预料，而且话说回来，你以为它只是搞金融吗？高盛什么都搞。我们中国人最重视什么东西，中国是一个喜欢吃的民族，猪肉就很重要，一个猪它占了消费者物价指数，就是 CPI 里面占了 10%。我现在发现高盛也开始在中国养猪了，控制中国的猪是不可想象的。它在 2004 年首先收购了雨润集团，猪肉下游加工厂。2006 年又以 20 亿元的价格收购了河南双汇火腿肠，对对，也是下游加工厂。最近，又搞上游，搞上游搞什么呢？在湖南、福建收购了几十个养殖工厂，花了 3 亿美元。现在开始搞中游的渠道，所以高盛是中国几乎唯一的一家控制这么庞大产业的一条产业链的上、中、下三游。那你要知道，只要掌控这一条产业链，成本就是最低，那么一个产品价格怎么决定，通常是由最低成本者所决定的。所以它不需要控制全中国的猪，只有控制这一条，从福建到湖南到安徽到河南，这条产业链高效整合，变得非常有效率之后，它就能够掌控全中国的猪肉。

李德林：比如说我讲一个故事，就是重庆打黑案里面有一个“猪霸”，他这个猪控制重庆市场的 70%，大概是 220 万吨，这个“猪霸”他所控制的猪，可以供 13 亿中国人民吃两天，而他控制的 70% 以上的生猪，他可以影响到中国的生猪指数，也就是说按照郎教授说到例子的话，高盛（掌控的）那几个省（的猪），跟这个黑社会相比，实力就更加强大。那也就是说，高盛哪一天说我要想从中国套现，那么好了，你中国的老百姓，你就得买高价猪肉。

郎咸平：你不能不吃猪肉的，中国人不能不吃猪肉的，所以说对这个“猪霸”而言，我们薄熙来打黑有他的必要性。大家不要只是把这个所谓的扫黑，当成一个所谓的黑社会。比如说威胁你一下，开个什么赌场。

主持人：理解为小混混。

郎咸平：不是这么简单的，最可怕的是什么？是这些黑道操纵着国计民生的一些行业。控制了经济领域，这是最可怕的事，而且我更怕什么？当然我没有证据，我呼吁各级政府注意，高盛这种外资机构会不会跟黑道也挂钩，这一点你要注意。

主持人：所以我们的企业在多元化的时候，是一种病态心理，海外收购。可是你看高盛这种大的投行，它在做多元化的时候，是扼住你这个国计民生，扼住你的咽喉。

郎咸平：人家是什么水平，那不一样的。

4.在这个世界上，谁是比尔·盖茨最害怕的竞争对手？

主持人：所以当2001年的时候，微软当时如日中天，有记者采访比尔·盖茨，在这个世界上你最害怕的竞争对手是谁？他说是高盛。大家说你们做的两个完全不同的行业，高盛跟你有什么关系？他说为什么呢，比尔·盖茨说人才。它拿走了最一流的人才，我们最缺的人才都被高盛拿走了。

郎咸平：高盛招聘人才有什么原则？他找那个最聪明的，看起来比较木讷的，所以你跟他讲话，好像水平不是太高的感觉，聪明的不得了，像结巴的、木讷的、看起来比较老实的，它特喜欢，内心极其聪明的那些人。不过我要说一句话，不要对我们中国在高盛做事的中国人有什么异样的眼光，那都是跑龙套的，绝对不上台面的，属于代理人，你千万不要太抬举他们，那些也是很可怜的打工仔。真正掌握高盛权势的那都不是这些人，都是白皮肤的。

李德林：就是在中国，更多的是干一种跑腿公关。即使你说他是一个董事总经理，在高盛来说，不算个啥，真的，它的一个小部门里边都有好多董事总经理。

郎咸平：而且高盛整层楼里面，一层楼都是副总裁，再一层楼就是董事总经理。

主持人：所以一个砖头砸下来，十个人，九个副总裁，一个总裁助理。

李德林：大概就是那么个意思。

5. 郎咸平：搞了半死之后，AIG 的一把手换成高盛的人，美林的一把手换成高盛的人，权力重组，然后还有美联银行，也换成高盛的人，证监会的二把手也换成高盛的人，证券交易所也换成高盛的人，期货交易所也换成高盛的人，甚至两任的财政部长都是高盛的人。

主持人：所以很多人评论高盛说，就像在整个经济版图上的一只恶鹰，它那种视角特别敏锐，去捕捉利润的机会。整个世界版图哪里有机会，它马上就飞扑下去，去狙击这个国家，或者这个行业，咱们掰着指头算，能数得过来的这些泡沫，这些金融危机，全有高盛的身影，咱们可以倒着往前数，越南这是最近发生的一个，包括最近炒作金融危机这个背景，就是您书上这段话，谁搞死了雷曼兄弟？

郎咸平：高盛嘛，还用怀疑吗？谁有这种水平呢？

李德林：高盛搞死雷曼更隐秘了，当时，韩国的一家企业要来重组，本来是最有机会的，因为那个银行的行长是原来雷曼的首尔首席代表。但是高盛没有直接干死雷曼，怎么干？它让韩国的国民银行站出来，说雷曼太烂了，我们不可能重组。事实上，雷曼的总裁并没有去找他谈，而当时的韩国金融服务委员会，相当于中国的银监会，说你看韩国的国民银行都说雷曼很烂，而产业银行还要去买。这时候议会的议员跳出来了，说你看这个监管机构，包括其他的银行都说这么烂了，你为什么要去买？好了，你持有雷曼的股票。这个实际上就是高盛的一个策略。而这个议员的背后，实际上高盛拿了大量的资金，给李明博这个集团，让他们去精选。

郎咸平：这个其实韩国，在中国不一样吗？我再举个例子，我们银行改革是谁在推动改革的？高盛。高盛过分到什么地步？全世界没有这样子的交易，说我们的中国银行，你把坏账全部撇清，然后比如说建行，全部撇清，撇给四大资产管理公司，拿一个干净的壳给我们，然后我用贱价买一个你的壳。比如说，用一块钱买了建行一只股的股票，谁买，到最后安排结果是美国银行。当了大股东，因此你看，在 2007 年年底的时候，美国银行发表声明说，由于次债危机的影响，它们受到了极大的损失，但是建行的上市他们赚了 1300 亿，你知道什么概念吗？那就是说我们每一个老百姓都为美国银行付出 100 块。

主持人：所以你看这个隐秘的权力关联，说雷曼兄弟同样是犹太兄弟，说捅你一刀就捅你一刀，搞掉了雷曼，搞掉了贝尔斯登，把 AIG 弄得半死。

李德林：最后花旗都是高盛的人在做领导。

郎咸平：搞了半死之后，AIG 的一把手换成高盛的人，美林的一把手换成高盛的人，权力重组，然后还有美联银行，也换成高盛的人，证监会的二把手也换成高盛的人，证券交易所也换成高盛的人，期货交易所也换成高盛的人，甚至两任的财政部长都是高盛的人。所以你看人家什么水平。

主持人：所以你看高盛，高高在上，盛气凌人。

郎咸平：所以你看我们中国，这么一直以来的金融改革，基本上都是什么，我们听信了高盛的话，才碰到这么大的麻烦。到最后什么结果呢，完全图利了高盛的兄弟姐妹，我们自己老百姓承受巨大的损失，这就是你跟高盛为伍的下场。你是它的一颗棋子，你在被它玩，还坑你一把，这个兄弟特不地道。

6. 李德林：其实这个高盛，一开始它是捧两个。一个捧的是希拉里，另外一个就是奥巴马，当然它的赌注一开始的重点还是押在奥巴马。

主持人：而你回头看历史，咱们刚才聊到越南。聊到雷曼兄弟这次金融海啸，再往前追溯，比如最近的 2000 年，纳斯达克高科技股泡沫的爆破，那也是高盛，当时纳斯达克损失了 5 万亿美元，高盛才罚了 1 亿美元。它搞了 5 万亿的蒸发。

郎咸平：当时美国证监会这个法官说，你们有这种嫌疑，事先买好股票，然后吹捧泡沫，抛售赚了一笔，你们自吹自擂，因此我们怀疑你有问题，按照美国《证券交易法》的规定，只要你宣布投降的话，它就不会再进行调查了，证监会可以因此而结案。你呢，也不会受到惩罚，所以一抓到高盛，他们聪明的不得了，马上投降，我错了，我错了，然后交 1 亿美元就没事儿了。

李德林:1 亿对他们的利润来说很少。

主持人：当时网络科技股泡沫破灭的时候，当时高盛也是威名啊，当时叫什么，叫网络股 IPO 之王，当时那是一个很火的公司。再往前追溯，日本，咱们聊过，日经指数的对赌，一个金融核弹，二十年的萧条。也是高盛点起来的。再往前追溯，大家都熟悉的 1929 年大萧条，很多人不理解，1929 年大萧条也有高盛的（分儿）。

李德林：他们当时在水牛街发的一些所谓的债券，其实那个时候很弱智了，我现在看来。他就是发一个债券，说我这个抵押给你，从一百最后炒到几百块到五百多，最后一下子破了，最后跌到多少，跌到一块钱就相当于啥都没有。高盛在这一次当然也有损失，以它那个损失带动的是整个华尔街，整个美国经济大萧条，当时的胡佛总统为此下台，也就是说它的这个操纵，是可以影响到政治的。

主持人：就拿最近一次希拉里的败北和奥巴马的上台跟高盛也有莫大的关系。

李德林：其实这个高盛，一开始它是捧两个。一个捧的是希拉里，另外一个就是奥巴马，当然它的赌注一开始的重点还是押在奥巴马。实际上希拉里是有很大前途的，她在五月份的时候，甚至一度赶上了奥巴马，但是希拉里有点急功近利，她手上没有牌，她就抛出了国会的一个报告，石油牌，希拉里的报告说的很明确，高盛在里面赚了多少多少亿，20 多亿嘛，就是在很短的时间之内，这个时候就让高盛很被动，大家都知道高盛在操纵，但是到底赚了多少钱，就一下把高盛的裤衩给扒了下来。

郎咸平：所以说不该讲了，讲了把高盛得罪了怎么办？

李德林：得罪了，那高盛原来的总裁，本身在开家庭会议的时候，都在给希拉里筹集竞选基金。突然以后没有了，全给奥巴马，奥巴马就拿了大量的（资金），以高盛、包括布伦伯格，这些犹太人的，还有索罗斯，他们就开始狂推奥巴马。奥巴马当然就把麦凯恩给战胜了，高盛它除了操纵企业，当然都是技术活了，那么操纵政治，为什么高盛的 CEO 被评为十大丑闻人物，排在第一位，奥巴马说严禁他们拿高薪，但是高盛仍然拿高薪，拿它没办法，为什么没办法？

郎咸平：因为你们都是我选的，你不要搞不清楚。

7. 李德林：俄罗斯它股价很高，那高盛想要拿它的股权的话，一开始把油价炒上去，炒油价不就是为了炒股价吗？后来希拉里把裤衩给高盛扒掉了，那高盛得出手镇压，石油如果下降一美元的话，俄罗斯（损失）就应该是 20 亿，它的经济和石油是密切相关的。

主持人：说起希拉里的石油问题，又一个国家站出来了，就是被高盛狙击的国家俄罗斯。咱们之前聊到俄罗斯，通过油价的操纵把俄罗斯折腾的好惨，多少个企业的股份、资产，被低价的收购，普京想赎都赎不回来。

李德林：因为当初的股价炒高了，高价抵押出去的，而你贷了大量的款，现在的股价很低，你拿什么还？根本还不了。

郎咸平:6 千亿美元，而且他们的俄国铝业公司，大概 25% 的股权都抵押出去了，俄罗斯联通抵押了 40% 的股权，为什么呢？原来是当时它们包括高盛等公司一大堆，借钱给你，非常低价，大概年利率才 2%、3% 左右，那俄罗斯本国利率多少，基准利率 13%，去年年底，去年 10 月份的企业贷款率，是 16% 到 18%，然后高盛公司说给你 2%，俄罗斯那些人肯定都在想高盛那个傻帽，这么便宜借给我们，那你要抵押吗？要。用什么做抵押，用股票做抵押，我相信俄罗斯一定高兴死了，你们不晓得俄罗斯的股票都是泡沫股票吗？你要，统统给你。这就是它要的，要什么，要你俄罗斯的股权，到最后发现俄罗斯被华尔街控股。

李德林:俄罗斯它股价很高，那高盛想要拿它的股权的话，一开始把油价炒上去，炒油价不就是为了炒股价吗？

郎咸平：就是。

李德林：后来希拉里把高盛裤衩给扒掉了，那高盛得出手镇压，石油如果下降一美元的话，俄罗斯（损失）就应该是 20 亿，它的经济和石油是密切相关的。

郎咸平：高盛跟美国政府关系之间的暧昧是不可想象的，比如说要打压油价的时候，是谁先讲话，是美国政府，美国人说什么，要举行国会听证，调查油价为什么是 147 美元一桶，而后华尔街、高盛等等开始进场打压，这种配合让你感到恐惧，但是在此前 147 这个高点，历史高点之前，高盛又要发言了，说油价能涨到 200 美元一桶，它都是这样子的，其实不止它了，它还在我们中国境内，养了很多的马前卒，比如说罗杰斯就是，他跟着忽悠 200 块钱一桶。

主持人：多少人在这个时候杀入市场去囤积原油，亏惨了。

李德林：而事实上我看了一下高盛的这个操作记录，它实际上就相当于中国的做庄对倒，它实际上对敲就把油价敲上去了，它的成本很低的，所以你俄罗斯人，他啪打你一美元下来，你就亏 20 亿，只要是油价跌到 20 美元一桶以下的话，俄罗斯就是财政赤字，只要跌到 40 美元一桶以下，俄罗斯还有什么，国际收支赤字，所以你只要跌到 40 美元以下，俄罗斯就陷入全国性的危机，这就解释了为什么油价应该是 30 块，就是要通过油价打压，让俄罗斯经济危机，你再不听话，我怎么整治你。

主持人：而高盛跟它的同伙操纵石油，到 2008 年的时候，平均每一桶原油在最终消费掉之前要倒手 27 次，我们日常生活中最需要的一个东西，经他们这么一折腾，倒手 27 次。

郎咸平：但是高盛除了整治俄国人之外，也没少整治我们中国人，比如说它和我们的深南电签订了一个对赌合同，当时油价 100 多美元的时候，他们对赌 62 美元，我相信深南电的领导看到这个合同之后，一定很激动，油价怎么可能跌到 62 美元以下呢？也跟俄国人一样认为高盛是傻帽，如果跌穿 62 美元呢，当天深南电付给高盛 80 万美金，以后每跌一美元，再付 40 万美金，好，你自己算一下，最多跌到 30 块美金，你亏了多少钱，我们深南电一家国营企业，就替我们国家亏了至少一千多万美金。

8. 李德林：高盛它做的这个房地产，一开始说房地产有泡沫，最先就是它们高盛在整，在打压，打压到后来，它也没直接进入，它通过走第三方，日本之手来进入。那我们就说，当然中国人有仇日情绪，说这小日本又来搞我们的房地产了，但是事实上，你把日本人的衣服给他剥开，就是高盛。

主持人：高盛的宗旨叫什么？叫“长远上的贪婪”。他们说短期交易的损失，它们是可以容忍的、可以宽容的，但是它们最终追求的是长远的贪婪，干掉一切对手，它要算赢整个世界。其实它狙击中国，除了刚才说的这个跟企业对赌呀，包括石油，其实房地产，高盛布局中国房地产也是由来已久，1994 年高盛叩关，而且高盛的房地产，是美国式的房地产，就是它不直接做房地产，它依靠一个资产管理机构，依靠某个代理人来做房地产。它的整个布局也是通过日本财团来进入中国房地产。包括我看西安有一个，叫什么长安城堡大酒店，上海的虹桥公寓，上海的高腾大厦，都是高盛的产权。

李德林：高盛它做的这个房地产，一开始说房地产有泡沫，最先就是他们高盛在整，在打压，打压到后来，它也没直接进入，它通过走第三方日本之手来进入，那我们就说，当然中国人有仇日情绪，说这小日本又来搞我们的房地产了，但是事实上，你把日本人的衣服给他剥开，就是高盛。那么后来我们明白一个什么道理，高盛一开始说，这个房地产价格很高，房地产前几年实际上并不高，我觉得并不高，那这个时候它进来，寻找一个很好的机会，实际上刚才所说的，世界上跟他操纵华尔街的股票是一个道理，低位进来，这个时候你再也没听到高盛说任何话了。那当然如果它要套现的时候，那它又会出来发言，说你中国的房地产泡沫怎么样，然后拉高。

郎咸平：也就是说它进货的时候它是不讲话的，偷偷摸摸进货，然后要套现的时候就开始拉抬，拉抬之后我们中国跑去买了，卖给你，它就全部撤资，它对付中国人和对付越南人是一摸一样的。当初对付越南人就这么干的。

李德林：撤资就有一个很大的危险，就是迪拜，迪拜现在不就是房地产，比如说很多它供给不上，没有资金，那一旦高盛到时候撤资，那真正死的不是高盛，可能就是我们现在的什么任志强、潘石屹这些。

主持人：借用巴菲特，当潮退的时候，谁是裸泳者？就是当高盛退的时候，发现我们自己是裸泳者。

郎咸平：对，对，对。

李德林：这些人现在说没泡沫，实际上就跟中国“股票黑嘴”，给人抬轿子是一样的。给高盛高高的抬轿子。

郎咸平：对对，他自己感觉好得不得了，他还不知道他在抬轿子，甚至不知道被高盛利用。

李德林：高盛实际上最终操纵的就是经济，国计民生两条线，给你掐死了，所以你就得听我的。

郎咸平：对对对。

主持人：所以教授、李老师，咱们节目最后发出一声疾呼，一声怒吼，珍爱生命，远离高盛。

附录二　金融知识小档案

1.【姓名】做多

【定义】做多是股票、期货等市场的一种操作模式。指预期未来价格上涨，以目前价格买入一定数量的股票或期货，等价格上涨后，高价卖出，从而赚取差价利润的交易行为，特点为先买后卖。

【举例】今天的大豆价格是2500元/吨，甲认为明天大豆价格会上涨，那好，今天甲就买入1手大豆合约（10吨）。等到了明天，果真大豆价格上涨到了2550元/吨，甲把这1手大豆以2550元/吨的价格卖掉，那么每吨就能赚50元，1手就能赚500元。而他要买1手大豆需要多少的本金呢？由于在期货市场，不需要全额付款，只需要付一部分保证金，比如大豆的保证金比例是8%，那么该人要买入1手大豆，实际上只要付25000元的8%即2000元即可。这样算来，就用2000元的本金，一天时间通过做多赚取了500元的利润。

2.【姓名】做空

【定义】做空是股票、期货等市场的一种操作模式。和做多是反的，理论上是先借货卖出，再买进归还，赚取中间的差价。一般正规的做空市场是有一个中立仓提供借货的平台。实际上有点像商业中的赊货交易模式。

【举例】甲预期10元的A股票未来会跌至8元，而甲手中又没有持有A股票，这时甲就可以从持有A股票的乙的手中借来一定数量的A股票，并签好约定，在一定的时间里甲要把这些借来的股票还给乙。假设甲借来100股A股票，以10元的价位卖出，得现金1000元，如在规定时间内，A股票果真跌到8元，甲再以8元买进A股票100股，花费资金800元，并将这100股还给乙，原持有人股数末变，而甲则赚到了200元现金。

3.【姓名】对冲基金

【定义】对冲基金是一种特殊形式的投资基金，一般来说其投资者数量不多但金额较大，而且并不公开募集，所以无须像公募性质的共同基金那样履行复杂的信息披露义务。对冲基金（也称避险基金或套利基金）意为“风险对冲过的基金”，一般通过运用较多的金融衍生工具和财务杠杆手段来获取高回报率。打个形象的比方，对冲基金有点像是“富人投资俱乐部”，而相比之下普通共同基金便是“大众投资俱乐部”。

【举例】1989年，东西德统一后，德国经济强劲增长，马克坚挺，而英国处于经济不景气时期，英镑相对疲软。为了支持英镑，英国银行利率持续高升，但这样必然伤害了英国的利益，于是英国希望德国降低马克的利率以缓解英镑的压力，可是由于德国经济过热，德国希望以高利率政策来为经济降温。索罗斯预感到，德国人准备撤退了，马克不再支持英镑，于是他旗下的量子基金以5%的保证金方式大笔借贷英镑，购买马克。他的策略是，当英镑汇率未跌之前用英镑买马克，当英镑汇率暴跌后卖出一部分马克即可还掉当初借贷的英镑，剩下的就是净赚。在此次行动中，索罗斯的量子基金卖空了相当于70亿美元的英镑，买进了相当于60亿美元的马克，在一个多月时间内净赚15亿美元，而欧洲各国中央银行共计损伤了60亿美元，事件以英镑在1个月内汇率下挫20%而告终。

4.【姓名】次级债券

【定义】次级债券，是指偿还次序优于公司股本权益、但低于公司一般债务的一种债务形式。各种证券的求偿权优先顺序为：一般债务＞次级债务＞优先股＞普通股，求偿权优先级越高的证券，风险越低，期望收益也越低，反之亦然。

【举例】次级债券的发行主体在国内主要是各大商业银行，发行资金用于补充资本充足率。次级债券只是在一定期限内具有资本的属性，并非银行的自有资本，最终仍需要偿还。因而，次级债券并不能从根本上解决银行资本充足率不足的问题，它只不过给银行提供了一个改善经营状况、调整资产结构的缓冲期。我国商业银行近年来业务发展速度很快，仅采用定向增发方式已不能满足银行对补充资本金的要求，而发行次级债，作为一种较为简便的补充资本金的手段（承销成本也更低），开始越来越频繁地为银行所采用。A股上市公司包括中国银行（601988）、南京银行（601009）、民生银行（600016）、兴业银行（601166）等均发行过次级债券；非A股上市公司建设银行（0939.HK）、政策性银行国开行也发行过次级债以补充资本充足率。金融债券的利率通常低于一般的企业债券，但要高于国债和银行储蓄存款利率，因此在市场上金融债券也易于被投资者接受。

5.【姓名】头寸

【定义】头寸，也称“头衬”，是金融界及商业界的流行用语。期货合约买方处于多头（买空）部位，期货合约卖方处于空头（卖空）部位。如果银行在当日的全部收付款中收入大于支出款项，就称为“多头寸”，如果付出款项大于收入款项,就称为“缺头寸”。对预计这一类头寸的多与少的行为称为“轧头寸”。到处想方设法调进款项的行为称为“调头寸”。如果暂时未用的款项大于需用量时称为“头寸松”，如果资金需求量大于闲置量时就称为“头寸紧”。

【举例】投资者买入了一笔欧元多头头寸合约，就称这个投资者持有了一笔欧元多头头寸;如果做空了一笔欧元,则称这个投资者持有了一笔欧元空头头寸。当投资者将手里持有的欧元空头头寸卖回给市场的时候，就称之为平仓。

6.【姓名】净头寸

【定义】交易商在市场上所持的多头与空头头寸的差额。

【举例】比如一交易商卖出 100 份合约，买进 80 份合约，其净空头头寸即为 20 份合约；假如他卖出 120 份合约而买进 150 份合约，则其净多头头寸为 30 份合约。

7.【姓名】IPO（全名Initial public offering）

【定义】IPO（首次公开募股）指股份有限公司或有限责任公司首次向社会

公众公开招股的发行方式，通常为“普通股”。有限责任公司IPO后会成为股份有限公司。

【举例】中国证券网18日证实，桂林三金药业已获得IPO发行批文。三金药业于2008年6月23日通过发审委审核，拟发行不超过4600万股，预计募集资金逾6亿元，保荐人为招商证券，募集资金用于中药三金片、西瓜霜润喉片等特色中药产品的技术改造工程等10个项目，预计动用资金6.3亿元。

8.【姓名】股票指数

【定义】股票指数即股票价格指数，是由证券交易所或金融服务机构编制的表明股票行市变动的一种供参考的指示数字。它的编制原理是，当日股价市值与基准日股价市值的比率。

【举例】如2003年2月17日沪市总市值为48988.71亿元，指数为1496.52点。2月18日，沪市总市值为48991.42亿元。计算得知：18日指数＝1496.52×（48991.42÷48988.71）=1496.60点。2月18日比2月17日上升0.08点。

9.【姓名】市盈率

【定义】市盈率指在一个考察期（通常为12个月的时间）内，股票的价格和每股收益的比例。市盈率通常用来作为比较不同价格的股票是否被高估或者低估的指标。理论上，股票的市盈率越低，越值得投资。

【举例】市盈率越低，代表投资者能够以较低价格购入股票以取得回报。每股赢利的计算方法，是该企业在过去12个月的净收入除以总发行已售出股数。假设某股票的市价为24元，而过去12个月的每股赢利为3元，则市盈率为24/3=8。该股票被视为有8倍的市盈率，即每付出8元可分享1元的赢利。

10.【姓名】保证金

【定义】在证券市场融资购买证券时，投资者所需缴纳的自备款。保证金交易又称虚盘交易、按金交易，就是投资者用自有资金作为担保，从银行或经纪商处提供的融资放大来进行外汇交易，也就是放大投资者的交易资金。

【举例】一张合约的英镑期货含量为62500英镑，以1993年3月26日的汇率来计算大约相当于88750美元，但客户在期货经纪行只需按该公司规定存有4000美元（大约相当于合约总值4.5%），就可以买入或卖出一张英镑期货合约了，这4000美元就是保证金。

11.【姓名】套期保值

【定义】套期保值是指把期货市场当做转移价格风险的场所，利用期货合约作为将来在现货市场上买卖商品的临时替代物，对其现在买进准备以后售出商品或对将来需要买进商品的价格进行保险的交易活动。

【举例】一位读者一次订阅3年的杂志而不是2年，他就是在套期保值以转移杂志的价格可能上升所给他带来的风险。当然，如果该杂志价格下降，这位读者也放弃了潜在的收益，因为他已缴纳的订刊费用高于他如果是在每年订阅杂志情况下的费用。

12.【姓名】对赌

【定义】对赌是指交易商将客户的指令全部都不实际执行，客户赚多少公司就亏多少，客户亏多少公司就赚多少。公司和客户是一种利益完全对立的关系。说白了就是客户和公司在对着做。

【举例】2003年，摩根士丹利等投资者与蒙牛管理层签署了基于业绩增长的对赌协议。双方约定，从2003年至2006年，蒙牛乳业的复合年增长率不低于50%。若达不到，公司管理层将输给摩根士丹利约6000万～7000万股的上市公司股份；如果业绩增长达到目标，摩根士丹利等机构就要拿出自己的相应股份奖励给蒙牛管理层。2004年6月，蒙牛业绩增长达到预期目标。摩根士丹利等机构“可换股文据”的期权价值得以兑现，换股时蒙牛乳业股票价格达到6港元以上；给予蒙牛乳业管理层的股份奖励也都得以兑现。

UNITED STATES BANKRUPTCY COURT
SOUTHERN DISTRICT OF NEW YORK

-- x

In re	:	Chapter 11 Case No.
LEHMAN BROTHERS HOLDINGS INC., *et al.*,	:	08-13555 (JMP)
	:	(Jointly Administered)
Debtors.	:	

-- x

REPORT OF
ANTON R. VALUKAS, EXAMINER

Jenner & Block LLP
353 N. Clark Street
Chicago, IL 60654-3456
312-222-9350

919 Third Avenue
37th Floor
New York, NY 10022-3908
212-891-1600

Counsel to the Examiner

March 11, 2010

VOLUME 1 OF 9

Sections I & II: Introduction, Executive Summary & Procedural Background

Section III.A.1: Risk

EXAMINER'S REPORT

TABLE OF CONTENTS

VOLUME 1

Introduction, Sections I & II: Executive Summary & Procedural Background

Section III.A.1: Risk

DEFENDANTS

8. **Goldman, Sachs & Co.** is the principal United States broker-dealer of The Goldman Sachs Group, Inc., a global investment banking, securities and investment management firm headquartered in New York City. GS&Co structured and marketed ABACUS 2007-AC1.

9. **Fabrice Tourre**, age 31, is a registered representative with GS&Co. Tourre was the GS&Co employee principally responsible for the structuring and marketing of ABACUS 2007-AC1. Tourre worked as a Vice President on the structured product correlation trading desk at GS&Co headquarters in New York City during the relevant period. Tourre presently works in London as an Executive Director of Goldman Sachs International.

FACTS

A. GS&CO'S CORRELATION TRADING DESK

10. GS&Co's structured product correlation trading desk was created in and around late 2004/early 2005. Among the services it provided was the structuring and marketing of a series of synthetic CDOs called "ABACUS" whose performance was tied to RMBS. GS&Co sought to protect and expand this profitable franchise in a competitive market throughout the relevant period. According to an internal GS&Co memorandum to the Goldman Sachs Mortgage Capital Committee ("MCC") dated March 12, 2007, the "ability to structure and execute complicated transactions to meet multiple client's needs and objectives is key for our franchise," and "[e]xecuting this transaction [ABACUS 2007-AC1] and others like it helps position Goldman to compete more aggressively in the growing market for synthetics written on structured products."

18. At the same time, GS&Co recognized that market conditions were presenting challenges to the successful marketing of CDO transactions backed by mortgage-related securities. For example, portions of an email in French and English sent by Tourre to a friend on January 23, 2007 stated, in English translation where applicable: "More and more leverage in the system, The whole building is about to collapse anytime now...Only potential survivor, the fabulous Fab[rice Tourre]...standing in the middle of all these complex, highly leveraged, exotic trades he created without necessarily understanding all of the implications of those monstruosities!!!" Similarly, an email on February 11, 2007 to Tourre from the head of the GS&Co structured product correlation trading desk stated, in part, "the cdo biz is dead we don't have a lot of time left."

D. **INTRODUCTION OF ACA TO THE PROPOSED TRANSACTION**

19. GS&Co and Tourre knew that it would be difficult, if not impossible, to place the liabilities of a synthetic CDO if they disclosed to investors that a short investor, such as Paulson, played a significant role in the collateral selection process. By contrast, they knew that the identification of an experienced and independent third-party collateral manager as having selected the portfolio would facilitate the placement of the CDO liabilities in a market that was beginning to show signs of distress.

20. GS&Co also knew that at least one significant potential investor, IKB Deutsche Industriebank AG ("IKB"), was unlikely to invest in the liabilities of a CDO that did not utilize a collateral manager to analyze and select the reference portfolio.

21. GS&Co therefore sought a collateral manager to play a role in the transaction proposed by Paulson. Contemporaneous internal correspondence reflects that GS&Co

portfolio would be ideally what the Transaction Sponsor shared, but there is flexibility around the names."

30. On January 22, 2007, ACA sent an email to Tourre and others at GS&Co with the subject line, "Paulson Portfolio 1-22-10.xls." The text of the email began, "Attached please find a worksheet with 86 sub-prime mortgage positions that we would recommend taking exposure to synthetically. Of the 123 names that were originally submitted to us for review, we have included only 55."

31. On January 27, 2007, ACA met with a Paulson representative in Jackson Hole, Wyoming, and they discussed the proposed transaction and reference portfolio. The next day, on January 28, 2007, ACA summarized the meeting in an email to Tourre. Tourre responded via email later that day, "this is confirming my initial impression that [Paulson] wanted to proceed with you subject to agreement on portfolio and compensation structure."

32. On February 2, 2007, Paulson, Tourre and ACA met at ACA's offices in New York City to discuss the reference portfolio. Unbeknownst to ACA at the time, Paulson intended to effectively short the RMBS portfolio it helped select by entering into CDS with GS&Co to buy protection on specific layers of the synthetic CDO's capital structure. Tourre and GS&Co, of course, were fully aware that Paulson's economic interests with respect to the quality of the reference portfolio were directly adverse to CDO investors. During the meeting, Tourre sent an email to another GS&Co employee stating, "I am at this aca paulson meeting, this is surreal." Later the same day, ACA emailed Paulson, Tourre, and others at GS&Co a list of 82 RMBS on which Paulson and ACA concurred, plus a list of 21 "replacement" RMBS.

UNITED STATES DISTRICT COURT
SOUTHERN DISTRICT OF NEW YORK

SECURITIES AND EXCHANGE COMMISSION, **Plaintiff,** **v.** **GOLDMAN SACHS & CO. and FABRICE TOURRE,** **Defendants.**	**COMPLAINT** **[Securities Fraud]** **10-CV-__________ ( )** **ECF CASE** **Jury Trial Demanded**

SEC起诉书

Plaintiff, the United States Securities and Exchange Commission ("Commission"), alleges as follows against the defendants named above:

<u>OVERVIEW</u>

1. The Commission brings this securities fraud action against Goldman, Sachs & Co. ("GS&Co") and a GS&Co employee, Fabrice Tourre ("Tourre"), for making materially misleading statements and omissions in connection with a synthetic collateralized debt obligation ("CDO") GS&Co structured and marketed to investors. This synthetic CDO, ABACUS 2007-AC1, was tied to the performance of subprime residential mortgage-backed securities ("RMBS") and was structured and marketed by GS&Co in early 2007 when the United States housing market and related securities were beginning to show signs of distress. Synthetic CDOs like ABACUS 2007-AC1 contributed to the recent financial crisis by magnifying losses associated with the downturn in the United States housing market.

2. GS&Co marketing materials for ABACUS 2007-AC1 – including the term sheet, flip book and offering memorandum for the CDO – all represented that the reference portfolio of